AF356373

Maria Deraismes
Riche, féministe et franc-maçonne

par Fabienne Leloup

© 2022 LES ÉDITIONS DE L'OEIL DU SPHINX

Collection : Les Études du Dr Armitage n°17
ISSN de la collection : 2267-8964
ISBN : 978-2-38014-055-2
EAN : 9782380140552
Dépôt Légal : Septembre 2022

Illustration de couverture : Thierry Fiquémont ©
Mise en page : Sabrina Pamies

Pour Gerald Messadié,

grand loup blanc

« sous le soleil des loups ».

PRÉFACE

Quelques mots, au seuil des pages...

Femme et franc-maçonne sous le Second Empire ? Et pourquoi pas colonel des Hussards pendant qu'on y était ? Tel fut pourtant le cas d'une inconnue que les recherches et le talent de Fabienne Leloup ont tirée de l'ombre et qui mérite le regard d'aujourd'hui : Maria Deraismes.

Une leçon se dégage, en effet, de ce portrait d'un personnage dans son panorama ; elle porte sur le rôle de ce qu'il est convenu d'appeler les mentalités. Le terme indisposa récemment quelques historiens et ils proposèrent de le remplacer par « cultures ». Mais une mentalité n'est pas une culture et parfois même, lui est étrangère, sinon contraire. Que de révolutionnaires qui furent tyranniques, et de progressistes qui furent rétrogrades ! Or, ces pages décrivent les mentalités d'une époque bien trop proche de la nôtre pour être méconnues et plus encore, ignorées.

Un siècle et demi, cela semble long, mais cela représente juste cinq générations : largement assez pour transmettre une mentalité, surtout si les circonstances s'y prêtent. Et les notions transmises peuvent être toxiques, comme de mauvais gènes. Tel fut le cas : elles portaient sur la place de la femme non seulement dans la société, mais aussi dans la vie.

Car depuis des millénaires et jusqu'à nos jours dans une large partie du monde, le terme « société » entendit naturellement celle des hommes. La Genèse, premier des Livres du Livre, raconte que le Créateur façonna d'abord Adam, puis les animaux ; il attendit alors qu'Adam eût nommé ceux-ci, et après tout ce temps, voyant le premier mâle seul dans le Jardin d'Eden, il décida qu' « *Il n'est pas bon que l'homme soit seul* » et il lui créa une aide – c'est le terme biblique exact. Autant dire une bonne. Ainsi se créa une mentalité qui se perpétua bien après la Révolution de 1789 dans une France où les Lumières avaient tenté pourtant de créer une société juste. Dans son optique, Théroigne de Méricourt n'avait été qu'une pétroleuse et George Sand n'était qu'un travesti. Et comme il advient toujours, le paradoxe consenti créa l'injustice, le mensonge et l'hypocrisie, cet hommage que le vice rend à la vertu, comme dit La Rochefoucauld.

Le panorama que brosse Fabienne Leloup est preste, souvent cocasse, parfois cruel, mais toujours réaliste : on dirait un documentaire pour la télévision ; n'y manque

que la musique. On devine que l'auteur a beaucoup regardé Toulouse-Lautrec. Mais sa vivacité n'ôte rien à la vérité de sa description d'une mentalité mégalithique. Et peut-être pas disparue.

Gerald Messadié

« Ces mains qui fermeront

mes yeux ouvriront

mes armoires »

Sacha Guitry

1

Prologue

Le ciel de ce 9 février-là était sec et froid comme un regard d'adjudant, et même le chiffre de l'année semblait porter un casque et des bottes : 1894. La terre au-dessous n'était guère plus chaleureuse, au cimetière Montmartre. Et là, un cortège de plus de quinze mille personnes, évidemment en noir ; ceux qui accompagnaient Maria Deraismes, à sa dernière demeure, comme on dit, la précédente ayant été le 72 rue Cardinet, quand Maria recevait chez elle dans le quartier du XVIIème arrondissement de ce Paris requinqué par le baron Haussmann ; là-bas elle les avait reçus. Maintenant, elle passait à l'Orient éternel, pour y recevoir, cette fois, la Lumière.

Sa sœur Anne, oui, comme dans le conte, l'une des dernières survivantes d'une famille nombreuse, était présente. Avec les représentants des familles John et

Hippolyte Deraismes de New York. Ceux de Bretagne. Et des notables comme le Général Castanier, avec son épouse, et leurs enfants... Sans oublier Marthe, bien sûr, la vieille intendante des Deraismes. Et des amies, c'est-à-dire aussi quelques ennemies intimes, comme Juliette Adam, égérie autoproclamée de la République, la féministe Paule Minck, grande amie de Louise Michel, et d'autres. Toutes en pelisses et munies d'ombrelles en dentelle noire, au cas-z'-où , mais surtout pour protéger de la bise leur teint de lys – la seule fleur que Maria détestât, à cause du symbole politique.

Au milieu du cortège, le poète Jean Moréas en haut de forme et gants blancs, coulant des regards désapprobateurs vers un curieux bonhomme, hirsute et gauche, dans une redingote élimée, le Sâr Péladan, prénom Joséphin, chasseur de chimères.

– Que fait ici Péladan? chuchote Moréas dans l'oreille du chétif Léon Richer, directeur du journal *L'Avenir des femmes*, et censé tout savoir. Celui-ci manque d'air un instant. En effet, le vieux beau s'est aspergé d'eau de toilette à l'œillet.

– C'est Dotremont qui a dû l'inviter.

– Je vois ! Un autre amateur de spectres et de tables tournantes !

L'œil de Moréas fusille maintenant Dotremont, fringant jeune homme à crinière et au regard de velours, qu'on dirait sorti du Jockey Club ; il n'est pas le seul à le dépecer : quelques dames, les unes sur l'aller et beaucoup sur le retour, le dissèquent à distance.

– C'était lui, le confident de Maria ? Elle aura bien caché son jeu.

Toutes ces bonnes âmes s'arrêtent à la tombe. Autour du «grand trou noir *d'oùs qu'on revient jamais»*, comme dit un autre poète, Alfred Jarry, les regards circulaires se multiplient et des murmures se faufilent dans l'air glacé. Pas un prêtre à la ronde. Donc pas de prières ni d'aspersions d'eau bénite. Ainsi l'a voulu Maria, franc-maçonne et anticléricale.

– Il est franc-maçon lui aussi, ce Dotremont? demande le député Victor Poupin à son collègue Alfred Naquet.

Rajustant son lorgnon sur son nez busqué, Naquet hoche la tête :

– Il a même été secrétaire du *Droit Humain.*

– De quelle Conférence parlez-vous ?

– Du cercle mixte de maçons, fondé par Maria et le docteur Georges Martin, ici présent, avec son épouse Marie.

Le silence se fait : les fossoyeurs apportent le cercueil et le descendent dans la tombe. Les cordes labourent les mottes d'herbe.

Un caquetage à peine étouffé brise le silence. C'est celui de Juliette Adam, qui donne sur son aumônière des coups de son éventail fermé. L'objet est d'une couleur inconvenante en ces circonstances : corail. Et ces coups font des clics irréguliers, comme ceux d'un métronome déglingué.

Une femme se détache des assistants et s'avance au bord de la tombe.

Visage en lame de couteau, gestes secs, c'est Paule Minck. Sa voix chevrote un peu :

« *Citoyennes, citoyens, je ne veux dire que quelques mots navrés à celle dont toutes les femmes devraient pleurer la perte, tant elle se dévoua à leur* émancipation. *Je rappellerai quelques souvenirs personnels qui marquèrent ma vie.* »

Les clics des coups d'éventail reprennent. On ne peut feindre de ne pas les entendre. Marthe scrute l'assistance d'un œil de dragon.

« *– Vous savez ce qu'étaient les dernières années de l'Empire ; une folie de jouissance semblait déferler sur la France. Nulle généreuse idée, plus de nobles sentiments ; on ne songeait qu'au plaisir, on se ruait vers la volupté comme* à *la curée. Les grandes voix s'étaient tues,* étouffées *par la pression qui pesait sur le pays et la perte des libertés. Les caractères s'étaient dégradés; devenus courtisans du pouvoir, bien des hommes y avaient perdu force et dignité... C'en était fait des courages antiques et des fiertés républicaines. Tout était fini, pensait-on. Il paraissait même interdit d'espérer...* »

Clic-clac-clic...

L'ouïe toujours fine en dépit de l'âge, Marthe scrute toujours son monde. En vain.

« *– Une voix s'éleva, reprend Paule Minck, qui parlait de justice, qui revendiqua les droits des victimes sociales, des faibles entre les faibles, les femmes. Elle fit espérer la liberté et aimer l'égalité,* *elle évoqua la possibilité pour la France de s'affranchir du despotisme impérial... Cette voix fit puissamment vibrer tous ceux qui souffraient de la situation. Et c'était celle de Maria Deraismes. »*

Clic. Clic. Clac

« *... Elle* était *encore bien jeune et n'avait donc pas désespéré de l'avenir. Elle se jeta audacieusement dans la lutte, invoquant le droit et réclamant la justice. Elle parla même de République, ce mot dont bien peu osaient prononcer le nom. Elle, une femme, eut ce courage, elle qui dort ici et dont la parole enflammée œuvra plus pour le progrès que les discours de bien des hommes ! »*

Presque tous les hommes présents, politiciens et maçons, baissent les yeux

Clac. Clic.

Marthe repère, de l'autre côté de l'allée, le gland et les franges de soie corail d'un éventail qui semble battre la chamade. Et elle capte le bruit de l'éventail fermé sur la bride de cuir de l'aumônière au moment où il s'abat dessus. Cette garce !

« *...Je me* souviens de l'enthousiasme dont frémissait Paris au moment de l'inauguration de ces conférences au boulevard des Capucines, où l'élite intellectuelle se pressait... »

Marthe se fraie un passage dans l'assistance et fonce sur Juliette Adam, prise de court. Son âge et sa prestance lui permettent de défier les convenances. Sa main noueuse saisit l'éventail et l'arrache à celle de la fâcheuse, elle jette l'objet par terre et l'écrase de sa grosse chaussure noire. Juliette Adam se crispe, livide.

— Allons-nous-en! souffle-t-elle à deux élégants près
     d'elle.

Et le trio s'éloigne. Des témoins regardent le gland et
ses franges de soie souillés de terre dans l'herbe jaunie
et hochent la tête avec componction. C'est alors que des
commis des pompes funèbres apportent des corbeilles
de roses, sur les instructions d'Anne : elle a tenu à ces
fleurs. La rose était pour Maria l'emblème de la féminité
triomphante, un sourire fait fleur.

— « Alors *timide et craintive, je compris le pouvoir qu'une
     femme* éloquente et courageuse peut acquérir. Elle
     défendait la justice et la *vérité, son exemple m'enflamma
     et je me joignis à elle pour défendre les faibles, les opprimés,
     les exploités. Maria Deraismes fut donc, à son insu, mon
     initiatrice dans l'action publique, elle fut mon maître et je ne
     pouvais aujourd'hui que lui rendre cet hommage.*»

Paule Minck se penche, choisit une rose dans une des
corbeilles et la jette sur le cercueil. Anne Deraismes
s'avance et en fait de même et bientôt une pluie de fleurs
s'abat sur le bois verni qui luit au fond de la fosse.

Les fossoyeurs se présentent, l'assistance recule. Dans
l'allée proche, à trois pas d'une statue funéraire, Anne
Deraismes reçoit les condoléances, soutenue par Marthe,
et celle-ci informe les amis qu'un rafraîchissement sera
servi à la maison des Deraismes. Dotremont lui, les
prévient que, s'ils cherchent un fiacre, ils en trouveront
un à la porte du cimetière.

Anne lui lance un regard étonné.

– En êtes-vous sûr?

– J'en ai commandé vingt.

Elle sourit, touchée du soin que prend le jeune homme à faciliter les choses dans ces heures si pénibles.

Et tout ce monde s'engouffre dans les voitures, les sabots claquent sur les pavés.

Une époque a pris fin.

Les salons du 72, rue Cardinet s'emplissent. Les mines restent graves, mais les attitudes sont moins compassées. Cependant, les rideaux tirés sur toutes les fenêtres et les glaces voilées de tulle noir rappellent à chacun le souci des convenances qui règne dans les lieux. Une jeune bonne aide ces messieurs et ces dames à se défaire de leurs pelisses, et un majordome, à s'installer sur la profusion de canapés, causeuses, fauteuils et sièges disposés entre les commodes, meubles d'appui et autres argentiers disposés jusqu'au salon de musique, au fond. Marthe officie et dirige une autre bonne chargée du service.

L'après-midi s'avance et la lumière du jour qui se faufile entre les rideaux est trop maigre pour conserver quelque civilité à la réunion. Marthe tourne quelques commutateurs placés près des portes, de véritables bols de porcelaine surmontés d'un tourniquet dont le déclic s'accompagne d'un bref éclair bleu. Les lustres papillotent un instant, puis les ampoules scintillent et la lumière électrique, véritable nouveauté en cette fin de siècle, baigne les salons. Tapis, tapisseries, tableaux, sculptures, porcelaines et faïences se révèlent alors aux regards.

– Quel faste ! confie à son mari Marie Martin.

— Maria appartenait à la grande bourgeoisie. Ses moyens financiers l'ont certainement aidée à conquérir sa place.

— Prestige du pouvoir, dit-elle.

— Ou pouvoir du prestige. C'est grâce à son statut social autant qu'à ses talents qu'elle a été élue par les Frères, dit Georges Martin, se servant après sa femme d'un chaud-froid de poulet en canapé présenté par l'une des bonnes, ensemble avec une assiette de Sèvres, des couverts en vermeil et une serviette brodée.

Dégustant l'un un vin chaud, l'autre une tasse de chocolat, Ernest Hamel, député de Seine-et-Oise, et Alfred Naquet, député lui aussi de la gauche radicale, contemplent ce décor somptueux sans trop savoir que penser. Maria Deraismes était une progressiste, certes, mais l'opulence environnante les confronte à un paradoxe. Leurs systèmes de pensée sont mis à rude épreuve : comment l'esprit progressiste peut-il prospérer dans le décor du capital? Pour l'un, cela signifierait que le capital porte des germes de sédition et pour l'autre, que ce progressisme-là est suspect. Autrement dit, Maria Deraismes avait trahi sa classe sociale, ou bien n'était pas une vraie progressiste. Et pour les deux hommes, le fait qu'elle eut été une femme n'arrangeait rien. Une femme, voyons! Mais ça sait à peine lire, ces créatures! Quant à penser...

Ils en sont là de leurs ruminations, mâchonnant des croustillants aux amandes, quand Paule Minck traverse le grand tapis central, cherchant quelque chose ou quelqu'un du regard :

– Où est Anne ? s'enquiert Paule Minck.

Et soudain elle se retourne: la réponse est venue du salon de musique, là-bas. Un air doux et mélancolique, échappé du demi-queue Pleyel. Anne célèbre ainsi le souvenir de sa sœur, une romance de Liszt. Assis à distance, Dotremont l'écoute, pensif.

Personne ne parle plus. Çà et là, des yeux s'embrument au souvenir de Maria. Quand le morceau est terminé, Anne se lève, comme surgissant d'un rêve. On l'entoure, elle serre des mains. L'heure s'avance. Les invités prennent congé. Au coucher du soleil, il n'y a plus au salon que le personnel remettant de l'ordre.

– J'ai bassiné vos draps, Madame, dit Marthe.

Anne hoche la tête, mais non, elle se mettra pas tout de suite au lit, quel qu'ait été le poids de cette journée. Elle a son idée.

Elle va à la chambre de Maria. Elle tourne le commutateur, sursaute comme d'habitude au bref crépitement de l'électricité, et, dans la lumière froide que dispense le lustre, contemple le décor où vécut sa cadette. Car c'était sa cadette.

Rien n'a changé : les coquillages de Bretagne garnissent le plateau de la cheminée, et les gravures du siècle dernier pendent aux murs gris perle. Le lit a été fait pour la dernière fois. Le regard d'Anne va au grand secrétaire marqueté près de la fenêtre. Elle le contemple longuement avant de se raviser. Non, pas aujourd'hui, pas ce soir ; elle éteint le lustre, sort et prend le chemin de sa chambre.

– Je voudrais bien un bol de bouillon, Marthe, dit-elle à
  la gardienne tutélaire qui se tenait aux ordres, dans le
  couloir.

C'est le lendemain matin qu'elle se met à l'œuvre.
L'œuvre ? La satisfaction de sa curiosité, oui ; il y a de
vastes pans de la personnalité, donc de la vie de Maria
qu'elle ignore. Pourquoi Maria les cachait-elle ? Geste
symbolique, elle fait tirer les rideaux. La poussière s'agite
dans la lumière grise. On n'a pas fait le ménage ici pendant
la maladie de Maria, ni après sa mort. La pièce est glacée.

– Faites du feu, je vous prie, dit Anne à l'omniprésente
  Marthe.

Et tandis que celle-ci va mettre en branle la chaîne de
commandement, avisant le premier valet, qui enverra le
deuxième valet chercher du bois à la cave, puis viendra
lui-même bâtir le feu, Anne s'assied devant le secrétaire.
Elle en rabat le tambour et ouvre le premier des tiroirs. Des
brouillons de conférences. Deuxième tiroir : des lettres de
partisans ou d'adversaires, des coupures de presse...

Premier et deuxième valets viennent d'entrer dans la
chambre, escortés par Marthe : ils écartent la grille pare-
feu et bâtissent un feu, du petit bois au-dessous, la bûche
au-dessus. Anne en est alors au cinquième des douze
tiroirs. Elle y trouve un louis d'or, une chaînette d'argent
cassée, une médaille d'argent de Charles X, un long ruban
violet piqué d'une épingle d'or, bref, des presque riens.

– Voilà, Madame. Ça devrait bientôt chauffer, dit le
  premier valet, avant de ressortir.

Anne les remercie et reprend sa quête sous le regard pensif de Marthe, assise près du lit sur un frêle siège de style Second Empire. Elle n'a rien trouvé de révélateur dans aucun tiroir. Elle se tourne vers la cheminée, où les flammes lui paraissent d'une gaîté déplacée. Soudain lui revient l'idée que les secrétaires, comme leur nom l'indique, ont toujours des secrets ; elle scrute l'intérieur du meuble et tâte des marqueteries qui semblent avoir plus de relief que les autres. Aucun déclic. Une autre idée : le cinquième tiroir était bien petit. Elle le tire à nouveau et vérifie l'observation. Elle le retire entièrement et l'examine : ni taquet ni piton. Elle regarde au fond : un bouton de cuivre. Elle tire dessus et un tiroir caché glisse sur les rainures. Ah, des lettres! Serrées en liasse par un ruban.

Le ruban une fois dénoué, Anne déplie la première lettre : écrite, il y a déjà longtemps, le 31 octobre 1869, à l'encre violette et d'une plume nerveuse, peut-être énervée. Une femme. Le regard d'Anne va à la signature : une certaine Vinciane Rebillet. Elle a assisté à la conférence de Maria sur *La femme dans le théâtre*, boulevard des Capucines.

« ...Vous vous trompez quand vous affirmez que la courtisane, une fois *introduite, a réduit* à *néant tous les autres rôles féminins...*

Aujourd'hui, de même que la photographie menace d'éclipser la peinture, le lucre se substitue à la luxure. Je ne suis ni une Muse vénale, ni une créature diabolique, pas plus qu'une pierreuse illettrée. J'ai appris à lire, écrire et compter chez les religieuses, avant de m'enfuir... pour monter sur les planches à Paris.

Oui, mon rêve était de jouer. À dire vrai, on venait davantage pour jauger mes formes que juger mon talent. Et pas plus que je n'avais de vocation à m'agenouiller devant une croix, pas plus je n'en avais pour m'offrir vierge à quelque artisan modeste ou quelque ennuyeux employé, dans un intérieur à dépoussiérer sans cesse... Je ne me voyais pas non plus épouser un barbon dont j'aurais dû subir la fièvre pour porter plus vite un voile noir à mon chapeau...

Puisque je n'avais pas de fortune personnelle, j'ai préféré être une négociante particulière. Tout le monde n'a pas eu le privilège comme vous de naître, dans une famille riche et cultivée... »

La main d'Anne se crispe sur le papier. La lecture s'interrompt là.

Quelle sottise que celle de cette femme ! Comme si l'aisance les avaient détournées de la réalité, elle et Maria.

Anne regarde le feu. Elle va se lever pour y jeter cette lettre impudente.

— Attendez de lire le reste.

— Le reste ? demande Anne, interdite.

— Les autres lettres. Je pense qu'il y en a aussi dans la bibliothèque.

Anne reste figée : qu'en sait-elle? Mais elle sait tant de choses ! Il y a donc d'autres lettres dans la bibliothèque, l'antre sacré du père. Que révéleront-elles ?

2

1828

SOUS LE SIGNE DU LION

Le salon et la bibliothèque sont les deux piliers de l'enfance des Deraismes. Mais seule la bibliothèque aux rayonnages en chêne a échappé au souci d'ordre, de propreté maniaque de la bourgeoisie, ancré chez leur mère tel une seconde nature. La bibliothèque étant le domaine de Monsieur, elle a échappé au plumeau et à l'encaustique. Anne trouve un refuge sur une méridienne, au pied des milliers de volumes engrangés par leur famille. Au nez, elle y reconnaît l'odeur miellée du tabac à priser, le parfum familier qui imprégnait le décor paternel, tout aussi rassurant que celui des reliures en cuir.

— Voici une autre liasse, avec une fiole de laudanum, dit Marthe, avec un air grave.

–   Où les as-tu trouvées ?

–   Dans une niche de la bibliothèque...

–   Je savais que Maria cachait du laudanum. Mais des lettres !

–   Elle préservait son intimité.

–   Peux-tu m'en verser quelques gouttes, dans une cuillère ? demande Anne en prenant soin de détourner le regard. J'en ai besoin...

Marthe acquiesce en silence puis revient avec une cuillère en argent et une serviette damassée.

Anne a l'impression que le laudanum agit très vite sur ses nerfs, à tel point qu'elle s'abandonne sur les coussins, revoyant des scènes de leur enfance. Leur père, François Deraismes ne jure que par les philosophes des Lumières. Sa Bible, ce sont les œuvres complètes de Voltaire, toujours à portée de main sur les rayonnages. Anne se souvient de son admiration pour le philosophe.

–   Un homme d'esprit, ce Voltaire, qui a tout de suite compris que l'argent, c'est le nerf de la liberté ! répétait -t-il avec une voix de ténor.

Maria et elle s'avisent en grandissant que leur père possède non seulement l'intelligence des affaires, mais aussi l'art de l'entregent. Ce fils d'artisans a su faire prospérer ses affaires jusqu'en Amérique, où deux de ses frères ont émigré. Après s'être enrichi, il a épousé Anne Soleil, sa cadette de dix ans, la nièce d'un opticien, et pas n'importe lequel, Jean- Baptiste Soleil, ingénieur dont les recherches en optique ont permis d'améliorer la signalisation maritime. Un mariage d'amour et non d'intérêt. La bourgeoisie, à la différence de l'aristocratie, permet davantage aux sentiments de s'épancher dans le cadre matrimonial, même si ce dernier reste délimité. Anne fronce les sourcils et essaie de se souvenir : quand leur mère Anne Soleil a-t-elle attendu son premier enfant ? Dix-neuf ans ?

Soit un an après leur mariage. Anne n'a jamais su comment ils se sont rencontrés, mais elle a toujours senti combien son père, ce colosse brun, autoritaire, était épris de cette femme menue aux cheveux sombres et aux yeux gris ardoise, au caractère bien trempé lui aussi. Et si Maria a été la préférée de son père, c'est parce qu'elle ressemblait à son épouse.

De la guimauve, raillerait Vinciane. Mais comment une courtisane pourrait-elle encore croire à l'amour ? Et à l'amour spirituel qui permet de supporter les épreuves. Leur famille a connu aussi l'affliction puisque leurs parents ont perdu plusieurs enfants; une fille et deux fils dont il ne restera aucune trace dans les archives. Trois cercueils minuscules à mettre en terre. Ces trois deuils ont sûrement resserré liens entre les époux.

Anne se rappelle avoir surpris sa mère prier en secret, tandis que son père épanchait son chagrin quelque temps dans le vin. Anne Soleil l'a ramené vers elle par ses caresses, tandis qu'il décidait que le dernier-né serait son héritier.

Elle se souvient de la pâleur de sa mère, quand celle-ci ne pouvait plus dissimuler son ventre rond, et de sa joie à elle, quand elle a appris qu'elle aurait un frère ou une sœur. Ce fut une sœur. Marie-Adélaïde, dite Maria. Penché au-dessus du nourrisson, son père guette les signes d'un destin hors du commun, tandis que son épouse s'extasie : avez-vous vu comme ses cheveux bouclent ?

Son père hoche la tête puis retourne vaquer à ses affaires. On est le 17 août 1828. Deux ans avant le nouveau gouvernement du roi à la tête de poire, Louis-Philippe. L'accouchement s'est bien passé pour la mère comme pour l'enfant. François Deraismes est soulagé d'apprendre que la sage-femme n'a pas eu besoin d'appliquer les fers et que sa dernière fille est arrivée comme une lettre à la poste, cette Poste qui devient effectivement plus rapide, et permet d'informer du pire comme du meilleur.

Mères, cousines, amies, voisines ont pris le relais auprès de l'accouchée. Des années plus tard, son père a avoué à sa fille aînée combien il a redouté ce moment de la naissance et haï cette phrase de la Genèse capable de sanctifier la torture de praticiens ignorants : « Tu accoucheras *dans la douleur.* »

Anne avait acquiescé.

Sur ce sujet, même son cher Voltaire reste muet. Un jour, la médecine ferait des progrès et pourrait faire mentir les grenouilles de bénitier. En attendant, son père fuit la vue du sang et les sources d'affliction, en véritable épicurien qui apprécie la bonne chère et la compagnie d'esprits déliés.

Parce qu'il s'agissait d'une fille, il avait laissé son épouse s'en occuper. Et elle, l'aînée, s'était étonnée de cette chose minuscule qui tétait avec autant d'avidité le sein maternel. Maria avait un appétit féroce et pleurait, dès que sa mère la recouchait dans son berceau. Et ses cris redoublaient quand le nourrisson entendait des bruits de voix et des rires étouffés dans le grand salon, peut-être parce qu'il se sentait exclu des festivités.

Souvent ses parents recevaient des amis à dîner. Sa mère avait l'art de dresser des tables avec raffinement et de mettre à l'aise ses invités avec un sourire gracieux.

Ni Anne ni Maria ne savent à cette époque que ce père voltairien convie aussi des francs-maçons à sa table car il se pique de philosophie et de politique. En 1833, le peintre Eugène Delacroix, invité sous prétexte de raconter son voyage en Espagne, laisse entendre à son hôte et à d'autres proches que les travaux dans les loges étaient de plus en plus orientés vers la politique. François Deraismes s'inquiète de l'avenir du pays, et de son négoce. Charles X a été chassé du trône. Les sociétés secrètes se multiplient.

- Je suis un homme de terrain ; je ne crois pas à la bienveillance de Louis-Philippe.

- C'est vrai, mon ami, les gens de pouvoir ne sont pas reconnaissants, renchérit Delacroix.

- Chacun veille à ses intérêts.

Et François Deraismes, en bon commerçant, ne fait pas exception à la règle. Depuis que la famille Deraismes a conclu une alliance avec la famille Soleil, pour fabriquer des jumelles et des lentilles maritimes, pour le Ministère des Armées, il investit dans une usine près de de

Compiègne. Aussi se méfie-t-il des intrigues politiques qui cherchent à déstabiliser les hommes d'affaires comme lui.

Une circulaire d'Adolphe Thiers, ministre de l'Intérieur, en 1834 confirme le pressentiment de François Deraismes : elle vise à surveiller les cercles d'idées et les loges par la police : la question n'est pas de savoir si les membres qui composent les loges sont républicains, mais s'ils agissent ostensiblement et hostilement sous couleur d'être des associations républicaines. Bornez-vous donc à constater les faits et à en acquérir la preuve. Par suite du rapport spécial que vous aurez soin de m'adresser, on avertira le Grand Orient, et ensuite, on agira judiciairement si les avis aux supérieurs maçonniques restent sans effet.

Pendant ce temps-là, Maria pleurait dans le noir. Anne se souvenait que c'était une fillette émotive. En septembre 1833, Maria venait d'avoir cinq ans. Marthe, leur intendante, et leur gouvernante à l'occasion, venait les border dans leur lit : « vous ne pouvez pas descendre et vous mêler aux conversations des adultes ».

Maria pleurait de rage et d'impuissance. Sur sa méridienne, Anne sourit à cette évocation de l'enfant en colère : celle-ci s'est bien rattrapée.

Comme leurs chambres étaient contiguës, Maria venait dormir avec elle.

— Je ne supporte pas d'être enfermée, répétait Maria. Pourquoi ne dis-tu jamais rien, toi ?

— Parce que nous sommes des enfants, rétorquait Anne.

– À quel âge est-on adulte ?

– À vingt-un ans, à la majorité…

– Une éternité…

Alanguie, Anne se roule en boule comme une petite fille, sur la méridienne. Maria détestait rester assise, inactive. L'enfance n'était pas un temps béni pour elle, mais un temps suspendu où elle devait obéir à ses parents, natter ses cheveux avant de dormir, se promener avec sa sœur, rester discrète. Heureusement, ses parents ne lui imposaient pas la messe le dimanche. D'ailleurs, leur mère n'y était guère assidue : elle n'allait à l'église que deux fois par an. Et leur père se méfiait des catholiques, préférant les protestants moins hypocrites selon lui quant aux questions d'argent. Il se demandait pourquoi il n'avait pas émigré lui aussi aux États-Unis sans doute parce qu'il était attaché à la culture et à la langue française dont la tonalité lui aurait manqué là-bas. Leurs parents se plaisaient à fredonner dans l'intimité des chansons de Jean de Béranger ou des vers de Victor Hugo. Le couple partageait le goût des bons mots et l'amour du français.

Et Père avait transmis cet amour à Maria. Le seul que la décence autorisât à une jeune fille. Car en ce temps-là, une jeune fille n'était censée s'aviser de son sexe que lors de sa nuit de noces.

Le goût du beau langage avait donc tenu lieu de passion à Maria durant ses jeunes années ; il lui assurait quasiment un statut d'égale parmi les adultes et il l'avait nourrie d'études de grec et surtout de latin, puis encore d'anglais et d'allemand. La pratique des grammaires et des lexiques avait précocement aiguisé sa maîtrise du français.

Il se trouva qu'une passion mène à une autre.

Jusqu'à l'âge de six ans, c'était sa mère qui avait veillé à l'instruction de Maria. Elle lui avait d'abord appris à lire avec le vieil alphabet illustré qui avait servi aux filles de la famille, et elle avait ensuite recouru aux *Fables* de La Fontaine, puis aux *Sermons* de Bossuet, aux comédies de Molière, aux tragédies de Racine et Corneille, aux textes les moins séditieux des Encyclopédistes... Et les commentaires de Maria étaient si justes, si vifs, si pointus même que sa mère comprit : elle devait passer la main.

Mais à qui ?

— Si on l'envoyait chez les Sœurs? Avait-elle suggéré à son époux.

— Vous plaisantez, je suppose ? Qu'apprendrait-elle chez les Sœurs? À réciter son chapelet et à tirer l'aiguille ?

— Les convenances exigent une préceptrice.

— Je vous délègue ce soin.

Mais justement, Anne Soleil ne s'estimait plus compétente. Elle chercha du côté de sa famille. Elle comptait à Saint-Malo un oncle dont la fille n'était pas encore mariée, à supposer qu'elle le fût jamais. Une fille instruite, qui avait appris le latin et le grec, qui avait vraiment lu la Bible et qui jouait du piano, mais qui souffrait d'une infirmité, un pied-bot. Les jeunes partis ne courent déjà pas les femmes savantes, mais les pieds-bots alors ! Philomène, car c'était son nom, était donc vouée à rester vierge. Elle fut priée à Paris. Le désœuvrement et l'attrait de la grande ville l'y conduisirent promptement.

Maria avait six ans quand elle la rencontra. Elle s'attendait à voir une Carabosse, elle fut charmée par le visage aux traits fins, pommettes hautes et yeux noisette légèrement bridés, encadrés par de longs cheveux dorés. Un échange de sourires scella déjà l'entente.

Anne, qui avait alors treize ans, avait surpris une conversation entre ses parents, au salon.

– Alors, cette Bretonne fait-elle l'affaire?

– Elle a bonne tournure, et sa connaissance des langues, pour autant que j'en puisse juger, n'est pas feinte. Elle joue du piano de façon exquise et m'a montré ses dessins. Je leur ai trouvé beaucoup de charme.

– Voilà donc toutes les Muses réunies en elle ! Mais quelle est la cause de son infirmité ?

– Je vous l'ai dit, un pied-bot, traité par un rebouteux. Cela n'a pas atteint son cerveau.

– Où la logerons-nous donc ?

– Sous les combles, nous y avons trois chambres convenables. Il suffit de quelques aménagements...

– Son père s'est défait d'elle bien commodément...

– Je ne m'étendrai pas sur la vraie nature de leurs rapports, mais je soupçonne que c'est un vieux grigou qui a sauté sur l'occasion de gagner tout à la fois de l'argent et de se débarrasser d'une bouche inutile. L'argent que nous lui avons offert servira, si je l'ai bien compris, à réparer la toiture de cette gentilhommière où il gîte et qu'il appelle château. Quoi qu'il en soit, Philomène me paraît tout à fait apte à développer les qualités exceptionnelles de Maria.

Ainsi Anne avait-elle compris les espoirs que ses parents fondaient sur sa cadette. Ce serait elle, l'étendard des Deraismes.

Mais le rôle de Philomène fut différent de celui que tout le monde avait escompté.

Anne se remémora le passé.

Pendant huit ans, sous la houlette fleurie de Philomène, Maria fit de vraies études. Au lever, elle faisait deux heures de piano, puis s'attelait à l'étude des sciences, des lettres et des langues. Elle apprenait les déclinaisons latines et grecques, puis abordait les versions. Elle traduisait Homère, Virgile, d'autres. L'après-midi, elle dessinait, faisait de l'aquarelle, puis de la peinture à l'huile.

Récompense suprême pour Maria : quand le temps était clément, Philomène l'emmenait en promenade, sur les quais de la Seine, du côté du Louvre ou de la Conciergerie, s'aventurant parfois jusqu'aux grands boulevards. Elle lui racontait l'histoire de ces hauts-lieux historiques et, à la Conciergerie, par exemple, s'indignait des souffrances qu'y avait subies sa plus illustre prisonnière, Marie-Antoinette. Cela ne correspondait guère aux idées de M. Deraismes, pour qui la Révolution n'était pas achevée. Pour rien au monde, elle n'aurait contredit Philomène car Maria l'idolâtrait. Elle admirait ainsi l'aisance avec laquelle elle dissimulait son infirmité, s'appuyant sur son ombrelle et paraissant tout juste traîner la jambe.

Philomène occupait tout l'espace mental de Maria. Il aurait fallu avoir l'esprit mal tourné pour s'en inquiéter. Même quand, alitée par la grippe, Maria était montée rejoindre sa maîtresse sous les combles et avait passé la nuit dans le lit pourtant étroit de celle-ci. Mais personne n'eut ce mauvais esprit-là. La fugue passa pour un caprice de fillette.

Un souvenir en tirant un autre, les doigts d'Anne se crispèrent sur la liasse de lettres de Vinciane.

C'était grâce à Philomène que Maria avait appris l'existence de cette dernière, celle qu'Anne appelait «gourgandine». Elle avait appris l'épisode par Marthe, à qui peu de secrets échappaient.

Un jour, à l'heure du thé, Maria et Philomène se trouvaient boulevard des Italiens ; ce n'était pas qu'elles avaient déjeuné «à la fourchette» au café Hardy, ni pour s'attabler chez Tortoni, au Café de Paris, ou au Café Riche, encore moins pour prendre loge aux Bains Chinois, établissements bien trop dispendieux ; non, elles se rendaient à la Librairie Nouvelle, la mieux achalandée de Paris et pour cela prisée des gazetiers.

Une calèche tirée par des chevaux aux crins tressés de roses jaunes s'arrêta devant la boutique et une créature aux yeux violets, guère masqués par une voilette mauve, en descendit, ruisselante de pierreries. En entrant dans la librairie, elle avait d'un mouvement de cape renversé le petit étal d'une gamine bouquetière. Roses en collerette de papier de soie, bouquets de violettes et gerbes de narcisses, la marchandise avait roulé sur le trottoir, salie, piétinée, perdue. La fillette pleura. Des badauds s'arrêtèrent. Un sergent de ville houspilla la morveuse, et s'inclina gracieusement devant la beauté à la calèche, qu'il avait reconnue.

Celle-ci se figea, altière, puis ouvrant un petit sac brodé qu'elle tenait contre sa poitrine, en tira trois pièces d'or et les laissa tomber dans le tablier de la bouquetière. La jeune fille pleura, mais cette fois de joie. Puis la créature entra dans la librairie, sans un regard pour la foule qui déjà l'acclamait.

Maria et Philomène avaient assisté à la scène.

— Quelle faiseuse ! s'écria Philomène. Et ces grands

airs... Maria ne comprenait pas l'indignation de sa

préceptrice.

— Vous ne l'aimez pas ? C'est pourtant une bien belle dame.

— Une dame, ça ? Une lionne, une bête de cirque...

— Comment s'appelle-t-elle ?

— Elle se fait appeler Vinciane, mais ces femmes-là n'ont pas de nom, Maria. Et parfois pas d'âme... Mais ce n'est pas une conversation pour une enfant.

Devant la mine butée de sa préceptrice, Maria n'avait pas insisté. Philomène était taillée dans le granit. Ses dégoûts étaient tenaces. Au lieu de bouder, Maria avait sorti son carnet de croquis et de mémoire, commencé à esquisser l'ovale du visage de l'inconnue. Son visage l'obsédait. Elle l'avait croquée en Diane chasseresse, à demi-vêtue d'une tunique, qui laissait voir un sein épanoui. Et sur une autre page, elle avait dessiné une rose jaune.

Le soir même, après le dîner, leur père leur avait fourni un élément de réponse. Quand il était disponible, il aimait suivre les progrès de Maria.

— Montre-moi ton carnet de dessins... Mais tu as fait le portrait de Vinciane !

Exclamation vite réprimée, devant l'air courroucé de son épouse. Il avait enchaîné sur la symbolique des fleurs et la mode des petits dictionnaires portatifs dans la bonne société. Et il promit d'en offrir un à Maria.

À cette époque, en 1838, Vinciane entamait son ascension, si l'on peut parler d'ascension à propos de galanterie. Cette beauté avait l'âge d'Anne, la sœur aînée de Maria, dix-sept ans. Et elle était considérée comme la courtisane la plus courue de la capitale. En quelques mois, Vinciane avait éclipsé Olympe Pélissier, beauté classique, au profil grec, modèle du peintre Horace Vernet. À la différence de ses rivales, personne ne connaissait le passé de cette grande « horizontale » qui, à une autre époque, aurait fait sienne la maxime de Caroline Otéro , une croqueuse de diamants, née le 4 novembre 1868 : « La *fortune ne vient pas en dormant seule* ».

Paris apparaissait comme un marché aux esclaves ruineuses où les clients, cigare aux lèvres et ventre en avant, venaient choisir leurs hétaïres, dans les coulisses des théâtres, dans les restaurants de luxe ou les allées du bois de Boulogne.

Vinciane, elle, fréquentait les libraires et les antiquaires.

Les plus avertis affirmaient que cette princesse de la haute bicherie collectionnait des antiquités, notamment égyptiennes, et qu'elle fréquentait des groupes ésotériques. Et les mauvaises langues ajoutaient que l'occultisme était un autre moyen de raccoler des clients...

Anne Soleil s'était arrêtée là, afin de ne pas blesser son enfant chérie. Maria avait du talent, et une artiste dans la famille, pourquoi pas? Il y avait l'aînée pour contrebalancer. Anne était plus raisonnable ; elle avait hérité du bon sens des Deraismes. Ainsi veillait-elle à vérifier les comptes, même si Marthe s'en chargeait déjà.

L'avenir était encore grand ouvert. Anne brodait alors les pièces de son trousseau de mariage, et sa mère, de temps en temps, lui reprenait quelques motifs, afin de confectionner un chef d'œuvre de finesse que les proches seraient invités à admirer dans les armoires à linge. Le fiancé était un Malouin : Michel Féresse. Les Féresse étaient des amis de leur famille. Tout en tirant l'aiguille, Anne songeait à des questions de généalogie quand Maria s'interrogeait sur sa vocation artistique. Anne voulait des enfants.

Leur père n'intervenait pas dans ces choix. « *C'est votre vie* », telle était l'expression qui revenait souvent dans sa bouche. Il parlait à ses filles comme il l'eût fait à des fils, affectueux, mais laconique.

Parfois Anne lisait sur son visage combien il était las de tous ses déplacements en province pour affaires. Il aurait aimé s'embarquer au Havre pour revoir ses frères, mais son épouse s'y opposait : elle avait peur de le perdre. Quand il était absent trop longtemps, il lui semblait que l'ombre des cercueils se profilait à l'horizon. Seule, sur sa couche, elle faisait des cauchemars : les fantômes des trois petits la tourmentaient. François se résignait à correspondre avec ses frères par lettres. Sans cesse il remettait son voyage.

Pour l'égayer un peu, Madame Deraismes multipliait les dîners. Elle encourageait Maria à écrire des saynètes, si bien qu'à douze ans, celle-ci tiendrait sa première tribune devant ses parents.

Les jours s'écoulaient paisiblement. Un bonheur temporaire troublé par la révolte de Philomène : non, elle n'était pas liée au destin de la famille Deraismes !

Philomène leur avait donné neuf ans de sa vie.

Plusieurs fois, Anne Soleil lui avait proposé des partis et de fonder un foyer.

– Je t'apporte des nouvelles de Bretagne. On te demande ; on te sollicite. N'as-tu pas la nostalgie du pays, Philomène ?

– Madame, loin de moi l'idée de vous offenser, mais à l'idée de retourner là-bas, mon cœur se serre. Le bruit même de la mer me fait mal...

– Mais la ville est bien plus dangereuse ! Je m'inquiète de ton sort, car la roue de la fortune peut tourner dans le mauvais sens... Pour l'instant, tu ne manques de rien chez nous, mais après ? Y as-tu seulement songé ?

Brillante élève, Maria avait rapidement assimilé les leçons de sa préceptrice.

À quatorze ans, elle lisait dans le texte le philosophe anglais Hobbes, matérialiste, ennemi de la tyrannie. Philomène la félicitait, le regard absent. Maria s'intéressait aussi à la philosophie extrême-orientale. Mais lorsqu'elle parlait de ses découvertes à Philomène, son enthousiasme ne trouvait guère d'écho.

– Bravo, Maria ! Mais le professeur va bientôt disparaître !

– Où ?

Premier amour. Premier chagrin. Maria ne comprenait pas.

Philomène l'abandonnait. Elle préférait New York à Paris. Elle avait été obligée de justifier son comportement devant Madame.

– Pardon, j'ai envie de voyager.

– Leur mère avait dû être mortifiée par ce qu'elle prenait pour une lubie.

– Et où ça ?

– En Amérique, murmure Philomène.

– L'Amérique ! Crois-tu donc que l'or te tombera du ciel et que les hommes y seront plus généreux ? Tu crois qu'ailleurs la vie est plus douce et que les paysages y sont plus beaux ? Mais c'est d'un naïf !

Cuisante déception pour Maria : fini les longues balades dans la capitale. Philomène sortait désormais seule et ne se confiait à personne. Dès qu'elle commença à plier son mince bagage dans une malle, Anne Soleil prévint son époux, qui ne s'en émut pas.

– Qu'elle parte pour l'Amérique ! Je lui ferai une lettre de recommandation pour mes frères...

– Avec ses gages on lui donna de l'argent pour la diligence jusqu'au Havre et pour une cabine de première classe sur le bateau.

Rien ne tenait plus Philomène : elle prit congé juste après le quinzième anniversaire de son élève.

– Vous allez nous manquer, avait laissé échapper Maria.

Et la jeune fille avait rougi.

En entendant cette réflexion, Anne s'était mordu les lèvres : sa cadette accordait bien trop d'importance à cette provinciale, mal nourrie au blé noir.

Philomène repoussa les effusions. La Bretonne avait été élevée à la dure dans une gentilhommière glaciale. Le sentimentalisme ambiant ne convenait pas à son tempérament solitaire.

Maria se taisait. À quoi songeait-elle ? À qui ? Encore à Vinciane, la sulfureuse ? Avec le recul, Anne se souvient que Maria ne dessinait à cette période que des femmes et ne s'intéressait qu'à l'anatomie féminine. Mais elle n'y avait guère prêté garde. Même chez Balzac ou Zola, les premiers auteurs à avoir levé le voile sur les goûts contre nature, il fallait savoir lire entre les lignes. Et elle-même était trop candide pour se douter qu'il existât ici-bas des amours aussi ambiguës.

3

SECOND FEUILLET DU TIROIR SECRET

De son pas solennel, alenti par l'âge, ample silhouette dans sa robe de laine noire, taillée sur un patron de bon faiseur, Marthe retourna à la bibliothèque. Car elle veillait sur Anne et s'inquiétait de son état d'esprit.

Telle un génie tutélaire, elle se devait, à quatre-vingts ans passés, de protéger la paix du cœur de la dernière des Deraismes. L'espace d'un instant, elle revit le surcroît de tâches de ces derniers jours, l'organisation des funérailles, la gestion des domestiques, puis le tri des effets de Maria. Ces armoires et ces tiroirs à ranger... Et ces souvenirs à tenir en respect.

Ah, certes, le pied n'était plus aussi agile ni la main aussi leste, mais la tête demeurait : elle s'en était tirée à son honneur. Elle se redressa. Ses yeux marron brillèrent dans le masque pâle et flétri.

Elle le devait bien aux Deraismes.

Plus que trois pas avant la bibliothèque. Elle revécut sa jeunesse. L'horreur : fille-mère à dix-sept ans. Dans une ville de garnison, où elle serait promise à l'indignité jusqu'à son dernier jour !

Elle était blanchisseuse. Un beau brin de fille, une Normande aux formes déjà modelées, à la peau laiteuse. Elle s'était laissé conté fleurette par un bel officier. Il avait fait tant de promesses ! Elle s'était donnée. Et quinze semaines plus tard, la grossesse. Le bel officier devint oublieux ; il lutinait d'autres filles dans une maison accueillante, le Haras... Un claque ! Et la claque : elle supplia, invoqua les promesses faites. Rien n'y fit. Félicien de Montsaingeon n'allait quand même pas ramener à sa famille une fille de pêcheurs enceinte.

Il y avait eu un témoin de ce drame, le lieutenant François Deraismes. Il comprit que Marthe était en grand péril. A cette époque-là, les hommes bien nés prenaient la défense des femmes en détresse. Il lui trouva une ferme où accoucher et paya la sage-femme et la nourrice pour s'occuper de l'enfant à naître.

Nul ne sut si le destin était miséricordieux ou vengeur : Marthe accoucha un peu avant terme, d'un enfant mort-né.

Le chagrin des mères, dit-on, est mortel pour les enfants qu'elles portent.

Quand celui de Marthe s'effilocha, elle reporta son besoin d'aimer sur son bienfaiteur. Il s'apprêtait à regagner

Paris et elle ne pouvait plus rester à Pont-Audemer ; tout le monde avait bien vu les rondeurs de son ventre, sa famille ne voulait plus d'elle et elle ne trouverait certes plus aucun homme qui voudrait d'une femme perdue, comme on disait.

François Deraismes la prit donc à l'essai dans sa maison ; elle se rendit vite indispensable.

Elle était parvenue à la porte de la bibliothèque. Assise sur le petit sofa, Anne leva vers elle un visage amer.

– Je croyais la connaître, murmura-t-elle. Marthe s'assit près d'elle.

– On croit toujours connaître ceux avec qui l'on vit, réplique la vieille intendante.

– Maria me disait tout...

– La preuve que non, poursuit Marthe.

– J'ai toujours été franche avec elle !

– Parce que vous n'aviez rien à cacher.

– Et puis elle voulait peut-être ne pas vous inquiéter. Rappelez-vous. L'année 1875...

La main d'Anne tire, dans la liasse, la lettre datée de 1875. C'était une année noire pour Maria. L'Association qu'elle avait créée pour le Droit des Femmes avait été interdite par le ministre de l'Intérieur. Maria a été repérée par la police comme un agent subversif. Elle craint pour sa liberté.

« ...Nous *nous sommes croisées il y a déjà longtemps et vous aviez répondu à un billet par un mot sibyllin. Peut-être réagirez-*

vous davantage à cette lettre en tant que gage de ma bonne foi... Depuis le temps a passé et je me suis retirée dans mon hôtel particulier, sans toutefois m'exiler du monde, songeant à écrire mes *Mémoires.*

La rumeur de vos succès a fini par parvenir à mes oreilles. Vos ennemis, parmi lesquels se trouvaient une certaine Juliette Adam, dont vous aviez dédaigné les mondanités, et certains de mes anciens amants, dont le chroniqueur Albéric Second – qui, je le reconnais, porte à merveille son nom - ou le dévot Alexandre de Saint-Albin, parti en croisade contre l'érection d'une statue de Voltaire, sont unanimes pour noter chez vous un désir de perfection confinant à la monomanie...
Une rumeur qui finit par m'irriter, je l'avoue...

Ainsi dans mon âme naquit un désir de revanche par rapport à tout ce que l'on me rapportait de votre féminisme et de votre vision, ô combien étroite des courtisanes.

Maria, me disais-je, vous pensez être *une femme d'exception, une pionnière ; eh bien, sachez que votre tranquillité d'esprit, vous la devez aux complaisances d'une grande horizontale pour le chef de la police spéciale qui fit cesser toute enquête à votre sujet. Léon Renault, ce nom vous évoque-t-il quelque chose? Sachez que j'eus la bonté de lui accorder une promenade au Bois en calèche, avant de céder le soir à ses embrassements de squelette mélancolique. Ses côtes froissèrent mes hanches et auraient failli marquer ma peau, si, heureusement, sa fougue se tarit aussi vite que s'exprima son désir. Comme je restai impassible, il m'en fut reconnaissant et je lui demandai de faire cesser les poursuites contre vous, lui assurant que vos propos n'avaient rien de révolutionnaire, que vous étiez une femme sensée.*

Par lui je sus que vous aviez adhéré à La Libre Pensée et fondé une section en Seine-et-Oise. En revanche, il me dit que votre association pour le Droit des Femmes ne ferait pas long feu. »

Anne est interloquée : sa cadette, sauvée par une courtisane ? Comment a-t-elle pu accorder le moindre crédit à une fille des rues qui a cru s'élever dans la société par le commerce de son corps ?

La dissimulation de sa sœur éveille en elle des sentiments obscurs de frustration... L'oratrice qu'elle côtoyait tous les jours, le bourreau de travail, la femme de pouvoir aurait-elle eu une vie secrète, une liaison avec une fille d'Ève ? Tandis qu'elle réfléchit, des images de luxure mettent son imagination en feu. Elle voit sa sœur nue dans les anneaux d'une femme-serpent, les cheveux épars, le corset délacé...

Revenue de ces émotions, la raison lui rappelle que Vinciane a vieilli. Une vingtaine d'années sont passées depuis la rédaction de ces courriers. Elle ne peut donc se la représenter que comme une vieille dame aux cheveux blancs, les doigts déformés par l'arthrose et peut-être tachés d'encre...

Puissance des contraires ? Maria si rationnelle, a souvent attiré des personnages décalés... Comme ce Claude Dotremont. Un fils de famille qui se donne des airs de mage. Il lui a joué la grande scène du deux, lui faisant croire que, si Balzac avait écrit *La femme de trente ans*, il avait le pouvoir de lui effacer ses quarante ans... Maria souffrait de l'avoir rencontré trop tard, d'avoir raté un carrefour. Et Anne a toujours flairé un élément trouble en lui. Bien des femmes gravitaient autour de lui, et pourquoi pas aussi Vinciane ?

4

1843

Vocation artistique

— Madame, vous n'allez pas quand même pas prendre racine dans la bibliothèque, s'inquiète Marthe.

— J'essaie de comprendre.

— Ou de prendre ? C'était son caractère. Maria était faite pour plusieurs vies....

— Elle aurait pu être artiste.

À l'adolescence, Maria avait été séduite à la fois par la peinture et la musique, les deux arts d'agrément de la grande bourgeoisie et de la noblesse. Elle avait choisi la peinture, non pour le travail sur les lignes ou pour la palette de couleurs, mais pour les effets d'ombre et de lumière qui modèlent les objets, en soulignent ou en effacent les contours. À son insu, quelque chose la poussait à comprendre d'où la toile pouvait trouver sa source lumineuse. Une Lumière qui semblait émaner des corps, animal ou personnage, jetant des fulgurances de pierre précieuse, sur un fond de ciel ou de terre tourbillonnants.

En 1843, sur les conseils d'Eugène Delacroix, ami de son père, Maria suivit les cours de Paul Delaroche, rue Visconti, dans le 6ème arrondissement, à l'École des Beaux-Arts. Elle avait obtenu là une faveur insigne car les femmes n'avaient pas accès aux grandes écoles d'art, et les cours où elles étaient admises étaient réservés aux jeunes filles. Toutefois Maria n'aurait pas droit aux modèles vivants, et devrait travailler le drapé, à défaut de l'anatomie, afin d'épargner sa pudeur. Ce ne fut qu'en 1891 que les apprenties purent travailler devant un nu, féminin de surcroît, ceint d'une bande de tissu léger de 2,75 mètres de long sur un mètre de large, autour des reins. Le génie romantique se targuait de ses Muses, mais devait rester barbu. Le génie avait un sexe. Les hommes se projetaient dans leurs œuvres ; les femmes, dans leurs enfants.

Une artiste, est-ce une créature normale ? Heureusement François Deraismes n'était pas obtus. Il n'entendait pas tenir sa fille loin de l'art, qu'il considérait comme une transcendance. Son épouse risquait d'être gênée de savoir Maria isolée dans un atelier...

— Paul Delaroche rassurera Madame Deraismes. Il ressemble plutôt à un honnête père de famille qu'à un créateur échevelé.

Et Delacroix avait ironisé sur sa moustache pommadée, sa blouse amidonnée, serrée sur une taille encore svelte. Spécialisé dans les tableaux historiques, et classé par les impertinents dans les « pompiers », Delaroche l'encouragerait à se lancer dans la peinture de genre. Elle était la seule fille au milieu d'une dizaine de garçons chahuteurs et brouillons, ce qui irritait Delaroche, obsédé par un idéal pseudo-grec de pureté qui ne se tarirait jamais. Et être une fille, cela voulait dire porter un corset et transporter sur soi une masse de tissu. Une fossilisation de la chair.

Depuis les années 1840, le règne des crinolines avait été restauré. Et rondes par-dessus le marché ! Quand elle se déplaçait dans l'atelier, Maria occupait le double d'espace des garçons. Et ces cages-là vous entravaient non seulement le corps, mais l'esprit de surcroît. Et elles forçaient à ralentir le pas, excitant les sarcasmes des garçons. Allez donc trouver un sujet dans cet accoutrement !

Car il n'était pas question de toucher à la toile avant d'avoir son sujet en tête, c'était la manie de Delaroche. « Avant tout, le sujet, mes enfants ! »

Quand, le soir, elle allait retrouver Anne dans sa chambre, habitude d'enfance, elle lui rejouait les grandes scènes de la journée ; elle imitait alors le ton sentencieux de Delaroche, index levé et componction. Elle y mettait tant de brio qu'Anne pouffait.

– Maria, il faut d'abord trouver ton sujet, lui disait Delaroche.

– Je veux peindre une femme, mais pas une Judith ou une martyre... répliquait-elle.

– Pourquoi pas une Esther ?

– Pourquoi toujours une figure empruntée à la Bible ?

– Parce que l'art classique se nourrit de la Bible et de la mythologie !

– Je voudrais peindre une femme de notre époque... une passante qui m'intriguerait tout comme le spectateur. Est-ce possible ?

– Un portrait ou un nu ?

– Rassurez-vous, cher maître, juste un portrait d'après un modèle vivant...

– Une mendiante ?

– Non, je pense à une courtisane...

Malgré la rigueur de Delaroche, Maria se plaisait beaucoup à l'atelier. Un épisode suspendit un jour son insouciance. Elle le raconta à sa sœur tel quel.

Un matin, en allant à l'atelier, elle rêvassait. Elle avait heurté une vieille femme qui sortait d'un porche. En réalité, une gitane qui vendait de la vannerie. Mal fagotée, engoncée dans des jupons multicolores, cheveux emmêlés, joues cuivrées et déjà tavelées, la manante n'avait pas un aspect engageant. Maria l'avait aidée à ramasser ses corbeilles d'osier.

Ses yeux noirs l'avaient scrutée :

– Tu n'as pas peur d'aider une sorcière comme moi ?

D'habitude, je fais fuir les jeunes filles. Elles ont peur de devenir laides rien qu'à me regarder...

— Vous n'êtes pas si laide et sans doute pas si vieille non plus, avait répondu Maria.

— Tu as donc des yeux pour voir, mais tous les choix ne sont pas encore faits.

— Comment cela ?

— Dirige-toi vers l'enfant universel, toi qui n'enfanteras pas !

Maria interloquée l'avait laissée débiter ses prédictions.

— Adieu, jeunesse.

Et Maria fit un portrait de bohémienne. Elle ferait plus tard celui de sa mère, puis un autoportrait.

À quinze ans, Maria est une beauté. Brune au teint clair, le front dégagé et de grands yeux gris et vifs, ourlés de cils épais, ce fard naturel des chanceuses. La fierté imprègne son port. Cambrée, épaules dodues et buste déjà formé, elle est racée et dégage un sentiment de fermeté et de sensualité contrôlées. Elle est, comme on dit, racée. Elle est cependant contente de voiler ses appas sous la blouse d'atelier ; ainsi les garçons ne la détailleront pas trop.

Pour les jeunes filles du quartier, elle ne se présente pas sous son meilleur jour. Elle fréquente une école de dessin ? Mais pour quoi faire, grand ciel ? Les plus « convenables » de ces demoiselles s'abstenaient donc de l'inviter au thé et déclinaient ses invitations. Non, elles ne se commettraient pas avec cette excentrique.

Blessée par certains silences, et de nombreuses rebuffades, Maria se confie à Marthe, fière de sa Maria désireuse de devenir quelqu'un sans passer par l'autel.

Les fielleuses du quartier ne ratent pas leur cible, quand elles voient passer la petite, bandeaux plats, sous la capeline, les yeux baissés sur son carton à dessin, avec l'intendante des Deraismes. Car les jeunes filles dans son (mauvais) genre laissent planer le doute sur leurs intentions ou déclenchent les quolibets. Ne vont-elles pas rebuter les bons partis ? Ou pire, prôner le saphisme ? Du grain à moudre pour alimenter les conversations et pimenter le quotidien monotone des bourgeoises désœuvrées.

Conquis par son sérieux, Delaroche lui imposa un sujet, avant de la laisser faire :

– Pour l'instant, c'est moi qui décide ! Tu vas te mettre devant ce chevalet, prendre un fusain et te servir de l'un de tes camarades comme modèle.

C'était mieux que d'être obligée de dessiner des madones entourées de marmots. Elle ne voulait pas suer à reproduire les plis et replis des chairs d'angelots. Dessiner ce que l'on attendait d'un être « doux », « fragile », « sensible ».

Dans l'atelier, les rires avaient fusé. Maria, telle que son père le pressentait, avait gardé son calme et cherché un regard amical. Elle avait repéré Jonas, un jeune artiste, un blond timide, la tignasse constellée de plâtre. Ils s'étaient liés d'amitié, tandis que Gautier, fils d'un riche marchand de tableaux lui faisait une cour insistante.

Un soir, Gautier avait convié Jonas à une partie de tric-trac dans l'atelier, avec quelques grisettes du boulevard. Mais le jeu avait tourné court. Pris de boisson, les « badouillards[1] » rivalisaient d'audace pour impressionner les filles. C'est à qui monterait sur les plus hauts tréteaux. Jonas avait trébuché et était tombé, la tête la première sur un bloc de marbre. Il y perdit la vie. Delaroche n'y était pour rien mais l'accident avait eu lieu dans un lieu placé sous son autorité.

C'était lui qui avait retrouvé Jonas. Le cours de ce jour-là fut suspendu. Puis tous les cours. On parla de bizutage tragique.

Maria ne put pas assister aux funérailles. Sa famille le lui avait interdit.

Après cet épisode tragique, Maria abandonna l'atelier d'autant que Delaroche fut contraint par la direction de l'École des Beaux-Arts de donner sa démission.

– Pourquoi ne dessinerais-tu pas quelque chose de plus personnel ? lui dit Anne.

Maria se souvint qu'elle avait mis sous clef le *Dictionnaire floral*, donné par son père, dans son secrétaire, à la suite de sa rencontre avec Vinciane. Une véritable grammaire

---

1   Badouillard (argot de l'époque) ami des plaisirs et des bals publics. Le Badouillard s'est épanoui de 1840 à 1860. La société des Badouillards fut, en principe, composée d'étudiants. Pour en faire partie, il fallait subir honorablement certaines épreuves. Il y avait celle du dîner, de l'ingurgitation du champagne, du punch et des liqueurs fortes, du duel, des nuits passées au bal. Celui qui sortait triomphant de cette série d'épreuves, et dont la santé et souvent la raison étaient les enjeux, était proclamé : « *Badouillard.* »

où le présent était figuré par une fleur épanouie ; le futur, par un bouton ; le passé, par une graine.

La première prédiction de la gitane se réalisa un an plus tard.

En 1844, de violentes douleurs abdominales la saisirent, tandis qu'elle faisait ses gammes au piano, suivies de nausées et de vomissements. Le médecin de famille se voulut rassurant : mademoiselle a ses nerfs. Je lui prescris du bouillon de viande et des tisanes.

— Encore un qui en est resté au XVIIème siècle, avait persiflé Maria.

— Calme-toi, avait cru bon de dire Anne.

— Les médecins se croient tout permis. Ils veulent prendre un ascendant sur nous, comme les prêtres, s'insurgea Maria.

Ces prescriptions n'agirent pas. Les symptômes persistaient.

À seize ans, Maria perdit sa désinvolture. Anne fut témoin de sa première crise.

La première manifestation d'un mal qui ne sera identifié qu'un siècle plus tard : la maladie de Crohn, du nom du médecin américain qui en circonscrira les manifestations en 1922. Une affection chronique des voies digestives qui connaît des phases de poussées extrêmement douloureuses et de longues phases de rémission.

— Tout va se remettre en place, tu es jeune. Ton corps est bien formé, lui disait Marthe pour la rassurer.

Son corps, comment Maria pouvait-elle le mettre en parenthèses ? Chaque matin, sa cameriste devait l'aider à enfiler son corset. Afin de ne pas irriter son épiderme délicat, dès la puberté Maria portait des modèles en taffetas de soie, avec cordonnet de soie, l'hiver, et des modèles en satin de coton, avec œillets en ivoire, l'été. La peinture sublimait les corps, mais reposait sur un seul et même interdit : celui de la sexualité.

Sa femme de chambre le lui laçait dans le dos, en évitant de trop tirer sur les cordons, afin de ne pas comprimer les organes, même si la jeune fille aurait souhaité un busc encore plus rigide pour aplatir sa poitrine qu'elle trouvait volumineuse.

À seize ans, Maria s'était découvert en même temps un corps souffrant et désirant. Tout d'un coup rien n'avait plus de sens. Les médecins se succédaient à son chevet. L'un d'eux avait été sans doute troublé par sa jeunesse et ses charmes sans équivoque. Avec ses yeux de merlan frit, il avait étalé son jargon comme il astiquait ses moustaches avec de la cire, appâté par ce tendron. Il avait pris son temps pour tâter le pouls et les battements cardiaques. Homme de terrain, il redoutait les maladies qui transformaient ses congénères en eczémas sur pattes. À moins d'être moine ou marié à une vertu, les vierges demeuraient les proies idéales pour les amateurs du beau sexe.

Il lui avait débité du compliment en tranches comme le charcutier du marché. Et il frétillait de ses mots comme un petit colporteur d'almanachs. C'était donc cela, la vie ? Homme de science compassé en public, porc rougeaud, dans le privé ? Un jeudi, le gredin avait profité d'un intervalle où la maisonnée était affairée à trier des ballots de linge sale.

L'eau courante était alors une rareté à Paris : pour s'en approvisionner, il fallait, muni de cruches, aller à la fontaine publique la plus proche. Le linge de corps et de maison était confié, par paniers entiers, aux blanchisseuses. Chemises de nuit, caleçons, plastrons de chemises, jupons, draps, serviettes et autres, ces ouvrières emportaient leurs lots vers le lavoir municipal équipé de réservoirs, de machines à vapeur et de séchoirs.

Pendant le remue-ménage présidé par Marthe, le triste sire lui avait relevé les jupons de Maria.

– Vous avez vos menstrues, avait-il constaté d'un ton doctoral.

Sur quoi le morticole l'avait plaquée contre le mur, lui avait posé une main sur la bouche, s'était débraguetté de l'autre, et avait saisi sa patiente par les reins. Là, il lui avait planté son dard entre les jambes. La douleur ! L'horreur ! Elle avait gigoté sous le poids de ce mammifère au poil gris empestant la gomina et la sueur rance. Elle avait tenté de le repousser, mais qu'il était lourd ! Dès qu'il s'était retiré, elle lui avait craché à la figure, comme un chat en colère. Hébété, il n'avait rien dit et s'était rhabillé à toute vitesse, avant de filer dans l'escalier. Désormais aucune consultation ne se ferait sans la présence de Marthe. Cet épisode avait vacciné Maria contre le mariage. La noce ? Une boucherie enrubannée. Non, elle ne serait jamais un animal forcé, prêtant soumission à la vie conjugale. A quel abattoir, Anne serait-elle être traînée ? Dans sa famille, on ne parlait pas de la chose. Mais elle en savait assez, par des textes qu'elle n'aurait pas dû lire : *L'Art d'aimer* d'Ovide ou *Le Satyricon* de Pétrone. Et en Bretagne, la fréquentation des paysans avait déchiré le voile de l'ignorance sexuelle.

Cette année-là, la souffrance occupait l'esprit de Maria ; elle cadenassait son corps. La jeune femme s'alita. Ce ne serait, dit-elle, que pour quelques jours. Ils s'étendirent à la semaine. Puis au mois. Elle délaissa piano et pinceaux, mais se passionna pour les fleurs. Tenue de garder la chambre, elle envoyait sa cameriste au marché lui quérir les plus belles, dont elle composait des bouquets pour toutes les pièces de la maison.

Anne venait la distraire en lui racontant et commentant les nouvelles du jour.

Sortie un moment pour surveiller les activités de la cuisine, Marthe revint.

—   Avez-vous pris un peu de repos ?

Un regard vague tint lieu de réponse.

—   Repos ? Je songeais à la maladie de Maria, à son courage...

—   Elle avait de la discipline, en effet.

Si le corps avait été atteint, l'esprit de Maria avait redoublé d'activité. Elle noircissait page après page de ses cahiers, réflexions, canevas de pièces de théâtre, comédies sur le mariage, les rapports entre les hommes et les femmes, les conséquences inattendues du Code Civil...

—   Elle s'intéressait beaucoup à la politique, rappela

Marthe. Je lui portais les journaux au lit, et même quand elle frissonnait de fièvre, elle ne manquait pas de les déplier.

– Je m'en souviens. Elle appréciait *Le Charivari*. L'humour l'aidait à tenir la distance. Parce qu'elle se sentait fragile. Mais elle se posait des tas de questions sur le sens de la vie, la vie après la mort, tout ça...

Ç'avaient été les années de 1844 à 1847. Les souvenirs défilèrent, en vrac.

– Elle m'a dit une fois : je suis déjà une vieille ! Et je lui avais répondu que la vieillesse, c'était quand les bougies dans la tête s'éteignent l'une après l'autre et qu'on n'a plus qu'une envie, dormir et ne plus se réveiller.

Puis Madame Mère avait suggéré le voyage en Bretagne. Une équipée !

Anne voulait retrouver son fiancé, Michel Féresse, son fiancé et préparer leur mariage. Maria était enthousiasmée par l'idée de revoir sa tante Rose. Marthe s'était jointe à elles. Cinq jours de diligence avec des arrêts dans les relais de poste, jusqu'à la maison de tante Rose. Une bicoque au milieu de nulle part, mais des jardins étonnamment bien tenus. La tante Rose, qui ne s'appelait d'ailleurs pas Rose, surnom donné par des familiers en raison de sa passion pour les rosiers, était une originale aux franges de la loufoquerie, mais chaleureuse.

– Vous vous rappelez la maison? demanda Anne.

– Si je me la rappelle ! Presque une boutique de

brocanteur, avec tous ces meubles dépareillés, les chaises qui avaient besoin d'être toutes rempaillées. Et tous ces chats !

– Et ce guéridon !

– Quel guéridon ?

– C'était le seul meuble convenable. Il servait à invoquer les esprits. Marthe en demeura interdite.

– Vous avez invoqué les esprits ?

– Mon père se moquait de ces pratiques, mais Maria voulait essayer. Et elle m'a convaincue, moi qui suis pourtant sceptique. Alors un soir, tante Rose a demandé à Maria de placer le guéridon au milieu du salon, et elle a mis les chats dehors. Puis elle a posé dessus l'un de ses derniers verres en cristal et une série de carrés de papier sur lesquels étaient inscrites les lettres de l'alphabet. Et nous nous sommes assises autour.

– Nous nous sommes exécutées tout en nous efforçant de ne pas pouffer. Tante Rose nous a ordonné : Asseyez-vous autour ; placez vos mains, doigts écartés, de telle sorte que pouces et auriculaires se touchent ! Eh bien oui, le guéridon s'est mis à osciller. Tante Rose a annoncé : « *Un esprit va se manifester* ».

Maria n'arrivait pas à garder son sérieux et a fait une telle grimace qu'elle a lâché ma main. Le guéridon s'est soulevé et le verre est tombé.

– Votre tante a dû être furieuse.

– Surtout dépitée car on avait fait fuir l'esprit.

– Et le guéridon ?

– Il ne bougeait plus. Nous nous sommes levées. Quand nous avons voulu le déplacer, le guéridon nous a paru un bloc de pierre. Tante Rose nous a défendu d'y toucher. Et quand nous avons voulu ranger les carrés de papier, nous avons constaté que leur ordre avait été dérangé, car ils étaient à l'envers. En se couchant, Maria m'a dit qu'il y avait peut-être une force inconnue, mais qu'elle ne pouvait pas le prouver. Après cet incident, la vie a repris son cours, avec les promenades, les courses, les conversations interminables sur notre avenir.

La suite, tu la connais... Tu me chaperonnais. j'ai été reçue plusieurs fois dans la famille de mon fiancé, Michel Féresse. Une date a été fixée pour les noces. Puis le retour à Paris. Et Mère très inquiète : Père donnait des signes de fatigue. Et plus sa santé et sa douce autorité déclinaient, plus Maria s'intéressait aux rouages du pouvoir.

5

1848

«La Voix des femmes»

L'expérience du guéridon avait marqué Maria plus qu'Anne ne l'aurait cru. Sa cadette, pourtant si logique, avait cru percevoir un monde étrange, tout en redoutant qu'il ouvrit sur le néant.

– C'est terrifiant, dit Maria à Anne. Même au salon, je sens parfois s'abattre sur mes épaules le poids d'un fantôme.

– Les fantômes ne pèsent pas. Quelque chose est dans l'air, en effet. Et cela concerne le roi et notre avenir, répond Anne, en haussant les épaules, une aiguille à la main.

– Oui, c'est pour cela que Père s'inquiète.

– Et les journaux ne sont pas tendres...

– Ils m'amusent, moi, et ils m'apportent la musique humaine de l'extérieur...

– Pourvu qu'ils ne prédisent pas le chaos !

À la veille de la Révolution de 1848, les vingt ans de Maria avaient trouvé un autre exutoire que le spiritisme : la presse satirique. Depuis sa première crise, elle avait gardé l'habitude de lire tous les journaux d'opposition.

Et il en paraissait plusieurs pendant cette période effervescente, en particulier les journaux de mode qu'elle boudait. La pudibonderie régnait sur les rubriques que Maria jugeait assommantes : la broderie, la cuisine, l'ameublement... Elle aimait tout particulièrement *La Caricature*, le premier journal spécialisé du dessin humoristique, fondé en 1830. Son succès fut tel que d'autres illustrés apparaissaient, *Le Charivari*, *L'Assiette au beurre*... Des peintres et graveurs de renom s'y distinguaient : Honoré Daumier, Gustave Doré, Claude Monet.

Ce fut dans *Le Charivari*, l'un de ses favoris, que Maria découvrit un certain Gaspard-Félix Tournachon. Une signature bientôt célèbre sous le pseudonyme de *Nadar*. Pour l'heure, le jeune Gaspard tirait le diable par la queue s'échinant à se faire un nom dans la presse. Daumier qui l'avait pris sous son aile, l'aidait à publier ses premiers dessins, au trait mordant.

Un matin, entendant le pas lourd de son père dans l'escalier, Maria lui montra le portrait à charge d'un acteur comique, Paul Grassot, que Nadar avait brossé à larges traits.

– Sacré Gaspard, l'animal ne m'avait pas dit qu'il savait aussi dessiner !

– Le connaissez-vous, Père ?

– Qui ne connaît Gaspard ? On ne peut le manquer avec ses cheveux roux...Un sacré renard, celui-là. Jamais là où on le croit ! J'ai connu son père, Victor Tournachon, imprimeur et libraire, à Lyon. Ses idées républicaines lui ont causé bien des déboires... Son fils veut me proposer une affaire... Mais j'y pense. Tu peux le rencontrer aussi si tu veux, car il va venir dîner le mois prochain, avec l'éditeur Jules Hetzel et quelques autres : Eugène Labiche, un auteur, débutant, de comédies, Jules de la Malène, un philosophe, Antoine Fauchery qui s'intéresse à la photographie... Gaspard et ses amis veulent me parler de la photographie,une nouvelle invention qui permet de faire le portrait sur papier d'argent en un clin d'œil. Cela devrait t'intéresser, toi qui aimes tant portraiturerles gens.

– Un portrait d'argent...Comme un dessin ?

– Pas un dessin ! Le portrait exact, l'image fidèle de la réalité.

– Un miroir en quelque sorte ?

– Précisément. Gaspard ne fait pas que de la photographie ; je crois bien qu'il veut ouvrir une boutique où chacun pourra venir se faire « tirer le portrait », et que pour l'instant, il a surtout besoin que je lui prête de l'argent pour son projet.

– Vous allez le faire...

– Je ne sais pas encore. Mais peut-être. Notre monde change, Maria. Le progrès. La science va changer notre vie. Déjà, grâce au chemin de fer, tu pourras bientôt aller à Saint-Malo chez tante Rose en une journée au lieu de cinq. N'en parle pas à ta sœur...

— Pourquoi pas ? Anne a du bon sens.

— Votre sœur comme votre mère trouveront cette manœuvre financière trop risquée et me critiqueront, au cas où je perdrai ma mise. Cette spéculation ne regarde que nous. Et puis, je souhaite que l'animal me tire le portrait... et si je ne suis plus de ce monde, c'est vous qui tenterez l'aventure ! Cela fera bisquer le curé de notre paroisse qui voit le Diable partout...

— Mais si la photographie peut faire les portraits, à quoi serviront les peintres ?

— Vous parlez comme ce Baudelaire, un poète et critique d'art qui n'a rienfait de sa vie, sinon dilapider l'argent de sa famille ! Non, ma fille, il y aura toujours une place pour l'Art. La science, c'est un autre domaine et je suis convaincu qu'à vous aussi elle apportera beaucoup.

— Et ce dîner, Père, Anne et moi, pourrons-nous y assister ?

— J'y compte bien. Vous allez atteindre la majorité. Jules Hetzel, actuellement chef du cabinet du Ministre des Affaires étrangères, a l'édition pour vocation. Qui sait, il pourrait peut-être un jour vous aider à éditer vos comédies... ainsi que ce Labiche, un jeune auteur qui sera également être des nôtres...

Pour l'occasion, leur mère leur offrit des robes du soir en soie pastel, découvrant leurs épaules ; celle d'Anne comportait un décolleté en cœur, celle de Maria, un décolleté droit.

Les corsages à toutes deux, très baleinés, étaient censés faire ressortir la finesse de leur taille.

Mais Maria s'en accommodait mal : elle parvenait à peine à respirer.

De sa fenêtre, laissée ouverte, malgré la crainte d'un rhume, elle entendait la rumeur de la rue. Le peuple de Paris s'était lassé de Louis-Philippe, jugé trop mou. Il n'avait pas su remédier à la misère ; il ne savait pas ce que c'était de vivre dans des taudis nauséabonds et glacés, il ne mangeait pas de pain rassis. Les bourgeois des faubourgs, comme leur père, sentaient venir la révolte et pourtant la soutenaient.

Anne pensait à sa vie en Bretagne. Elle écoutait distraitement les conversations sérieuses de son père avec ses amis. Peu lui importait que la monarchie ne fût plus en phase avec le siècle industriel. Son père souhaitait l'avènement de la Seconde République et avait applaudi à l'élection de Victor Hugo à l'Assemblée nationale. Le rétablissement du suffrage universel le laissait cependant perplexe.

«Voter quand on ne sait pas lire, dit-il, c'est ouvrir une brèche aux abus, à la corruption, mieux vaudrait établir l'instruction publique et gratuite...»

Maria, elle, se passionnait de plus en plus pour la politique. Cette «passion» «avait» supplanté tout le reste.

– Suffrage universel, cela signifie-t-il que les femmes pourront voter ? luidemanda-t-elle.

– Ma fille, n'y songez pas ! Si les femmes votaient, le pape serait Président...

Le nez dans leur missel, toujours à se vouer à un saint ou à un autre, les femmes n'écoutent que leur confesseur. Leur donner droit de vote, c'est abandonner tout espoir de progrès, toute chance de voir la France s'émanciper de l'emprise de l'Église.

– Ce suffrage n'est donc pas universel puisqu'il ne
concerne que les hommes... Pourtant sur les barricades,
en février, il y avait aussi des femmes. Boulevard des
Capucines, quand la troupe a tiré, certaines ont versé
leur sang. Leur sacrifice n'a-t-il pas de valeur ?

– Ne nous emballons pas, Maria ! Chaque chose en
son temps ; chaque personne à sa place. Les femmes
règnent au foyer, les hommes à l'atelier. La politique
et l'industrie dévorent un individu ; il faut une
constitution de fer pour y résister. Les femmes sont
trop fragiles pour juguler ces forces, ces intérêts et ces
appétits en action. Le temps viendra où les femmes
pourront faire entendre leurs voix...

Maria n'insista pas. Tout homme de progrès qu'il fût, son
père était de son siècle : il considérait la femme comme
un être faible, dominé par ses émotions. Pour lui, pour la
plupart des hommes et bien des femmes, les filles d'Eve
étaient d'abord vouées à la maternité et à l'éducation
des enfants, aux travaux de la maison, ou bien encore
au plaisir, comme les Vinciane. Il ne pouvait concevoir
qu'une femme pût diriger un journal ouune entreprise.

Une femme commandant des hommes ? Allons ! Ces
ruminations l'impatientèrent un moment et elle évoqua la
légende des Amazones qui faisaient la guerre...

Pourtant, si le Créateur avait façonné le premier homme
et la première femme, n'en avait-il pas fait des êtres
égaux ? Pourquoi ne parlait-on quedes « _Droits de l'homme_
» et jamais de ceux de la femme ? Et ce qui faisait d'elle
une femme... A l'image de son corps, ses seins, son sexe,
elle vacilla au seuil d'un domaine traversé d'images

fugaces, fuligineuses, fulminantes même, devinées, pressenties, mais jamais vécues : l'émoi du baiser, la foudre de l'étreinte imaginée, la chaleur qui jaillissait du plus intime jusqu'au cerveau, l'ivresse de l'extase... Puis elle recula et claqua cette porte-là. Le sort en était jeté, elle serait libre, maîtresse et responsable d'elle-même. Pas un animal domestique.

Quant à elle, elle savait qu'elle ne serait pas celle que rêvait son père. Non, elle ne serait pas une mère de famille, une de ces effigies attifées que les hommes produisaient auprès d'eux, comme des trophées. Un mari ? Avec sa maladie, elle serait difficile à caser.

Peu après, elle apprit qu'un journal, *La Voix des femmes* venait d'être fondé par une romancière et traductrice, née à la fin du XVIII ème siècle, Eugénie Niboyet. Elle courut l'acheter. Elle apprit aussi que Niboyet présidait un club féminin, *l'Athénée des dames*[2] qui souhaitait la réforme pénitentiaire, s'opposait à la peine de mort et aux guerres coloniales. Eugénie Niboyet s'intéressait au sort des ouvriers et des femmes qui étaient, d'après elle, les grands perdants de la République. Malgré ses détracteurs, elle parvint à faire paraître quarante-six numéros du 19 mars au 20 juin 1848.

Maria demanda à son père de l'abonner. Il accepta ce caprice.

La Voix des Femmes fut le premier quotidien lancé et dirigé par une femme. Une entorse pour la morale bourgeoise : faire de la politique, en effet, était mal vu pour une femme bien née. S'en mêler bousculait la répartition des rôles masculins et féminins, et la séparation entre sphère privée et sphère publique. Une femme épousait les idées de son mari et se gardait de défendre, voire d'évoquer les sujets qui fâchent.

---

2   Club fondé en 1834.

Dans les dîners mondains, la politique, on s'abstenait donc de parler. La vicomtesse de Sabran le déplora dans sa chronique des Salons de mai 1850, pour le journal catholique *Le Conseiller des Dames* :

«.... C›est désespérant pour nous cela, Mesdames : *nos maris, pendant quelques jours, ne parlent que de la candidature de Monsieur untel ou ducitoyen tel autre, les affiches inondent les rues, on marche sur un tapis debulletins... de toutes les couleurs, et c'est autant de pris pour nos plaisirs. Enfin, espérons-le, les* élections *sont finies comme le mauvais temps* ».

Ainsi la presse anticonformiste devint pour Maria, réfractaire à toute tutelle, sa seule porte vers la liberté.

6

1851-1854

LA PEUR DU SILENCE

Dès l'aube, les égoutiers la réveillaient en sursaut. Le laudanum avait aiguisé son ouïe. Maria reconnaissait leur pas, la cadence militaire d'une division en marche, vers sa mission d'hygiène publique. Avec une longue perche, ils allaient remuer la boue des souterrains et arpenter les galeries qui constituaient leur domaine réservé. Sous les Batignolles passait un grand égout, un tunnel dont la voûte pouvait supporter le poids d'un quartier. Maria se précipitait à la fenêtre, enveloppée dans un châle en cachemire, afin de regarder les quatorze hommes qui s'apprêtaient à descendre dans les entrailles de la terre. Ils ressemblaient à des pêcheurs avec leur blouse bleue, très courte, et leurs bottes. Curieuse, prise de sympathie spontanée, elle se joignait à eux en pensée, cheminait avec eux dans ces zones obscures, d'où s'exhalait l'odeur méphitique de la décomposition. Avec ces explorateurs, elle s'ingéniait à deviner les vestiges de la matière, et la survivance des atomes plus subtils que le mot «âme» ne le laissait croire.

Car, autour de Maria, la mort était devenue omniprésente. En 1851, de la santé de son père, François Deraismes, s'était brusquement dégradée. Comme il avait toujours évité le commerce des médecins, il répugnait à un examen qu'il jugeait inutile. Depuis quelques mois, lui et sa mère prirent les devants et trouvèrent un dérivatif : un cadre de vie plus agréable. Les Deraismes déménagèrent à Nice. Ils avaient loué une petite maison à l'écart du centre-ville, à l'abri du mistral, entourée d'un bois d'orangers qui exhalait un parfum sucré. Anne suggéra à sa cadette de reprendre des cours de dessin dans l'atelier de Ferrari, le peintre officiel du Roi de Sardaigne. Maria n'avait dit ni oui, ni non. Elle respirait à pleins poumons ces effluves fruités, qui attisaient ses souvenirs.

Dans sa tête, les images de la gitane et de Vinciane tourbillonnaient. Elle rêvait que ces deux femmes jouaient aux échecs. De quel pion allaient-elles se débarrasser en premier ? Afin que les demoiselles ne se morfondent pas dans la campagne, toute la journée, en compagnie des cigales, Marthe exigea qu'on leur montrât la Promenade des Anglais. Le cocher fut sommé de trouver l'itinéraire qui leur permettrait d'admirer les villas et les hôtels les plus opulents, dans leur décor de palmiers, de lauriers-roses et de mimosas.

François Deraismes se désintéressait de l'actualité, comme si son esprit s'éloignait déjà de ce monde. Dans le Midi, de nombreux mécontents s'opposaient au coup d'État de Louis-Napoléon Bonaparte. Des amis de son père lui annoncèrent qu'un arrêté de police avait interdit la Grande Loge de France, coupable d'avoir exprimé ouvertement ses sentiments républicains et son projet d'intervenir dans les affaires politiques.

Mais François Deraismes ne réagit pas ; aussi il s'enfonçait dans un mutisme qui inquiétait sa famille.

Afin d'échapper à cette atmosphère pesante, Maria se remit à peindre, des marines ou des paysages qu'elle détruisit, une fois finis.

— Ce sont des croûtes...

Le dessin de la gitane, lui, restait en évidence.

Tant bien que mal, Maria gardait une contenance. Et pourtant, il y avaiten elle tant de déchirures.

Le soleil ne réchauffait que les tuiles de leur maison. Le visage de François Deraismes pâlissait et virait même au cireux. Au grand dam de son maître, Marthe manda un médecin. La visite fut rapide et ne présagea rien de bon. Le morticole avait pratiqué une saignée : elle affaiblit davantage le patient. Maria se souvint de la prestesse avec laquelle il empocha le pièce de cinq francs, après avoir prescrit des pilules d'opium. Elle l'observa par la fenêtre remonter sur une jument fourbue.

«Leur père ne se rétiblissait pas». Son épouse et ses filles se relayaient à son chevet.

Un soir, il réclama Maria près de lui. Elle le veilla toute la nuit, afin qu'il ne se sentît pas seul.

Anne se souvint avoir demandé à Maria s'il avait exprimé des vœux ou dit quelque chose de particulier. Mais cette fois, Maria ne s'était laissée aller à aucune confidence.

Leur père s'était éteint en 1852, à soixante ans.

Dès les funérailles, leur mère avait sombré dans une mélancolie obstinée. Anne dut repousser la date de son mariage. Maria se sentit égarée. De retour à Paris, elle fréquenta sans conviction le cours de Jules Coignet, peintre paysagiste de l'École de Barbizon. Pour fouetter son ardeur, celui- ci lui fit l'éloge des dessins de Victor Hugo, inspirés par la nature. Maria entendait, mais n'écoutait pas. Que ce fût l'aquarelle, l'huile ou la gouache, sa main se dérobait. Ses esquisses lui laissaient le goût amer de l'inachevé. Le grain du papier semblait attirer une ombre, celle d'un homme en noir qui s'emparait de ses instruments. Pas de carnet de bal pour la jeune fille, non un carnet noir pour un seul cavalier, un homme au profil de faucon qui plantait ses serres sur le papier, avant de s'attaquer au grain de sa peau.

En 1853, à vingt-cinq ans, Maria subit une autre attaque de sa maladie. Elle résista. Elle se devait d'être courageuse, en mémoire de son père. Elle confierait plus tard au journaliste Jean Bernard, chroniqueur des célébrités parisiennes : « Bah ! Les étouffements ne sont pas mortels, *j'en ai eus toute ma vie ; en 1853, j'ai été soignée pour cela par vingt-deux médecins bien comptés, la même année, et je n'en suis pas morte, vous le voyez bien!* »

En tant qu'aînée, Anne se chargea des intérêts de la maison et décida de veiller sur leur patrimoine. Elle-même désarmée leur mère lui donna les pleins pouvoirs pour faire fructifier leur fortune et vérifier les factures de tous les loyers de leurs immeubles de rapport.

Anne reprit donc contact avec le notaire et les banquiers afin de gérer au mieux leur héritage.

Ayant hérité du sens paternel de l'argent, elle devint le chef de famille. Tandis qu'elle se plongeait dans les chiffres, Maria s'occupait de leur mère et recommençait à écrire. Cet arrangement leur convenait à toutes deux : leurs tempéraments étaient complémentaires.

À Saint-Malo, Michel Féresse s'impatienta. Sa fiancée voulait-elle donc rompre leur engagement ? Anne ne pouvait plus le faire attendre. Son trousseau était prêt. Sa mère lui avait offert des chemises tissées à Clairvaux et une maison de poupée, qui n'avait rien d'un jouet : plutôt un rappel des devoirs d'une maîtresse de maison.

En 1854, Anne retourna en Bretagne pour se marier enfin. Une année s'écoula, pendant laquelle Maria écrivit des petites pièces de théâtre qui distrayaient sa mère devenue insomniaque. Marthe l'incita à s'intéresser davantage à son environnement, en laissant traîner sur sa table de chevet des numéros du *Moniteur*. En particulier, celui du 21 avril 1830 : « Les *Batignolles et Monceaux, qui n'étaient naguère que des hameaux annexes de la commune de Clichy-la-Garenne, se sont tellement accrus par les bâtisses qu'on y a faites depuis quelques années, qu'ils présentent aujourd'hui l'aspect d'une petite ville moderne. La population y est nombreuse, et beaucoup de personnes aisées, attirées par un site agréable, y* établissent *leur résidence...* »

Comme l'agitation qui avait suivi la révolution de 1848 avait effrayé beaucoup de nantis, certains s'étaient repliés vers les Batignolles. Il en résultait une population mélangée de rentiers et de commerçants, mais aussi d'employés, d'exilés polonais ou italiens, de veuves et de femmes déclassées.

Tous les mardis et vendredis, en fin de matinée, pour prendre part à la vie du quartier quand cela lui chantait, Maria accompagnait la cuisinière au marché. Sur les larges trottoirs de l'avenue de Clichy s'étalaient des légumes et des fruits frais. Des étals étaient dressés par les marchands forains qui, à coups de boniments, y débitaient de la charcuterie, des souliers ferrés, des bottines ou les nouveaux produits à détacher.

Au retour, Maria se retrouvait seule dans la maison familiale avec sa mère : elle commença à développer son propre point de vue : les femmes n'étaient pas tenues d'être reléguées à un rôle domestique ou récréatif. Etrangement, sa sœur Anne lui faisait écho : elle ne s'habituait, écrivait- elle, ni au crachin breton, ni à la vie d'une femme de marin. Maria, qui ne s'accoutumait pas à l'oisiveté des mondaines, lui répondit :

« *Ma chère sœur,*

Je ne saurais jamais suivre le même rythme que les « femmes riches » ou à la mode, moi, dont la santé est si chancelante et ne me présage aucun avenir radieux, malgré les soupirants alléchés par notre or. Ne me crois pas oisive pour autant. Je viens d'avoir trente ans, « l'âge poétique » des femmes selon Honoré de Balzac ; l'âge d'une nouvelle naissance pour moi. Depuis que mes yeux parcourent la presse et que ma main annote ses déclarations, je m'aperçois que les hommes ne sont pas prêts de faire triompher les idées d'égalité, de fraternité et de liberté, et qu'ils ne seront jamais peut-être assez mûrs. Ma jeunesse a été déçue par les journées de 1848, les explosions de rage retombées en frissons d'impatience, bien vite réprimés... Quelle image a donné d'elle la capitale ? Une image de fauve à l'appétit finalement assouvi.

D'ailleurs, ne m'écris-tu pas toi-même que les Bretons voient des bandits et des incendiaires dans tous les Parisiens ?

Néanmoins, les idées semées par Père ont été enfouies en moi tropprofondément pour que la vie de ménage ou de rentière me soit plaisante. Rappelle-toi cette fièvre de discussion dans ces dîners avec ces esprits d'élite rassemblés autour de nos parents... Je veux approfondir ces idées, ces questions, avant de peser un peu dans la vie de notre pays, notre France qui, mieux qu'une Louve romaine, saura allaiter des enfants de laLumière, issus de ses flancs, si on lui fournit aussi les vivres d'un rêve éclairant. »

Lumineuse ardeur d'une jeune femme malade, dans la France patriarcale de Louis-Philippe.

7

1858-1861

Communiquer avec les morts

Pourquoi la vertu était-elle si triste ? L'ennui n'était pas qu'une pose de dandy ; Mme du Deffand n'avait-elle pas jugé, au siècle précédent qu'il était « le tombeau de tous les sentiments » ? Il n'épargnait pas Maria dans ces journées d'hiver où le ciel gris drape les cœurs dans des linceuls détrempés. Malgré la présence de Marthe et son indéfectible affection, la jeune femme se sentait perdue dans cette maison où la pierre semblait tombale. Les derniers assauts de sa maladie l'avaient forcée à la retraite. Si elle ne ressemblait pas à une matrone, elle le devait aussi à ce mal qui l'avait préservée de l'agitation du monde.

À cette époque, elle ne voyait que sa mère et quelques amis de son défunt père, choisis par Anne Soleil en raison de leur vétusté et d'un manque de séduction patent.

Seul Émile de Girardin, le père de la presse moderne, avait réussi à forcer le barrage de l'austérité parce qu'il avait un physique rassurant de premier de la classe, coiffé avec la raie sur le côté, les cheveux et les joues lisses. Un nœud papillon posait la touche de coquetterie nécessaire à ce personnage avide de reconnaissance sociale. François Deraismes l'avait souvent consulté sur le rôle et l'essor de la publicité dans l'économie. Le pragmatisme des affaires l'avait emporté sur leurs divergences politiques.

D'une façon générale, il était difficile de résister à la dextérité oratoire de Girardin. Ce grand manipulateur des chiffres et des mots, bâtard à la reconquête de sa particule, avait épousé une Delphine, un « bas-bleu », femme de lettres passionnée par les faits divers irrationnels et maudits. Elle avait su convaincre Victor Hugo lui-même des promesses du spiritisme ; elle avait, pour cela, été à Guernesey. Jolie femme, mondaine, et pétillante, elle était un rayon de soleil auréolant son époux. Maria aurait souhaité se lier davantage avec elle.

Mais Girardin était autant possessif que jaloux. De surcroît, il voulait être écouté et non écouter. Sa nouvelle marotte était le mobilier urbain, et notamment les toilettes publiques. Il aurait voulu avoir inventé la vespasienne à une place, en fonte ouvragée, qui se dressait rue du Faubourg-Saint-Martin, derrière l'église Saint-Laurent. Dès qu'il avait trouvé une oreille complaisante, évidemment masculine, il lui faisait part de sa trouvaille.

– Prodigieux ! Ces ornements, avec un écusson aux armes de la ville à l'extérieur. Et une sacrée publicité à l'intérieur : les établissements Copahu recommandent leurs pilules et élixirs contre les « *maladies contagieuses.* »

Il pouvait raconter inlassablement la même anecdote des centaines de fois, au risque de radoter, et ne se souciait pas d'encourager, ni même tolérer, que sa femme entretînt une complicité étrangère à leur ménage.

Le cœur de Maria avait besoin de s'épancher. De nombreux salons fleurissaient dans la capitale, mais elle savait d'avance qu'elle n'y trouverait nulle âme compatissante pour écouter sa peine. Son père lui manquait : elle aurait voulu pouvoir s'entretenir avec lui de son avenir. Qui pourrait la conseiller ? Pendant quelques semaines, elle erra dans la maison, telle un fantôme en peine. Un matin, elle avisa une domestique passant de la cire sur commode. Elle revit le visage malicieux de la tante Rose. L'épisode du guéridon lui revint en mémoire. Elle se demanda si, à Paris, n'existait pas un cercle de spirites convaincus. Une idée la hantait : entrer en communication avec son père.

Un jour, durant l'hiver 1858, elle s'arracha à sa citadelle de coton, osa prendre seule un omnibus et s'arrêta au hasard devant une librairie. À la devanture, une couverture attira son attention : *La Revue Spirite*. Elle l'acheta et la dévora. Le lendemain, elle envoya une lettre au fondateur, (Hippolyte) Denizard Rivail, dit Allan Kardec, qui lui valut une réponse. Ils se rencontrèrent au 59, rue Sainte-Anne, siège originel de la *Revue Spirite*. Kardec venait de publier un ouvrage resté célèbre : *Le Livre des Esprits*. La cinquantaine, front dégarni, yeux enfoncés dans les orbites, menton garni d'un bouc, il s'était façonné une figure de Méphistophélès. Tiré à quatre épingles, il voulait impressionner les dames de la « haute ».

Il offrit son ouvrage à cette jeune femme que les mystères de l'au-delà fascinaient tant. Il lui en lut même un passage d'une voix évidemment sépulcrale : « *Les communications des Esprits avec les hommes sont constantes. Les bons esprits nous sollicitent au bien, nous soutiennent dans les épreuves de la vie, et nous aident à les supporter avec courage et résignation; les mauvais nous sollicitent au mal : c'est pour eux une jouissance de nous voir succomber et de nous assimiler à eux...* »

En d'autres circonstances, Maria aurait pouffé. Mais l'auteur semblait si pénétré par son sujet qu'elle s'en retint, et fit mine de s'intéresser à ce que ce mage de boulevard annonçait comme la « *Nouvelle Révélation.*»

— Recevez-vous beaucoup de messages de défunts ?

— Continuellement. Le temps n'existe pas pour eux. Je mène une vie de bénédictin, tous les jours, dès l'aube, sur le pont.

— Cela nous fait donc un point commun !

Ils se revirent régulièrement, rue Sainte-Anne. Kardec y avait entassé des piles de journaux et de documents, si bien que l'espace de son bureau semblait de plus en plus exigu à chacune des visites de Maria. Dans toute cette paperasse, Kardec triait les communications selon leur degré d'étrangeté. Ainsi, un esprit passé sur le plan astral, c'est-à-dire, intermédiaire entre les chérubins et les grossiers corps terrestres, racontait son propre enterrement. Plus drôle, un esprit « gourmet » regrettait d'être désormais dépourvu de papilles et d'estomac pour savourer les mets terrestres.

Ébahie par cette cohue d'ectoplasmes, elle l'écoutait pérorer, tant qu'il se limitait à ne lui tenir la main que de façon immatérielle. Elle était déterminée à renouveler l'expérience ébauchée chez tante Rose. L'élu des esprits utilisait lui aussi un alphabet, un verre en cristal et une table. Mais celle-ci était une console. Il suffisait à Kardec de se concentrer pour que le verre se déplaçât sur les lettres de l'alphabet déployées en cercle. Le verre s'arrêtait sur une lettre. Et Maria retranscrivait des mots, puis des phrases, et les messages d'esprits supérieurs, mais plutôt pontifiants. Plein d'assurance, Kardec l'incitait à se livrer à des essais de transmission de la pensée. Ceux-ci ne furent guère concluants, Maria répugnant aux passes magnétiques. Pris de court, il lui proposa d'expérimenter l'écriture automatique, afin de neutraliser ce qu'il appelait son « *cartésianisme* ». Et il lui expliqua comment procéder :

— Si vous vous concentrez, vous pouvez, avec une feuille de papier et un crayon, recevoir des messages...

Ainsi, chaque soir, avant de se coucher, Maria s'asseyait devant son secrétaire anglais chippendale, munie d'une feuille, une plume, d'une plume et d'un chandelier. Au bout de cinq mois, la plume se mit à bouger et à écrire quelques syllabes. Au fil des nuits, des mots apparaissaient, puis des phrases entières, parfois si vite qu'elle n'arrivait pas à suivre, et se tordait le poignet à essayer de les noter. Elle se relisait le lendemain. Parfois, elle n'y comprenait rien, elle ne déchiffrait aucune révélation et jugeait le style amphigourique. Kardec lui conseilla cependant de les garder.

– Vous comprendrez plus tard.

Elle les rangea donc, dubitative, dans un tiroir secret de son secrétaire, pour que ces élucubrations ne pussent tomber sous les yeux d'aucune personne malveillante ou indiscrète.

Kardec présidait de nombreuses séances de spiritisme, avec des médiums divers. Maria y assista jusqu'à l'ennui. La dernière découverte du mage était une veuve qui disait s'abandonner à des guides, mais prenait surtout des tics de perroquet pour en appeler à la justice des esprits. Vêtue de noir et maigrelette, la pythonisse lui répugnait ; elle scrutait Maria comme le garde d'un pontife considérait un profane séditieux. Cette maritorne se mettait facilement en transe et méchante, s'attaquait aux autres femmes.

Sa dernière victime, une blonde potelée, en avait fait les frais : « ...*À part pleurer, qu'est-ce que tu sais faire ? Pauvre cruche ! Il en a eu assez de toi, ton homme. C'est moi qui les ai jetés dans les bras l'un de l'autre ! Moi, ta victime d'autrefois. Ah, comme tu étais fière d'être une riche Romaine ! Tu m'avais dénoncée comme chrétienne et je me suis retrouvée dans les arènes...La roue tourne.* »

Malgré ces élucubrations, aucun esprit n'annonça à Maria la disparition de sa mère, en 1861. Cette année-là Maria venait de fêter ses trente-trois ans. L'âge supposé du Christ. Et pourquoi, grand ciel, n'y aurait-il pas un Christ féminin ?

Peu à peu, elle se rendit à l'évidence : le spiritisme n'avait plus rien à lui offrir. Et l'imagination délirante du médium, une agitée mutilée par sa frustration sexuelle, n'était certes pas de nature à en restaurer le prestige.

Les expériences que Maria avait pu en tirer lui avaient sans doute ouvert certaines portes, mais elles lui avaient surtout inspiré l'observation suivante : face à la pluralité de mondes qui lui échappaient, l'être humain était décidément bien dépourvu.

Surmené, Allan Kardec radotait. Sans cesse il évoquait les « *plans de lumière* » comme s'il y était déjà. Il agaça Maria. Kardec lui reprochait de le traiter comme un moins-que-rien. Or, même devant un envoyé du ciel, Maria n'aurait pas renié ses origines, son appartenance à la grande bourgeoisie, celle qui savait déguster les mets fins, s'habillait chez le couturier Worth et avait du goût.

Le goût était une notion étrangère à Kardec. Il ne savait pas porter beau. Il était insensible à ces subtilités. Il aurait porté des gants, même sans chapeau, si un archange lui en avait intimé l'ordre. Par esprit de contradiction, elle changeait souvent de bijoux. Le soir, elle portait des pierres de couleur, des rubis ou des grenats qui mettaient en valeur son teint de brune. Les diamants étaient réservés aux blondes...

De plus en plus souvent, Allan Kardec lui faisait des remarques désagréables sur son train de vie et critiquait son manque de générosité à son égard.

— Vous êtes une égoïste.

— De quoi vous mêlez-vous ? répliqua--telle.

— Je croyais que les apparences ne comptaient pas pour vous.

— Je n'ai jamais prétendu cela ! Moi, je ne cherche pas à sortir de mon rang.

— Qu'insinuez-vous ?

— Vous semblez envier ce que vous ne possédez pas... un titre... une propriété.

— Comment pouvez-vous remettre en cause mon désintéressement ?

— Vous n'arrêtez pas de vous plaindre !

— Vous avez tout gâché. Vous avez des sentiments pour toutes les occasions...

— On ne se dispute pas avec les domestiques, finit-elle par lâcher en une réplique cinglante qu'il ne lui pardonna pas.

Son côté éternellement revendicateur l'avait, en effet, rabaissé au rang d'un marchand de services, un peineux...

Elle refusait de s'abandonner à des spéculations sur l'infini, comme elle refusait les tergiversations avec cet homme aigri, persuadé d'être un gardien du seuil entre les mondes visible et invisible.

– Personne ne me fera jouer ni les anges, ni les poissonnières, avait-elle coutume de dire.

Ils ne partageaient plus la même vision de la vie. Maria était convaincue qu'elle était destinée à l'action, et non à la contemplation. Kardec cultivait l'angoisse comme une seconde nature. Elle prit ses distances.

Quand Aurélien Scholl, le rédacteur en chef du *Nain jaune*, la sollicita, Maria fut soulagée.

– Je suis lasse des anges... ô combien !

Cette réplique plut tellement à Aurélien Scholl qu'il faillit en perdre son lorgnon de rire. Il l'invita à déguster un chocolat au Café Tortoni, une institution à Paris. L'établissement était situé à l'angle du boulevard des Italiens et de la rue Taitbout.

– À quelle heure ?

– Vous connaissez mieux les habitudes de Tortoni que moi.

– Musset l'a dépeint ainsi en 1840 : « Le boulevard ne commence à *remuer qu'à midi. C'est alors qu'arrivent les dandys ; ils entrent chez Tortoni par la porte de derrière, attendu que le perron est envahi par les Barbades, c'est-à-dire les gens de la Bourse...*» Et cela n'a pas changé. Je vous propose, quinze heures...

Scholl avait ses entrées partout et s'enorgueillissait d'aligner les bons mots. Cette Maria Deraismes avait du cran, et méritait d'avoir son couvert au restaurant Bignon, rue de la Chaussée d'Antin, un autre temple du potin où il régnait en maître, plutôt que de croupir dans ce passage pour aliénés, qui attirait des paons déplumés et des grenouilles de bénitier.

C'était son métier d'informer et d'être informé. Aussi connaissait-il le pedigree sentimental et professionnel d'Allan Kardec.

Une dame de ce rang ne pouvait s'abaisser à de telles divagations et se compromettre avec ce concierge de l'occulte.

— Je vais vous sortir de la confusion posthume!

— Les tables tournantes tournent la tête de toute l'Europe...

— Une diversion pour faire oublier la misère et rêver dans les chaumières.

— Je ne vous savais pas révolutionnaire...

— Loin de moi cette idée ! Le journaliste doit avoir un esprit critique. Le spiritisme n'est-il pas un succédané de la religion chrétienne?

— D'une certaine façon, oui.

— Sinon le clergé n'aurait pas réagi aussi défavorablement... Vous avez mieux à faire et moi aussi. Je vous prédis une carrière dans le monde de la presse qui vaut ce qu'il vaut, mais qui a le mérite d'être réel, lui !

8

1862

Vinciane, le verbe toujours haut

Ce fut une autre caricature qui remit Maria sur sa voie. Signée de Daumier elle représentait Gaspard-Félix Tournachon, passé à la postérité sous le nom de Nadar, dans un ballon, avec cette légende : « Nadar élevant *la photographie à la hauteur de l'Art le 25 mai 1862* ».

Elle repensa aux réflexions de son père sur ce moyen inédit de reproduction de la réalité. Delaroche, à l'atelier, avait confié ses appréhensions à ses élèves. Les premiers daguerréotypes avaient coûté très cher... Mais la technique avait évolué : à partir de 1851, la photographie s'était diffusée et était devenue plus accessible. Ne pourrait-elle pas servir à illustrer les journaux demanda Maria ?

Elle se renseigna.

De Saint-Lazare, Nadar avait déménagé boulevard des Capucines.

Au fronton de son nouvel atelier figurait une enseigne dessinée par Auguste Lumière.

Maria lui envoya une carte demandant à lui rendre visite. Nadar répondit promptement, l'invitant à dîner avec ses amis. Maria déclina l'invitation à dîner : elle proposa une entrevue dans l'après-midi. Elle voulait l'entretenir de son père.

Quand elle arriva, Nadar n'était pas là. Un laveur de carreaux lui indiqua du geste l'escalier qui descendait Dieu savait où. Elle s'apprêtait à le descendre quand un besoin pressant la prit. Dans la cour, se dressait un cabinet d'aisance commun, un réduit clos d'une porte grise. Elle s'yenferma, fronçant les narines. Une lucarne servait d'accès aux mouchesEt sur le siège s'entassaient des périodiques tels *Le Conseiller des Dames* ou le *Journal des Dames et des Modes,* dont on s'arrachait une page ou deux pour satisfaire à la propreté. Tout en pestant contre le sol en terre battue, forcément boueux, qui souillerait ses précieuses bottines, elle souleva les arceaux de sa crinoline et satisfit donc à l'urgence de la nature.

Quand elle ressortit, elle perçut les éclats d'une dispute non loin d'elle : un homme et une femme à l'entresol. Faisant fi des bonnes manières, elle écouta.

–   Pourquoi ne voulez-vous plus poser pour moi ? demanda l'homme. C'était donc Nadar !

–   Vous êtes comme les autres ! Vous transformez l'être humain en objet !

Qui était-elle ?

–   Mes photographies rendent hommage à votre beauté.

–   Des mots ! Je suis réduite à une image en noir et blanc multipliées à des dizaines d'exemplaires, et pour le plaisir de qui ? De porcs ! La fine fleur de la société se bat pour entrer dans mon boudoir et il faudrait que je m'offre au premier venu, sur du papier d'argent ?

–   Au contraire, qui vous verra, rêvera de vous posséder.

–   On ne possède pas un rêve !

–   Certes. Avec mes photographies, je vous offre l'Europe, et peut-être le monde...

–   Seul Paris m'intéresse...

–   Oui, la gloire, vous l'avez Vinciane. Maintenant. Mais dans cinq ans, dans dix ans ? Avec mes photographies, je vous accorde l'immortalité, l'éternelle jeunesse des dieux.

C'était donc Vinciane !

–   Et qui vous dit que j'ai besoin de vous pour cela ? Voulez-vous finir comme votre collègue Moulin[3], devant un juge pour outrage aux bonnes mœurs?

La menace boucla le bec de Nadar. Il se dirigea vers une fenêtre et tira les rideaux d'un coup sec. Mais la fenêtre voisine n'était pas voilée : Maria aperçut une femme se diriger vers un paravent pour se rhabiller.

––––––––––

3   En 1851 eut lieu le procès du photographe Jacques-Antoine Moulin. On avait trouvé chez lui et un commerçant un certain nombre d'images jugées obscènes.

Elle en eut le souffle coupé : Vinciane était nue jusqu'à la taille qui ceignait un jupon transparent.

Une statue d'Aphrodite vivante, des épaules, des seins hauts et fermes, une taille d'adolescente, et des attaches fines… Les chevilles, que laissaient fugacement apparaître les franges du jupon, étaient nerveuses. Et tout cela paré des charmes de la couleur : de l'ivoire piqué de touches de rose, l'incarnat du nombril, l'ambre foncé des tétons.

Comment la photographie, en effet, eût-elle pu rendre justice à ces attraits ?

Maria dévorait des yeux cette image mobile. Comme elle eût aimé planter là un chevalet… Elle palpita.

Puis, une porte claqua. Une femme au port altier descendit prestement le perron, serrant un éventail dans sa paume. Maria la reconnut : celle-là même que sa préceptrice d'antan avait cru détruire dans l'esprit de Maria. Eh bien non. Elle la suivit du regard.

La visiteuse pressa le pas, souple et vif. Avisant Maria, elle tourna la tête vers elle et la dévisagea : c'était bien la même qu'il y avait dix ans, la belle dame aux yeux violets entraperçue boulevard des Italiens. Pas une ride sur le front ni le menton, le même teint de fleur. Quand elle eût franchi le porche, Maria était encore imprégnée de sa vision. Sans doute Allan Kardec aurait-il défini Vinciane de ce mot passe-partout, « magique ».

Et Maria comprit son succès : elle charmait ses admirateurs, comme si elle leur avait versé un philtre.

Pour des raisons charnelles, certes, mais pour autre chose aussi, que Maria ne savait définir.

Ce fut alors que la porte se rouvrit et Nadar apparut.

– Pardonnez-moi si je vous ai fait attendre, Mademoiselle.

Maria lui répondit par un sourire condescendant. Elle s'était fait une idée du bonhomme : un jouisseur doublé d'un voyeur. Il avait d'abord séduit Vinciane par les prodiges de son art, en fait une recette mécanique et chimique, et faute de l'avoir eue comme maîtresse, il lui avait dérobé toutes les images possibles de son corps. Mais l'autre s'était rendue compte de la manœuvre : elle avait servi à fabriquer des images en carton à trois sous pièce, pour des libidineux fauchés, des nécessiteux du cœur, des tordus monomanes. Elle lui avait donc donné ses huit jours.

Il fit le beau :

– Que me vaut l'honneur de votre visite ? demanda-t-il, s'approchant, de Maria ?

– Une promesse faite à feu mon père. Vous êtes désormais célèbre.

– Croyez-vous ? Ce n'est pas l'avis de tous.

– De toutes, voulez-vous dire ? J'ai entendu cette Vinciane…

– Ah, se lamenta-t-il en ouvrant la porte de l'atelier, un portrait d'elle m'aurait permis de montrer que la photographie est un art… Mais elle n'a pas voulu être ma muse.

— Vous en aviez pourtant fait plusieurs ? observa-t-elle parcourant les lieux du regard.

Des sièges ornés, des palmiers en pot, une profusion de draperies, une urne romaine, accessoires destinés à des mises en scène suggestives.

— Des études, répondit-il, le regard fuyant.

— Qu'a-t-elle qui vous ait captivé ?

— Elle est mystérieuse, Mademoiselle, et l'art se nourrit de mystère. Des mots plus creux qu'un boniment de chaland.

— Sans doute n'est-elle pas disposée à galvauder sa beauté pour illustrer les mérites de la photographie ? Une madone de chapelle n'est pas une Vénus de carrefour !

Nadar jaugea sa visiteuse : cette petite bourgeoise avait de la répartie.

— Une madone de chapelle dites-vous. Je pense que les femmes y sontmieux accueillies que les hommes. Elle semble vous avoir fascinée.

Maria avait saisi l'allusion à la préférence de Vinciane pour les étreintes féminines ; elle s'énerva : la même réprobation que jadis Philomène.

— J'ai des yeux pour voir. Et j'admire son esprit de liberté. Il hocha sentencieusement du chef.

— Elle pourrait envier votre entregent, dit-il.

— Entregent ou entrejambe, tel serait donc l'alternative de ce siècle !

C'était raide. Mais aussi Maria commençait-elle à être indisposée par le contraste entre l'apparition de Vinciane et cette conversation de comptoir. A propos de photographie, la visiteuse de tout à l'heure semblait avoir imprégné les lieux de son image, sans prodigues chimiques ni papier argent. On y respirait presque son parfum.

Nadar proposa un doigt de porto.

– Je vous remercie, mais je vais prendre congé.

En l'accompagnant au porche, Nadar proposant, secouant sa tignasse rousse, de lui tirer le portrait à la poudre de magnésium, sa dernière invention. Maria répondit qu'elle aviserait. Elle n'avait cure d'une image sur carton. Le fiacre hélé s'arrêta, elle monta, Nadar fermant la portière. Maria poussa un soupir. Ce Barbon ! Elle avait hâte de se retrouver seule chez elle, pour caresse l'image de la sirène qui l'avait regardée en passant.

Pendant le trajet, elle manqua se féliciter de sa maladie : elle lui avait épargné cette prostitution institutionnelle qu'était le mariage. Imaginez donc, être Madame Nadar, par exemple !

Elle songea à la médisance qui s'attachait aux histoires des grandes horizontales. Elle ne souffrait pas des ragots d'une société misogyne. Bien au contraire. Mais à trente-quatre ans, elle se rendait compte que la ligne de partage entre monde et demi-monde était bien mince, à suivre le cheminement de Vinciane, cette fille partie de rien, et qui défrayait la chronique et maintenant protégeait son image.

9

1864

CÉLIBATAIRES ET MILLIONNAIRES

Pour Maria, leur maison du XVIIème arrondissement, dans le style Charles X, était devenue un mausolée, alors que pour sa sœur, il abritait le souvenir de leurs parents, auxquels elles devaient leur aisance. Elles savaient tenir leur rang et protéger leur réputation comme la prunelle de leurs yeux. Maria comprenait que leur pacte d'alliance sororale devait être préservé de toutes querelles d'argent, mais elle pressentait aussi qu'elle n'éluderait pas la question du mariage. Or, elle renâclait à l'idée d'une vie fusionnelle avec qui que ce fût.

— Voyons ma chérie, dans la bonne société, les femmes ne vivent pas seules. Cela ne se fait pas, insistait Anne.

— Ne sois donc pas si conventionnelle... Je suis moins

attachée que toi aux convenances. Simplement, je dépends des domestiques pour ma tranquillité d'esprit et de corps, répliquait Maria.

— Tu pourras toujours compter sur notre Marthe.

— Je sais. Elle veille sur moi.

— Cela me rassurera quand je serai là-bas…

Car Anne s'apprêtait à rejoindre son époux en Bretagne. Drapée dans unecape doublée de ragondin, casquée d'un feutre à plume, elle enfila ses gants d'un air morose.

— Où est le cocher ? s'écria-t-elle, sans doute pour faire diversion à ses pensées.

— Il ne saurait tarder.

— Toujours en retard !

Maria s'abstint de révéler ce qu'elle avait appris par des confidences de Marthe : le cocher n'appréciait guère les voyages en Bretagne ; il s'y enn. Mais le premier valet l'annonça enfin. Les deux sœurs se pressèrent vers l'escalier. Dans la cour, pendant que les domestiques chargeaient les malles, elles s'embrassèrent. Deux femmes dont l'aisance n'avait guère comblé les cœurs, deux femmes qui n'avaient l'une que l'autre comme vrai soutien, l'une pourtant ancrée dans les conventions, l'autre les tenantà bonne distance. Elles avaient les larmes aux yeux. Ce que l'esprit tenait en respect, le cœur le savait.

Fouette cocher ! La calèche disparut au bout de la rue. Maria remonta, le pas lourd, sous le regard de Marthe.

— Elle va me manquer.

— Ce n'est pas un exil, voyons.

A peine assise, Maria eut un sursaut. Elle lança un regard de détresse à Marthe. Elle venait de sentir une coulée chaude entre ses cuisses.

—   C'est le douze, comment ai-je oublié…

Marthe avait compris : elle s'empressa et quelques minutes plus tard revint avec le « nécessaire » : une serviette pliée en quatre. Point questionde se laver. Maria releva jupe et jupon et inséra le nécessaire où il fallait.

—   La condition féminine, songea-t-elle fugacement.

Le dîner fut morne. Quel dîner solitaire ne l'a jamais été ? Le lendemain, Maria retourna au piano et posa sur le lutrin du Pleyel la partition d'une mazurka de Frédéric Chopin. Ni l'esprit ni la main n'y étaient. Maria ne s'exerçait pas assez pour maîtriser d'emblée le phrasé, et son esprit vagabondait trop loin du clavier pour s'accorder à l'entrain des notes. Celles-ci s'effilochèrent et s'interrompirent.

Marthe perçut le claquement du couvercle qui retombait sur le clavier. Elle appréhenda une de ces crises toujours trop longues où Maria semblait flotter dans l'air, comme si elle s'apprêtait à se changer en spectre. Pour être muette, sa détresse n'en était pas moins saisissante. Cette jeune femme se languissait de solitude, telle une poitrinaire de l'âme. Elle avait besoin de compagnie, une compagnie féminine… Marthe consulta le visage lunaire de la pendule : l'heure était propice. Le marché des Batignolles fermerait dans l'heure. Elle drapa son fichu autour de sa tête, saisit son réticule et le panier des courses, puis gagna l'escalier.

Au terme d'une petite trotte, elle se fondit dans la foule du marché, ménagère faisant les emplettes de la semaine aux étals des volaillers, bouchers, poissonniers, maraîchers, boulangers…Mais elle avait son menu personnel : elle s'approvisionnait en minois. Bien frais, coloré, rieur. Elle avait rodé sa tactique : affable et quasi maternelle, après avoir garni son panier, elle suggérait à la donzelle de tâter d'un emploi de maison, plus rémunérateur que ce travail aux quatre vents. Et souvent, l'appât était efficace : la recrue la suivait ou bien venait à l'adresse indiquée, et Marthe lui confiait alors son panier, pour sauver les apparences.

Entremetteuse ? Le mot lui était venu à l'esprit, mais elle l'avait rejeté avec indignation. Que non, elle achetait des denrées fraîches par dévotionpour sa maîtresse.

Les mignonnes n'étaient pas tombées de la dernière pluie. Elles avaient été à l'université de la rue et savaient que les charmes se vendent aussi. Et là, elles ne couraient certainement pas le risque de se faire engrosser. Elles mettaient plus ou moins de grâce à se faire caresser les seins et titiller le secret, elles rendaient aussi la pareille. Mais de là à trouver parmi elles une âme sœur, il y avait un fossé. Illettrées et mal décrottées, elles trébuchaient plus souvent qu'à leur heure dans la sottise ou lavulgarité. Quand elles partaient, elles avaient les poches garnies d'espèces, mais Maria, elle, se retrouvait le cœur vide.
Elle retournait alors au piano.

Marthe avait désormais appris à interpréter le choix des morceaux, mêmesi elle n'en connaissait ni le nom ni les auteurs. Certains traduisaient une résignation apaisée, comme le choral « *Jésus que ma joie demeure !* », de Bach ; d'autres étaient désespérés, comme le nocturne numéro 3 de Chopin.

* *

*

Un soir, celui de l'avant-veille de Noël 1864, un grand émoi agita la maison de la rue Cardinet : le heurtoir de la porte cochère avait frappé le socle de bronze plusieurs fois, et avec force. À vingt-et-une heures, quelle impudence ! Mais qui donc …

La bonne s'était précipitée au rez-de-chaussée et avait ouvert le judas. Grand Ciel ! Madame Anne ! Elle s'était empressée d'ouvrir le battant. Marthe et le premier valet accueillir la voyageuse, puis aidèrent à décharger ses bagages et à les monter à l'étage.

Au sommet de l'escalier, Maria stupéfaite tendit les bras à sa sœur. Elle ne l'avait pas vu depuis près de cinq mois. Un bon moment passa avant qu'elle se fut ressaisie : Anne était tout en noir, relevé de flocons de neige, et sa mine en disait encore plus long.

Dans le petit salon, elle fit face à Maria :

— Michel est mort.

Elle s'assit, et une question fusa dans l'air sans que personne l'eût pourtant articulée : les épreuves qui se lisaient sur le masque de la veuve étaient-elles causées par le chagrin ou bien par le cérémonial d'un grand deuil en Bretagne, mise en bière, funérailles, messe, condoléances et remue-ménage obligé, suivi par les fatigues du voyage ?

— Il est parti en moins d'une heure, le 16 en fin d'après-midi. Une attaque.

Ce fut énoncé de manière factuelle. Sans doute l'émotion avait-elle été ravalée, mais la peine n'accablait pas la veuve : pas un mot de compassion à l'égard du mari parti. D'ailleurs, en comptant les cinq jours de voyage, Anne était partie le lendemain des funérailles. Bon, le seul homme dans la vie des deux sœurs avait pris congé ; c'était presque un geste de courtoisie. En fin de compte, les hommes n'occupaient pas dans la vie des filles Deraismes la place exaltée que la société leur accordait ailleurs. L'attitude d'Anne laissa Maria songeuse : à l'évidence, ils ne faisaient pas non plus le bonheur de leurs compagnes, pas toujours du moins. Qu'était alors ce sentiment appelé amour qui semblait régner sur les imaginations ? Et pourquoi n'était-elle pas, elle-même, heureuse, alors qu'elle n'était en puissance d'aucun homme ? Ces réflexions risquaient de l'entraîner plus loin, mais les circonstances ne lui en laissaient guère le loisir.

— Avez-vous soupé, Madame ? demanda Marthe.

La table n'avait pas été desservie. Il restait du potage et du mironton. Maria fit face à sa sœur. La conversation fut économe :

— La Bretagne, je ne te dis pas ! Surtout l'hiver.

Marthe fit préparer un bain de pieds, bâtir un feu dans la cheminée et bassiner le lit. Les derniers mots qu'Anne dit à sa sœur avant de se retirerfurent :

—   Nous allons pouvoir fêter Noël !

* *

*

Fêter Noël ? Ou bien son veuvage ? Anne n'avait pas parlé en l'air : dès qu'elle retrouva Maria pour le petit-déjeuner, elle déclara :

Je voudrais voir un beau sapin ! Je voudrais de la gaîté, Maria !

—   Le visage de Maria s'épanouit, à la joie de Marthe.

—   Comptez sur moi ! s'écria-t-elle.

—   Et ce soir, je sors la belle argenterie !

Les deux valets auraient de l'astiquage en vue : ces lourdes pièces n'avaient pas servi depuis belle lurette. Les deux sœurs, elles, passèrent une bonne partie de la matinée à parer le sapin, comme jadis, avant que les ombres noires ne passent sur leur paysage.

Le repas lui-même fut une fête : un velouté de volaille aux morilles, une poularde farcie et truffée, des pommes rôties, et après les fromages, une tarte aux pommes flambée au cognac. Comme boisson, une bouteille bâte bourgogne qui dormait à la cave en compagnie de quelques autres de grande lignée que François Deraismes n'avait pas eu le loisir de déguster.

L'œil aussi était à la fête : ces mets de choix se présentaient dans les reflets de la fameuse argenterie et des cristaux suscités par la lueur des chandelles.

— Cela me change de la cuisine au beurre, dit Anne.

Ladite cuisine ne lui avait que trop profité : sa tournure avait gravement épaissi. Elle ne semblait guère s'en soucier, car elle mangea de bon appétit.

— Écoute, Maria, j'ai à te dire des choses importantes. La première est que Michel est mort vite, il n'a pas eu le temps de dépenser ma dot. Il l'a à peine écornée. Je récupère donc ma part d'héritage.

Maria, interdite, ne pipa mot. Cette entrée en matière ne correspondait pas vraiment aux conversations et convenances auxquelles Anne se disait pourtant attachée ; or, celles-ci eussent exigé un rappel de l'époux prématurément parti et, pourquoi pas, une larme ou deux. Passe encore qu'elle sacrifiât à la coutume du Noël festif, mais voilà qu'elle prononçait la plus courte et la plus réaliste des oraisons funèbres de son mariage sans une vibration de la voix.

— Ensuite, depuis la Révolution, le droit d'aînesse n'existe plus. Nous avons hérité à parts égales. Puisque nous vivons sous le même toit, nous ne diviserons pas notre argent et pourrons mener une existence sans contraintes. Avec un revenu de l'ordre de soixante-quinze mille francs or[4] par an, nous sommes à l'abri jusqu'à la fin de nos jours. Notre union, Maria, fera notre force.

---

4   Équivalent d'un million d'euros.

Ces derniers mots sonnèrent aux oreilles de Maria comme un appel de clairon. Union. Force. Non seulement Anne se ralliait à elle, mais encore elle coiffait la casquette de capitaine.

— Elle reposa son verre.

— C'est un vrai cadeau de Noël que tu me fais là.

— Ce n'est pas un cadeau, puisque cela te revient.

— Je veux te parler de ton soutien.

— Qui d'autre ai-je au monde ? Tu pourras te servir de cet argent pour rivaliser avec ces grands messieurs, hommes politiques, financiers et intellectuels auxquels tu veux damer le pion.

Maria hocha la tête.

— Et ta belle-famille, ne vas-tu pas leur manquer ?

— Penses-tu ! Ils seront plutôt soulagés d'être débarrassés de celle qu'ils appelaient « la Parisienne ». Si tu n'es pas née en Bretagne, tu y es une étrangère. Quand la mère de Michel ou un parent voulaient l'entretenir d'un sujet que j'ignorais, ils lui parlaient en breton, en ma présence, sans aucune gêne. Et j'ai vu Michel lui-même se fermer peu à peu. Certaines soirées, il ne m'adressait presque pas la parole, et d'autres, il allait dans un estaminet pour s'enivrer avec ses amis d'enfance.

— Mais pourquoi t'avait-il épousé ? Avec qui parlais-tu ?

— J'étais jeune, plus appétissante, et surtout, j'avais une belle dot.

— Avec qui parlais-tu ?

— Personne. C'est pourquoi j'ai hâte que tu me montres

ce que tu écris.

— Pour l'instant ce sont des brouillons...

— Sur quel sujet ?

— Toujours nos contemporains.

— Des portraits ?

— Oui, mais pas du tout élogieux.

— Le ton satirique s'impose.

— As-tu déjà les modèles ?

— Bien sûr. L'actrice Thérésa, « la diva du ruisseau », qui en rajoute dans la vulgarité face à l'angélisme de Lacordaire, le prêtre qui se veut près du peuple, mais ne salira jamais sa soutane pour un pauvre hère.

— Et encore ?

— Les courtisanes qui rêvent d'être actrices et les actrices qui rêvent d'être adulées comme des courtisanes.

— Excellent. Mais n'as-tu pas un pamphlet plus saignant ?

— Si, mais j'hésite encore car il s'agit de nos connaissances.

— Ah ?

— Je l'ai intitulé, *Epître aux femmes riches*. C'est le plus violent des trois.

— Un manifeste contre les perruches de salon ?

— Exactement. Je « fustige leur moi orgueilleux *qui n'admet point de concession* »...

— D'autant que ces perruches ont été parfois d'anciennes dindes élevéesau grain de la luxure... M'en liras-tu un passage ?

— Avec plaisir... En voici un extrait : « Vous accusez souvent avec moins *de vivacité les femmes qui abandonnent leurs devoirs pour se livrer aux amusements du monde, que celles qui se dévouent à des études sérieuses. Mais oserais-*

je le dire, Mesdames, on ne juge de la marchandise que sur l'étalage. Vous occupez le sommet de l'échelle, vous êtes en tête du genre, l'influence de vos actes, bons ou mauvais, a une grande étendue ; le luxe est le seul flambeau qui éclaire toutes vos attitudes. L'appréciation qu'on fait de vous se porte sur la totalité féminine, car c'est toujours sur l'état moral de la haute société que s'établit la renommée infamante ou illustre d'un siècle. »

— Tu ne vas pas te faire des amies avec ce brûlot.

— De toute façon, je n'en ai eues jamais beaucoup. Ces dames sont frileuses. Elles préfèrent donner aux bonnes œuvres, plutôt que de réfléchir.

— Elles préfèrent la soumission à l'argent...pire que la soumission à l'amour, car non naturelle.

— Que veux-tu ! Plus que toutes les autres, les femmes riches devraient donner l'exemple : « Une femme profondément instruite ne saurait être *légère ; le savoir ne s'acquiert pas sans travail, sans fatigue et sans une grande volonté... »*

— Pour obtenir un changement, les femmes devront apprendre la solidarité. C'est une notion nouvelle.

— En attendant, Maria, toi, fourbis tes armes. Une belle plume trouve toujours des éditeurs.

— Reste à trouver des lecteurs. Je ne crois pas que Badinguet[5] comptera parmi les miens.

— N'exagérons rien, il existe quand même des esprits ouverts. Je veux bien me charger de solliciter pour toi *Le Grand Journal, L'Époque* et *Le Nain jaune*. Ils seront contents de constater qu'une femme peut être à la fois

---

5   Surnom donné à Napoléon III par ses ennemis.

belle et spirituelle.

– Ah, tu me vois journaliste ! J'y trouverai au moins un privilège.

– Lequel ?

– Je n'aurai pas à me battre en duel, répondit Maria.

10

1866

LES FRÈRES DU GRAND ORIENT

Le 8 janvier 1866, la concierge de l'immeuble rue Cardinet fit déposer les journaux auxquels Maria Deraismes était abonnée depuis de longues années.

Comme d'habitude, Maria en prit connaissance au petit déjeuner.

Elle déplia *Le Siècle*. Sa surprise fut telle qu'Anne lui demanda la raison.

— Écoute ça... des conférences maçonniques, autorisées par décision ministérielle, se tiendront au Grand Orient de France tous les dimanches à partir du 14 de ce mois...

— S'il était encore là, Père s'en réjouirait...

L'initiateur de ces conférences s'appelait Léon Richer. Un

ancien clerc de notaire devenu journaliste.

Afin de convaincre ses Frères de la nécessité d'admettre les femmes en franc-maçonnerie, il sollicitait Maria Deraismes, dont il avait perçu le talent en rhétorique.

À midi, les deux sœurs reçurent un pli cacheté de Léon Richer et de Jules Labbé, tous deux rédacteurs de *L'Opinion Nationale*, journal d'opposition.

Ils souhaitaient une entrevue avec Maria au plus vite. Elle les invita à prendre le thé en fin de la semaine. Anne assista à l'entretien. L'aspect chétif de Léon Richer et son discours alambiqué n'avait pas convaincu Maria.

Le lendemain, un incident singulier précipita sa décision.

Le Nain jaune, l'un des journaux auxquels elle collaborait, publiait un article intitulé « Les bas bleus », signé de Barbey d'Aurevilly. Ses propos entraînèrent la colère de Maria. L'article visait Eugénie Niboyet, âgée, malade et pauvre. Barbey d'Aurevilly, écrivain royaliste, qui se déchaînait contre l'intrusion des femmes dans la vie publique.

Colonne après colonne, l'aristocrate aux moustaches de morse s'attaquait non seulement aux prétentions littéraires des femmes, mais aussi à leur volonté d'émancipation, car les bas-bleus, c'était la révolte faite femme. Une révolte inconcevable pour ce légitimiste : l'homme devait être le référent de sa famille, et la femme, veiller au quotidien, sans participer au tumulte du monde : « C'est la révolte chez nous, dans la maison et la *famille chrétiennes ; c'est l'insurrection de la femme contre sa fonction même, et cela cesse très vite d'être amusant, même pour le chrétien qui n'est pas chrétien ! Nées pour faire des enfants et pour les élever, - pour leur apprendre à prier Dieu, - disait Joseph de Maistre, - et à ne pas craindre le canon, les femmes qui se font bas-bleus aiment mieux écrire de méchants petits livres ou des chefs-d'œuvre, - ce qui est plus rare, - que de créer de beaux enfants sans savoir comment, lesquels pourraient si aisément devenir des hommes aimables ou des héros, dans leurs charmantes mains ! Physiologiquement homme impossible, le bas-bleu ne veut pas que le cap soit jamais compris ! Il veut du génie à tout prix. Il veut comme un enfant gâté, de cette lune, et pour en avoir, que de grimaces ! Des grimaces à le faire coucher ! »*

Maria s'indigna : Pour qui se prend-il ? Comment « élever », c'est-à-dire tirer vers le haut, des enfants sans instruction ? On voit bien que ce bilieux vit dans sa tour d'ivoire !

– Monsieur Barbey d'Aurevilly croit surtout que les missels et les bonnes œuvres suffisent aux femmes pour remplir leurs journées. Et puis, toutes les femmes n'ont pas d'enfants... J'en suis la preuve vivante, moi qui souhaitais tant en avoir ! répondit Anne.

– Cet homme est incapable de charité chrétienne, cette vertu dont il nous rebat les oreilles, à longueur de pages... Écoute ce qu'il dit de Mme de Staël...

« C'est Madame de Staël qui est vraiment la mère (...) des Bas-bleus français ! Avant elle, on les comptait, depuis elle, c'est une forêt. C'est Mme de Staël qui leur a donné l'audace d'être. »

– Alors qu'elle a tant œuvré pour poursuivre la philosophie des Lumières...

– Quant à George Sand, comme il ne peut pas s'attaquer à sa prose, il l'habille pour l'hiver. Il ironise sur sa « redingote de velours noir ». Non seulement la baronne transgresse les codes vestimentaires, mais elle trahit sa classe sociale. Aristocrate et femme libre, le blasphème !

Anne hocha du bonnet.

– Mais ce prétendu seigneur des lettres révèle sa faille : il est prisonnier de son personnage. Tout comme le *Lorenzaccio* de Musset, ce patricien florentin souillé par ses débauches, il porte un masque de cynique qui finit par lui coller à la peau. Eh bien, ce masque je le lui arracherai !

La deuxième prédiction de la gitane se réalise à cet instant. À trente-huit ans, Maria n'a pas et n'aura pas d'enfants. La voici investie d'une mission par Léon Richer et Jules Labbé. Une mission dont elle ne mesure pas encore toute la portée, mais qui la pousse vers les femmes, toutes les femmes, les veuves comme sa sœur, les déshéritées comme Philomène, les enfants exploitées comme la petite bouquetière de son enfance...

Elle se décida le jour même : « Si mes idées sont saines, si ma conviction *est solide, pourquoi n'accepterai-je pas tous les moyens de vulgarisation possibles. L'insuccès causera-t-il quelque dommage à ma famille ? Non, elle est indépendante. Mettrai-je en souffrance des devoirs intérieurs pour en accomplir extérieurement d'imaginaires ? Non, je suis libre ;mon amour-propre est seul en jeu. Si j'échoue, je serai pendant quelques jours la proie des ironiques, des sarcastiques, des persifleurs. Après ?*

Est-il une seule entreprise qui ne fasse courir des risques à ceux qui la tentent ? Ne faut-il pas, bon gré, mal gré, hasarder une certaine mise de fonds ; n'exposons-nous pas tous les jours notre argent, notre amour- propre, quelques fois même notre vie?

Si les uns et les autres nous ménagions ainsi nos susceptibilités, notre amour-propre, notre argent, notre personne enfin, nous ne tenterions jamais rien, nous nous condamnerions à l'immobilité. »

11

Troisième feuillet du tiroir secret

Après la jalousie, la colère. Après la colère, le raisonnement. Anne demande à Marthe de lui porter la liasse de lettres de Vinciane, dans sa propre chambre. Elle veut vérifier si celles-ci ont été tamponnées. Elle s'aperçoit que sur certaines, une date est inscrite au crayon. Elle en saisit une écrite après la Commune, en 1871.

Une date décisive pour l'histoire des femmes. Vinciane avait dû craindre pour son commerce...

Paris, le 12 novembre 1871

« Chère Mademoiselle,

C'est avec la plus grande attention que je lis vos articles dans la presse. Vous vous êtes engagée à présent dans le combat contre la prostitution. Je me permets de vous envoyer quelques réflexions qui me sont venues. Certaines froisseront sans doute votre sensibilité, mais me semblent nécessaires pour que vous puissiez vous faire un tableau complet de la réalité.

À vous aventurer sur le terrain des courtisanes, je me doute que vous ne vous mettrez pas sur le même pied que ces épouses candides, en dehors des réalités. Celles-ci s'imaginent qu'à pénétrer dans les hôtels des courtisanes, aussitôt l'on n'a qu'à recevoir les dons de la fortune, qu'à régir le comportement d'amants éperdus et à célébrer les sept merveilles du monde !

En réalité, notre profession a des avantages. Mais surtout un inconvénient qui ne pèse pas du même poids à toutes.

Combien de jeunes filles consentent à s'élever doucement ? Vous choquerai-je si j'avoue avoir eu pitié d'une pauvresse ? Et l'avoir recueillie chez moi, dans l'un de ces « hôtels splendides » que vous décriez ? L'avoir instruite dans l'art de séduire ? Que serait-elle devenue sur le trottoir, à la merci des ivrognes et des bandits ? Une mendiante estropiée ? Une bête affamée dans quelque lieu d'abattage ? Ou le bouc- émissaire de religieuses clouées sur leur banc de prières, jalouses de sa jeunesse et de ses charmes?

Car une chevelure soyeuse, une poitrine opulente ne suffisent pas. Le sérail des favorites ne s'ouvre qu'aux Grâces enjouées, habiles dans l'art de sonder les cœurs et les reins.

Aucun amant ne doit soupçonner que sa maîtresse doute du brillant de son esprit. Aucun amant ne doit s'apercevoir qu'il a un cou de poulet et que bientôt ses mains seront criblées de taches de vieillesse. Les hommes cherchent un miroir dans la femme, qu'elle soit légitime ou illégitime. Et ce miroir se doit d'être flatteur. Ainsi votre ami Emile de Girardin, l'empereur de la presse, est tombé amoureux de Marie d'Agoult, ou plutôt de ce qu'elle représentait, l'aristocratie. Lui, si fier, si laconique en société, lui a écrit des lettres enflammées. Plus tard, Marie d'Agoult lui a demandé de lui restituer ces lettres compromettantes, ce qu'il a refusé. Obsédé par son patronyme, sa bâtardise, il a toujours cherché à être accepté par le sang bleu... Une obsession qui l'a conduit à tresser des couronnes à une endive mal rincée, dont la blondeur a toujours rimé avec froideur...

Les hommes ne cherchent pas notre compagnie pour leur tendre la glace sans tain de la vérité, mais au contraire pour les accepter tels qu'ils sont, pour les suivre en tout dans leurs lubies. Pourquoi, croyez-vous que ce Vicomte m'apprécie ? Parce que je peux passer des heures entières avec lui dans ses haras à l'entendre vanter la noblesse de ses chevaux... Trotteurs, demi-sangs, pur sangs... Alors que les canassons m'assomment... et que le Vicomte en question a la triste figure des fins de race... Sinon, il aurait jeté son dévolu sur l'une de mes rivales qui minaudent beaucoup mieux.

Pourquoi Alexandre Dumas fils m'invite-t-il à toutes les premières de ses pièces ? Parce qu'il sait qu'avec mes robes pourpres, mes bijoux, je saurai imposer même au public le plus vulgaire l'idée que la Beauté peut triompher du temps... Me voici affiche vivante pour cet homme dont le nom a déjà été estampillé par la gloire, et qui se leurre sur son prénom de conquérant...

Maria, là où je vous rejoins, c'est que la courtisane n'est jamais elle-même. Elle doit s'adapter aux vices de ses clients. Un rôle de composition qui varie selon chacun. Et exige des nerfs d'acier.

Et un jour, le miroir d'Aphrodite se brise et l'on se cherche parmi les fragments...

N'y-a-t-il d'éclat et de fortune que dans la duperie et la bêtise ? Que votre exemple démente l'ironie de mes propos et je pourrais admettre quevous n'appartenez ni à l'espèce des grincheuses, ni des envieuses, adonnées aux chats et aux perroquets, faute de mieux... »

Anne imagine la colère de Maria, à la lecture d'un tel courrier. On la soupçonnait d'être une vieille fille acariâtre. Avait-elle pris la peine de lui répondre ? Et surtout pourquoi Maria ne lui avait-elle jamais parlé de cette créature ? Aurait-elle pu avoir une correspondance avec cette courtisane sans le lui avouer ?

12

Janvier 1866

TRANSGRESSER POUR PROGRESSER

Ce dimanche, le 14 janvier 1866, la visite de Maria Deraismes au Grand Orient fouetta les curiosités. L'événement de l'hiver. Depuis Théroigne de Méricourt et Olympe de Gouges, les femmes de la bourgeoisie ou de la haute société s'en tenaient à l'antique : sois belle et tais-toi !

Comment une grande dame oserait-elle défier la convenance ? Chacun voulait savoir à quoi ressemblait cette rentière qui mettait sa fortune au service de l'émancipation féminine, et stigmatisait l'égoïsme des nantis, celui-là, sans sexe, dans cette période où la mollesse envahissait les traits, les corps et les cœurs. Une brune falote ou une harpie ?

A la différence de son illustre aînée George Sand, Maria avait décidé de s'habiller en femme. Cheveux relevés, en chignon, un collier de perles au cou, elle s'imposa par son élégance et l'harmonie grave de son visage. Sa taille fine, témoin des maternités esquivées, lui faisait dix ans de moins que son âge.

Assis au premier rang, Édouard Sibecker, journaliste à *La Liberté*, gazette réactionnaire dirigée par Émile de Girardin, décrivit cette première conférence ou plutôt « tenue *blanche ouverte* », en raison de la présence des Frères et de profanes :

« Je *m'attendais à trouver une vieille fille minaudière et nulle. Mon* étonnement fut grand en voyant arriver une jeune fille de vingt-quatre à *vingt-cinq ans, au visage un peu pâle, d'une grande distinction de formes et d'allure, d'une élégance simple, sans timidité ridicule et sans aplomb insolent. Dès le début, elle conquit son auditoire. La voix bien timbrée, l'élocution facile, la langue d'une grande pureté. Avec cela, un haut bon sens et une grande* érudition. »

Girardin publierait ce compte rendu dans *La Liberté* du 21 février 1866, fier d'avoir découvert une pépite. Néanmoins, il restait perplexe. Ni prude, ni guindée, Maria semblait à l'aise, à sa place. L'avait-il méconnue ? Quel amant lui avait-il donné cette tranquille assurance ? Il y faudrait une petite enquête...

De nombreux hommes de presse se pressaient dans la salle conviés par Adolphe Guéroult, fondateur de *L'Opinion nationale*, journal politique auquel collaboraient Jules

Labbé et Léon Richer. Allié politique de Girardin, membre comme lui du *Club du Palais-Royal*, minorité libérale au sein du courant bonapartiste, passionné par les liens entre le politique et le religieux, Adolphe Guéroult aurait suggéré le sujet de cette conférence : « Comment instaurer une morale indépendante du dogme *religieux ?* »

Sujet épineux, qui n'effraya cependant pas Maria. Elle le maîtrisait, car pour elle, l'Église était la première source de répression des femmes.

Devant un auditoire entièrement masculin, à l'exception de sa sœur, elle avança sur l'estrade. Le temps était loin où elle se plaisait à déclamer des vers en famille. Et pourtant, c'était ainsi qu'elle avait appris à poser sa voix, articuler et moduler ses intonations. Les mots se pressaient sous sa langue. Elle inspira afin de nourrir son souffle et, pour se rassurer, évoqua les ceintures rembourrées sous les redingotes et les faux-mollets[6] de ces messieurs. Puis, elle fixa Anne, là-bas, dans un recoin. Quand elle sentit son diaphragme se décontracter, elle prit la parole.

Elle brossa la toile de fond : le clergé se considérait comme un Ordre, mot chargé de sens pour des francs-maçons qui le revendiquaient lui aussi. Or, cet Ordre défendait son territoire contre toute forme d'émancipation, et bien évidemment, celle des femmes et du peuple, ce troisième ordre qui n'en était pas un ! Cette classe ouvrière qui semait le désordre !

____

6   A l'époque, les hommes soucieux des signes extérieurs de force portaient des chaussettes rembourrées, car avoir de gros mollets passait pour un signe de virilité.

Elle déplora le dogmatisme du pape Pie IX, qui condamnait toutes les idées modernes : libéralisme, socialisme et surtout rationalisme. Elle rappela qu'un an plus tôt, en 1864, Pie IX, dans les quatre-vingts propositions de son *Syllabus,* avait condamné les libertés d'opinion et de culte.

En somme, en déduisait-elle, l'Église voulait faire accroire que la spiritualité et la morale ne pouvaient exister hors de son sein.

La liberté de conscience se situait donc hors du sillon pour Pie IX. L'encyclique *Quanta Cura*, de la même année, vilipendait ceux qui professaient des idées indépendantes, car c'étaient des hérétiques, en particulier les francs-maçons, vrais suppôts de Satan, ceux-là ! Cette mise à l'Index de la franc-maçonnerie suscita les sarcasmes de la conférencière. Pie IX en était « *resté au Moyen-Âge !* » Il lui fallait des boucs émissaires pour conserver son pouvoir. Après les Juifs, venait les maçons. À qui le tour ?

Son aisance à manier et interpréter les faits et interpréter souleva l'enthousiasme. Les applaudissements crépitèrent avant d'embraser le parterre, qui lui fit une ovation. Les bravos lui révèlèrenet sa vocation d'oratrice :

« Aujourd›hui, la forme sous laquelle je dois répandre mes convictions *est arrêt*ée... *j'ai compris par expérience, combien l'influence de la parole* « parlée » *est supérieure* à celle *de la parole* écrite ».

Anne, toujours dans son recoin, fut émue. Elle n'était pas la seule. Un homme avait pris fébrilement des notes car il avait identifié chez l'oratrice une capacité de nuisance à ne pas négliger... C'était un Commissaire affecté à la surveillance de la jeune femme. Elle n'était pas encore célèbre, mais déjà repérée à son insu.

Cette conférence serait suivie en effet par beaucoup d'autres... Émile de Girardin résumerait les impressions du public en quelques lignes : dès le lendemain, le nom de Mademoiselle Deraismes était connu.

Ce nom parvint même aux oreilles de Marie d'Agoult, écrivain romantique, plus essayiste que romancière, et qui se masquait comme sa rivale George Sand, d'un pseudonyme masculin : Daniel Stern.

En 1866, la comtesse Marie d'Agoult pleurait encore la mort de son fils Daniel, l'un des enfants qu'elle avait eus de Franz Liszt. Sa tapageuse liaison avec le grand musicien avait bouleversé son existence. Elle avait failli aux convenances et maintenant elle avait des bouches à nourrir. Ayant mené une vie libre, elle prônait donc la liberté pour les femmes. Elle écrivit à Maria.

« Chère amie,

J'ai eu vent de cette conférence au Grand Orient. Une prestation mémorable, m'a-t-on rapporté. Je partage votre idée que les femmes doivent s'affranchir des préjugés ; descendre de leur piédestal, sanssacrifier leur féminité ; ne pas se laisser ni avilir, ni abêtir par les travaux domestiques et les corvées de toutes sortes. Les mots que l'on m'arapportés ouvrent des portes et je souhaiterais en deviser avec vous, à Paris.

Je vous avoue que la vie a souvent fait de moi une nomade et j'erre comme une âme en peine depuis quelques années... mais j'ai trouvé une diversion à ma tristesse, depuis que j'ai pu acquérir un nouveau logis dans le quartier de l'Étoile. Je l'ai baptisée, La Maison rose.

Je vous ferai porter un message dès que je retrouverai davantage d'énergie et pourrai participer à ce débat qui me tient à cœur. Avec toute ma sensibilité, Marie. »

Flattée, Maria répondit. Il apparut vite que la comtesse d'Agoult se souciait de sa carrière d'oratrice : elle la priait même de lui communiquer les textes de ses conférences. Prises chacune par leurs vies, elles n'entamèrent cependant une correspondance que deux ans plus tard.

Le 2 août 1868 [7], en effet, Maria prit sa plume pour réparer cette maladresse. Marie d'Agoult, au-delà de son rang, méritait sa déférence :

« Madame, j'aurais immédiatement répondu à votre lettre si le temps ne m'avait manqué et si j'avais pu le faire à votre satisfaction. Je n'ai que quelques notes jetées çà et là sur le papier et qui sont tout à fait insuffisantes pour le but que vous me proposez. Bien des journaux, je dirais, ont rendu des comptes de mes conférences, mais j'ignore totalement si des extraits ont été faits...

Seulement, je me propose, aussitôt cette série de conférences terminées, de la faire imprimer. Je m'empresserai de vous envoyer les épreuves au fur et à mesure qu'elles me parviendront. Je

---

7   Cette lettre fait partie des papiers de la comtesse Marie d'Agoult qui ont été donnés àla bibliothèque de Versailles par sa fille, la marquise Claire-Christine de Charnacé en1908.

vous remercie, Madame, de votre appréciation à propos de mon travail et je suis heureuse de vous compter parmi les femmes aidant à cette rénovation sociale.

Recevez l'assurance de toute ma considération,

Maria Deraismes »

13

Contre le babillage des femmes riches

– Que pensez-vous Monsieur de cette encyclopédie en jupons ? demanda Juliette Adam, avide de potins.

– Ma chère, n'étant qu'un profane, je m'abstiendrai de juger. Je me ferai mon idée par moi-même, répliqua Émile de Girardin, l'incontournable arbitre des élégances.

Remarque hypocrite, car il connaissait Maria. Mais Juliette, cette petite blonde aux yeux bleus pétillants, lui avait ouvert les portes de son salon, et il ne voulait pas les claquer, tant qu'elles pouvaient lui apporter de nouveaux abonnés. Le «Napoléon *de la presse*» se tenait à l'écart des courants pour mieux anticiper les événements. Pour le moment, il veillait surtout à s'enrichir et avait ainsi introduit la publicité dans la presse.

Au 238, rue de Rivoli, Paris, dans le 1ᵉʳ arrondissement, même les invités ventrus, gravissaient allègrement les marches jusqu'au quatrième étage. Dans ce lieu huppé, en effet, l'effervescence, comme tous les troisièmes lundis du mois, gagnait les habitués comme les visiteurs. Juliette Lambert Adam recevait Maria Deraismes, la nouvelle coqueluche du Paris intellectuel. Les salons tenus par des femmes étaient nombreux, mais celui de Juliette Adam passait pour le plus influent en art comme en politique. Elle avait su tirer parti de la fortune de son époux et de ses relations pour tenir un premier vivoir, boulevard Poissonnière dans le Xᵉᵐᵉ arrondissement, avant de s'installer définitivement dans les beaux quartiers. Pour exalter le décor, elle avait fait tendre les sièges de velours rouge et multiplié les palmiers en pot. Pour un peu, on se serait cru à l'Opéra. C'était bien une scène, d'ailleurs, où la maîtresse des lieux semblait être la diva régissant le spectacle. Décolleté avantageux, sourire carminé et verbe sonore, elle recevait son monde à l'instar d'une Parque mondaine, assurée de tenir les fils de sa destinée.

Juliette Adam faisait certes partie de ces femmes riches qui exploitaient un beau mariage pour leur propre gloire. Maria s'était moquée d'elles dans un de ses pamphlets ; mais là, elle dut nuancer son opinion : son hôtesse avait réussi l'entreprise et on le disait assez dans le Faubourg :

« Juliette peut faire et défaire un nom. » Aussi Maria se montra-t-elle gracieuse.

Elle parcourut l'assemblée du regard : que des candidats à la gloire. Ce Lundi-là, deux hommes dont on parlait dans les cercles et les gazettes, Georges Clemenceau et Ernest Hamel, figuraient parmi les invités ; futurs députés de gauche, ils prirent garde de se frotter à Girardin, également présent. Il y avait heureusement assez de femmes pour leur servir de pare-feu. Maria eut ainsi la satisfaction de rencontrer enfin Marie d'Agoult en personne. A soixante-trois ans, l'ancienne compagne de Liszt et future belle-mère de Richard Wagner, n'était certes plus la blonde sylphide d'autrefois, mais sa renommée compensait largement les charmes évaporés ; son salon était de loin plus illustre que celui de Juliette Adam, qui avait d'ailleurs été sa dame de compagnie ; elle y avait reçu et recevait toujours quelques-uns des noms les plus célèbres de son temps, Alfred de Vigny, Heinrich Heine, Dominique Ingres, Frédéric Chopin, Sainte-Beuve, sans compter Georges Sand, son amie intime de longue date. Aussi, quand Maria lui fut présentée, les regards convergèrent vers les deux femmes et tout au long de la soirée, Maria perçut dans maint regard le prestige nouveau dont elle avait été gratifiée.

La consécration advint publiquement : requérant l'attention de ses invités, Juliette Adam présenta « le nouveau prodige de l'éloquence au féminin ». Les applaudissements crépitèrent et Maria s'inclina en souriant, bien que l'éloge lui eut paru limité par les derniers termes : n'était-elle donc pas un prodige de l'éloquence tout court ? Elle cela cependant sa déception.

– Puisque ce soir vous n'êtes donc pas chaperonnée, chère amie, je souhaiterais vous faire connaître un admirateur, dit Juliette Adam.

Et glissant une main sous le bras de Maria, elle traversa le salon droit et se dirigea vers un quidam dont le nom traînait dans Paris : Albéric Second.

Un journaliste qui se piquait aussi de littérature et qu'on surnommait le « le Dumas de la nouvelle ». Un fêtard aussi, qui affichait au Café Anglais, au Café Riche ou chez Tortoni des conquêtes faciles.

A l'apparition de Maria, il frétilla, baisa sa main, fit le beau et s'empressa d'aller quérir deux coupes de champagne ; à l'évidence, il n'en était pas à la première. Abordant la cinquantaine, il croyait avoir appris l'art de la séduction. Il commença à caqueter, dévidant du compliment à pleins baquets et vantant le talent de l'oratrice, qui éclipsait Cicéron ! Comme s'il avait entendu Cicéron ! Et le tout nappé de regards galants. Juliette s'esquiva.

Tâtant du champagne, Maria, paupières baissées, flaira la manigance. Elle n'avait pas été invitée pour ses talents d'oratrice, mais comme volaille de choix : elle était jolie, elle avait de la fortune et Juliette Adam était une marieuse. Trop facile ! Elle en sourit. Loin de déceler la malice du sourire, l'autre, le Second, crut qu'il gagnait la partie ; il s'échauffait et comme il était prolixe, il ne laissa pas celle qu'il prenait pour sa future dulcinée placer un mot. Il se lança dans un dithyrambe assommant sur la presse, maîtresse future des nations. Ce faisant, il se congestionnait et Maria songea que Nadar l'eût bien campé en Gargantua.

— N'avez-vous pas songé à lancer votre propre journal, lui demanda Albéric.

— Oui. Dans un futur proche. À l'avenir...

– *L'avenir !* Quel beau nom pour un journal !

Nouveaux regards de feu. Sans doute ce jobard s'y voyait-il déjà, Maria lui tomberait dans les bras... Mais elle commençait à s'ennuyer. Il se lançait alors dans l'étalage de ses relations au *Figaro* et lui fit comprendre qu'elle et lui pourraient s'apporter beaucoup. « Beaucoup d'argent, bonhomme, c'est ça ? » eut-elle pu répondre. Comment ce bavard pouvait-il à son âge, être aussi naïf ?

Maria ne pipant mot, il insista, déguisant ses propositions sous le ton de la plaisanterie :

« *Vous seriez une femme excellente! Vous écririez mes articles, tandis que moi, j'irai promener les enfants au square Montholon* ».

Parole malheureuse. Maria quitta sa réserve et lui lança : « Parce que *vous voulez vous reproduire ? Moi, pas !* »

Albéric sentit qu'il avait commis un impair et alla chercher une autre coupe pour se donner une contenance. Quand il revint vers Maria, il la trouva en conversation sérieuse avec Ernest Hamel, l'avocat qui avait commis une biographie sur Robespierre : l'antithèse d'Albéric, lequel se sentit plus second que jamais.

– Félicitations, Mademoiselle, c'est une chance pour Léon Richer d'avoir su vous convaincre de venir au Grand Orient...

– Vous connaissez Léon Richer ?

– Oui, je collabore à *L'Opinion Nationale*.

– Je suis cernée de journalistes.

– Le journalisme me permet de transmettre.

– Transmettre ou communiquer ?

– Transmettre mes idées républicaines.

– Et pourquoi pas la politique ?

– J'ai essayé et j'ai été battu.

– Alors vous recommencerez.

– Je ne sais pas...

– Vos scrupules vous honorent.

Le ton décidé de Maria retint l'attention d'Ernest Hamel.

– Je comprends pourquoi mes rédacteurs en chef vous ont choisie !

– Vraiment ?

– Vous mettez tant de conviction dans ce que vous dites...

Le rire quelque peu aviné d'Albéric les fit sursauter, d'autant qu'il fit deviner des incisives passablement gâtées.

– Les hommes politiques ont toujours du succès avec les dames ! Le pouvoir est un aphrodisiaque... persifla Albéric.

– Cela suffit, Albéric, répliqua Ernest.

– Il est temps de me retirer, murmura Maria.

La jeune femme décida de prendre congé de son hôtesse.

Juliette Adam parut irritée par la gaucherie de son protégé et lui dit, avec du miel dans la bouche :

– *J'espère que vous reviendrez me voir, ma chère... Albéric a le sang vif, mais il n'aime pas blesser ...*

– *Albéric n'aime surtout pas vieillir et manquer* à sa *réputation d'homme* à femmes ! *Le temps le rattrape lui aussi*, rétorqua Maria.

Se sentant visée, Juliette Adam prit un air pincé et la fit raccompagner jusqu'à l'entrée par son majordome. Dans son fiacre, Maria se promit d'éviter les mondanités. D'autres portes s'ouvriraient à elle. Elle ignorait encore qu'elle venait de se faire une ennemie.

14

Pour l'échange d'idées

Au printemps 1866, Maria rejoignit sa première organisation féministe, rive droite. Le décor changeait radicalement. Pour les bourgeois, le Xème arrondissement n'offrait que deux avantages : il était le quartier des théâtres et des Galeries du Commerce et de l'Industrie sur le boulevard de Bonne-Nouvelle. Lorsque la révolution de 1848 avait éclaté, les boulevards avaient été au cœur de la révolte. Des branches avaient été arrachées des arbres pour dresser des barricades. Des pavés avaient servi de moellons ou de boulets.

Dans son fiacre, longeant le canal Saint-Martin, boueux et sale, les yeux de Maria s'agrandissaient, emplis d'un mélange d'horreur et de compassion. Une foule de loqueteux s'était assemblée autour d'un feu sur une berge. Une vieille édentée se mit à hurler contre des gamins qui lui avaient fait un croche-pied. Les mômes en haillons riaient et crachaient près des flammes. Les Révolutions n'avaient-elles donc servi à rien ? La cour des Miracles s'était déplacée dans le X ^{ème} arrondissement, au moment même où le commerce et la petite industrie avaient fait irruption dans le quartier. Le travail dans les fabriques de porcelaine de Choisy ou de cristalleries ne suffisaient pas à contenir le flot de pauvres gens. La maison Baccarat employait beaucoup de petites mains féminines. Les hommes en venaient à prendre le train pour offrir leurs services lors des vendanges ou des récoltes...

Chacun devrait pouvoir gagner sa vie correctement, se dit Maria. Avec la construction de la Gare de l'Est, et celle du Nord, Paris était entré dans l'ère des échanges. Mais chaque jour, la capitale semblait attirer un flot grandissant de misères, attirés par les mirages de la grande ville et qui finissaient aux portes d'usines et de fabriques, sans travail.

Ni champagne, ni jeux d'éventail, ni coureurs de dot chez André Léo[8] alias Victoire Béra, l'une des alliées éventuelles chez lesquelles Maria alla en reconnaissance. Aussi avait-elle été invitée.

Cela faisait des années qu'André Léo s'échinait à défendre le troupeau des désespérés, surtout les femmes, autant qu'à éviter de s'y joindre. Sa chance avait été qu'un philanthrope, le baron Justin Séverin Taylor, lui trouva

---

8   C'est à elle qu'on devra le Manifeste de la Commune aux paysans. Elle tire unparallèle entre l'infériorité sociale de la femme et celle du paysan dominé par Napoléon III.

un logement rue de Bondy[9], il y possédait un hôtel particulier et comme des théâtres s'y dressaient aussi, dont les Folies Dramatiques, le Théâtre à Quatre-Sous, l'Ambigu Comique, le Théâtre de la Porte Saint- Martin, les parages n'étaient donc pas hostiles aux littérateurs. Or, André Léo écrivait justement ; elle avait publié une série de romans populaires, d'inspiration socialiste. Elle était donc un peu connue et à quarante-deux ans, mère de jumeaux, André et Léo, elle en avait bien besoin. C'était Louise Michel, alors institutrice, qui lui avait demandé de prendre contact avec Maria Deraismes.

L'invitation n'était pas de son fait : Maria était « de la haute » et André Léo cultivait la fibre roturière ; elle n'avait convié Maria que sur les instances de son amie Louise Michel, alors institutrice. Et la raison en était le succès de la conférence de Maria au Grand Orient.

– Une grande bourgeoise, avait observé André Léo, dédaigneusement.

– Mais un esprit ouvert et partageant nos idées.

– Je voudrais en être sûre.

Pour sa part, Maria avait jugé qu'André Léo savait écrire ; elle faisait partie de la Société des Gens de Lettres. Quand elle la vit, elle éprouva un sentiment proche de la sympathie : mise sans apprêt, menton volontaire, cette femme-là n'était pas une faiseuse.

Soyez la bienvenue !

Et André Léo conduisit la visiteuse au salon. Meubles

9   Appelée de ce nom de 1771 à 1944, c'est l'actuelle rue René Boulanger, dans leX ème arrondissement.

dépareillés, sofa couvert d'un châle pour en cacher les trous, ce n'était pas le Faubourg. Mais une personne en constituait l'ornement. Assise dans un fauteuil, elle observa l'arrivante d'un œil de braise, son air décidé et sa mine débraillée.

Maria l'avait reconnue : Louise Michel en personne. Elle découvrit Paule Minck, une jeune Polonaise, fille d'un aristocrate exilé, acquise aux idées féministes. Les autres étaient des voisines du quartier populaire du Château d'Eau.

La seule boisson offerte était du vin, prudemment coupé d'eau, car c'était du gros bleu. Maria y trempa à peine les lèvres. André Léo lui avança une chaise, près de Louise Michel et s'y assit.

Dames et demoiselles défilèrent pour se présenter et laissèrent peu de traces dans la mémoire de Maria. La présence qui s'imposait dans ces lieux était celle de Louise Michel. Et ce n'étaient pas ses charmes physiques qui en étaient cause : en cheveux, teint fort inégal, congestionné ici et blême là, c'était son regard de fer qui commandait l'attention. Elle prit la parole, le silence se fit. Elle dit des choses simples et qui eussent pourtant suscité l'indignation des classes dominantes : tous les humains sont égaux ; aucun n'a le droit de se dire supérieur. L'homme n'est pas supérieur à la femme. Elle parla net et vite. La conviction l'imprégnait toute entière. À l'écouter, Maria comprit qu'elle avait des progrès à faire dans ce domaine ; comparé à celui de Louise Michel, son style lui sembla ampoulé.

– Quelle institutrice ! s'émerveilla une femme assise sur le sofa, s'adressant à sa voisine. Elle parle du cœur.

Vint le tour de la maîtresse des lieux. Elle revendiqua la place des femmes dans la société, « Toute leur place » ! « Nous n'avons pas atteint *nos limites* ». Elle évoqua son projet d'essai, *La Femme et les mœurs*. Un essai critique dénonçant la condition de femme-objet.

André Léo soupira : « Malheureusement nous n'avons pas de journal pour diffuser nos idées ».

Maria se leva de sa chaise et déclara : - Je vous promets que vous l'aurez, que nous l'aurons ! »

Les applaudissements crépitèrent. André Léo fit passer les gâteaux apportés par son invitée. Ils eurent ainsi leur succès, et il en disait long. Plusieurs femmes prirent ensuite la parole. L'une demandait à être logée décemment, l'autre de pouvoir envoyer ses enfants à l'école, une troisième de ne plus dépendre d'un compagnon ou d'un patron.

Une autre évidence s'imposa à Maria : la misère était aussi morale. Maria se savait privilégiée ; elle garda le silence. Sa mission se précisait : mettre ses ressources intellectuelles et financières au service des déshéritées. Elle réfléchit tandis que Louise Michel les exhortait à l'action.

– L'heure de l'engagement concret a sonné, déclara Louise Michel. Mais le ton de la prédication, qui était le sien indisposa Maria ; elle y flairait. un mysticisme hors de propos. D'autres propos sur l'autorité dégageaient des relents d'anarchisme. A force de surenchères, Louise Michel en oubliait jusqu'où on peut aller trop loin. Les femmes présentes ne semblaient pas s'en aviser ; aussi les grandes idées n'étaient pas leur fort.

L'heure vint de prendre congé. Maria regagna sa voiture d'un pas plus léger. Elle en avait appris un brin, aujourd'hui ; elle était contente. Elle neprêta pas attention au carabin en habit noir et haut-de-forme, presque trop grand pour lui, la cinquantaine rabougrie, qui fumait la pipe, adossé au mur à l'angle de la rue Cardinet.

La porte cochère refermée, il sortit un carnet où il inscrivit : « Rentrée *seule à 19h30* ».

15

« C'est une voix qui se fait entendre en moi »

Petite cause, grands effets : telle une réaction chimique, la visite chez André Léo provoqua un changement radical chez Maria Deraismes ; elle galvanisa certaines dispositions et en élimina d'autres. Rien n'était plus étranger à sa condition que les femmes qu'elle avait vues là-bas, rue de Bondy ; certaines savaient à peine lire et ne parlons pas d'écrire : mais c'étaient des êtres humains qui avaient droit à la justice, et pas des serves soumises, de par on ne savait quel ordre immanent, au bon vouloir des hommes et de l'argent. Dans cette prise de conscience, elle se persuada de l'urgence d'agir ; elle s'avisa aussi qu'en raison même des conforts matériels et psychologiques qu'il lui assurait, son milieu social était plus propice au discours, voire au bavardage qu'à l'action. Elle y gaspillait son temps. Aussi résolut-elle de réduire autant que possible les réceptions ordinaires ; elles ne lui renvoyaient que les échos de leur vie privilégiée.

La première surprise fut évidemment Anne ; en raison de son aînesse, elle s'attribuait, en effet, le gouvernement de la maisonnée. Et l'affection qui liait les deux sœurs ne pouvait empêcher des conflits d'affleurer. Anne n'était pas dans l'action, Maria, si, désormais. Pour elle, Anne ne s'était résolue à la soutenir que faute d'un autre choix : si son mari n'était mort prématurément, elle en serait encore à se morfondre en Bretagne.

- On croirait parfois que tu vis par procuration, lui lança-t-elle, le lendemain de l'expédition rue de Bondy.

- Que veux-tu dire ? répliqua Anne, sourcils froncés.

- Je ne sais si tu saisiras, mais à tout prendre, ta vie est à peu près pareille à ce qu'elle aurait été au XVIIIème siècle.

- Crois-tu !

- Tu n'aurais même pas prêté attention aux Loges d'adoption.

- C'étaient des loges féminines. Il y avait déjà, à cette époque, des femmes déterminées à changer le monde. Il faut dire que le recrutement en était aristocratique. La maçonnerie est notre arme pour le combat. Le combat, comprends-tu ?

Anne encaissait, sans trop de bonne grâce, pareilles revendications à la supériorité intellectuelle. Car ces anicroches visaient à garantir à Maria le droit de décision dans leur projet de journal. Elles se déclenchaient le plus souvent en présence du Frère Léon Richer qui venait discuter avec les sœurs Deraismes du journal en question. Personnage serein et pensif, au visage auréolé de cheveux blancs, Richer était l'un des fondateurs de la Grande Loge Symbolique Ecossaise[10] ; il jouissait de leurs faveurs ; Maria appréciait son esprit ; Anne, l'autorité qui lui permettait de tenir tête à sa cadette ; quand il la contredisait, elle se tenait coite.

Car Richer bénéficiait d'un grand prestige social et Anne se piquait de ne fréquenter que l'élite. Quand Girardin, déjà cité, venait rue Cardinet et qu'il évoquait les débats dans la rédaction de son journal, *La Liberté,* elle se croyait dans les cénacles du pouvoir ; elle s'imaginait presque tenir uneloge maçonnique à elle seule.

– Ce n'est pas parce qu'il nous raconte ses démêlés avec des journalistes que nous sommes dans le secret des dieux, observait Maria, que Girardin, conservateur, agaçait secrètement.

– C'est un homme connu et puissant !

– Pouët pouët ! Il ne laissera pas tomber une miette de ton pouvoir dans ton escarcelle.

Maria, en effet, n'était pas dupe. Pour les hommes politiques qui venaientsouvent dîner à la maison, Georges Clemenceau,Victor Schoelcher, Ernest Hamel et autres, celle-ci était une sorte de club doté d'une table de choix. Beaux parleurs, ils n'en étaient pas moins sensibles au décor opulent où les deux femmes les accueillaient : linge

---

10   Il en devint Grand Maître en 1882, mais la quitta en 1896 pour la Grande Loge de France.

brodé, couverts scintillants sous le lustre aux pendeloques de cristal, mets de qualité, vins de haut lignage, service impeccable, ils s'y seraient crus chez eux. Ça les changeait de la cantine et des vins de postillon.

Ils se laissaient même aller à dauber sur le surtout garnissant le centre de la table, une rutilante pièce de vermeil représentant un satyre courant après une nymphe. Elle faisait bouger en silence les moustaches de morse de Georges Clemenceau et le masque vaguement simiesque de Victor Schœlcher, favori des caricaturistes.

– En voilà un qui ne l'aura jamais ! lâchait Clemenceau.

– Qui sait, quand les bougies sont mouchées..., suggérait Schoelcher.

Seul Hamel, conseiller municipal de Paris, s'abstenait de commentaires grivois. Sa face encadrée d'épais favoris et piquée d'un nez bulbeux, restait impassible, vissée dans le faux col.

Maria tolérait ces épisodes d'un œil mi-clos. Mômeries d'adultes graveleux. Ce serait quand les sœurs Deraismes auraient enfin leur journal que ces messieurs leur témoigneraient la vraie considération qu'elles méritaient. Aussi veillait-elle à ce que ses nouvelles amies fussent aussi souvent invitées que les moustachus. D'abord effarée par le luxe de la rue Cardinet, André Léo avait compris que ce n'était qu'un décor et, comme Paule Minck, elle avait fini par y être à l'aise. Mais c'était toujours d'une main prudente qu'elle maniait ses couverts à manche d'ivoire, de nacre ou de vermeil et les reposait sur l'assiette richement décorée.

Souvent, le Frère Alexandre Weil venait aussi les rejoindre, au moment où l'on servait la viande. Ce défroqué n' avait pas conservé les horaires stricts de ses années au séminaire. Sa rigueur était idéologique. Républicain et démocrate, Weil devint vite un intime, apprécié pour sa franchise. Collaborateur de *La Revue indépendante*, fondée par Pierre Leroux et George Sand, socialiste, ardent populiste, il ne ménageait pas Maria. Quand il n'était pas d'accord, il ne prenait pas de gants.

– Maria, tu n'es pas assez en colère, parce que tu n'as jamais eu faim !

Anne n'intervenait jamais.

– Pourquoi ne dis-tu rien, Anne ?

– Parce que je préfère boire leurs paroles, chez eux, on sent que le destin parle...

– Mais toi aussi, tu as un destin ! Nous sommes tous fils et filles de la Nécessité, celle que les Grecs appelaient Anankè. Une redoutable déesse qui défiait leur logique. Il n'y a pas d'âme médiocre pour Socrate!

Les impatiences et les foucades de sa sœur désarmaient Anne. Maria qui affrontait la maladie, la jalousie, la médisance, avait des accès de rage à faire trembler les lustres, comme si celle-ci luttait aussi parfois contre des forces terribles, tapies derrière les tentures de velours et les miroirs de Venise. Maria souffrait souvent d'insomnies qui l'épuisaient. Seule Anne connaissait son visage d'orage et les ombres qui la visitaient. Elle ne répliquait pas. Elle attendait la fin de la tempête. Elle savait que Maria avait besoin d'expulser les mots qui bouillonnaient en elle. Ces mots tantôt inspirés par un génie familier, tantôt par un véritable démon.

Dans un moment de détresse, Maria lui avait confié: « c'est une voix qui se fait entendre en moi. Socrate en parle, lorsqu'il évoque son « *daïmon* ». C'est intraduisible. Les chrétiens ont transformé ce « *daïmon* » en ange gardien... »

Miséricordieusement, Maria passait de plus en plus de temps hors de la maison : elle donnait des conférences, secondée par Léon Richer, son « fidèle *aide de camp* », comme elle l'appelait affectueusement. En janvier 1867, elle donna une conférence intitulée « *La polémique* », essentiel pour comprendre son cheminement intellectuel.

Inspirée par ses amis francs-maçons, elle y défendait l'idée de tolérance et évoquait ce qui serait avant l'heure le principe de laïcité. Elle postulait en effet que personne n'avait accès à la Vérité, pas plus les athées que les croyants. C'est pourquoi elle déclarait :

« *Chaque philosophe, chaque philosophie* étend *notre horizon spirituel...*

L'homme a pour mission de chercher, de découvrir, d'enfanter des doctrines, des systèmes, pour arriver à l'unité par mille méthodes et mille moyens. »

Par ailleurs, elle condamnait les polémiques dont le but n'était que de vendre des journaux ou de parler de soi. Un véritable journaliste servait à éclairer les autres, non à diriger les feux de la rampe sur lui. Foin des joutes verbales. De la méchanceté gratuite : « Il est temps de mettre fin à *ces guerres inutiles : éclairons-nous les uns les autres, cherchons dans autrui un complément à nous-mêmes ; au milieu des différences, efforçons nous de saisir des similitudes susceptibles de nous réunir.*

Toute l'harmonie humaine repose sur cette définition citée plus haut : Dieu considéré comme le souverain bien, et l'homme cherchant à s'en rapprocher indéfiniment par la perfectibilité de ses actes ».

Cette conférence prit toute sa dimension par la suite. Lors de l'été 1867, dans la perspective, onze ans plus tard, du centenaire de la mort de Voltaire, le journal anticlérical *Le Siècle* lança une souscription en vue d'élever une statue au philosophe. Tollé général chez les catholiques ultramontains. Voltaire sentait le soufre. Diatribe violente d'Alexandre deSaint-Albin, résolument opposé à ce projet de statue.

La lutte contre l'intolérance se référait un idéal. Maria la soutenait, parce qu'elle possédait trois qualités : une énergie à toute épreuve, une capacité de concentration et une foi sans borne dans le modèle républicain.

16

1868

UN JEUNE HOMME CHEZ LES SŒURS DERAISMES !

Le pas lourd, quasi martial, Émile de Girardin arpentait le boudoir des sœurs Deraismes. Il y paraissait aussi déplacé qu'un hussard dans le fameux magasin de porcelaines. Sa forte stature s'accordait au divan à la turque, à la profusion de tentures, de coussins et de vases garnis de fleurs. Autoritaire de surcroît, il devenait impérieux si l'on osait le contredire, *a fortiori* si c'était une femme qui l'osait.

— Avouez, Maria, qu'une présence masculine serait opportune... Ce jeune financier, Claude Dotremont est un homme d'esprit. Il est bruxellois ; mais souhaite s'installer à Paris, aux beaux jours.

— Je sais ce qui me ferait du bien, cher ami, mais je vous

sais gré de votre sollicitude. En revanche, dites-moi, pourquoi vient-il à Paris ?

— Je compte sur votre discrétion. Il veut rencontrer ce plumitif de l'occulte qui écrit sous le nom d'Éliphas Lévi.

— Ah, oui, je connais son nom ! Alphonse Louis Constant. J'ai lu son *Dogme et rituel de la Haute Magie*...

— Un sacré fourre-tout, n'est-ce pas?

— Il a pourtant des idées. Il offre une interprétation de la Kabbale.

— Vous me connaissez, je suis comme Saint Thomas, ma chère, je ne crois que ce que je vois !

— Pourtant, vous aussi, Émile, vous avez vos divinités tutélaires : le Mot d'esprit, l'Argent, la Gloire, la Fortune... Dans l'Antiquité, vous auriez fait des sacrifices sur leurs autels.

— Sans doute. Mais nous sommes en 1868, et je dois trouver un logis pour cet ami. Claude est riche. Il fait partie de ces gens pour lesquels l'argent n'a pas de valeur, car il en a toujours eu.

— Donc il pourrait être le mécène que vous recherchez pour votre journal.

— Il est trop jeune pour ce genre de mission. La presse ne l'intéresse guère, il préfère ses recherches ésotériques... Mais vous-même, Maria, ne posséderiez-vous pas quelque appartement que vous louez ?

Ce n'était pas un secret que les sœurs Deraismes

possédaient des immeubles à Paris.

– N'avez-vous pas quelque meublé rue Saint-Denis?

– En effet, des immeubles rue Saint-Denis, qui sont déjà occupés...

– Et chez vous, rue Cardinet ? On m'a dit que vous aviez beaucoup d'espace inoccupé. Je me porte garant de lui comme si c'était mon fils... Il ne menacera certes pas la décence de ces lieux. Et vous pourrez toujours dire aux indiscrets que c'est un cousin d'Amérique, personne ne pourra vérifier.

– Certes, il y a de la place au premier étage, mais l'appartement doit sentir le renfermé car nous n'y allons plus...

– Ah ! J'étais sûr que nous trouverions un arrangement ! Je vous enverrai un artisan pour rafraîchir les lieux.

Girardin avait tu le principal motif de cette insistance à trouver un gîte pour son jeune ami : il voulait savoir si Maria résisterait longtemps aux yeux de velours de Dotremont. Piquée par l'indifférence de Maria à l'égard d'Albéric Second, son sigisbée joufflu, Juliette Adam avait parié avec lui que Maria Deraismes n'éprouvait aucun attrait pour les descendants d'Adam, et leur préférait les filles d'Ève.

Girardin, qui se targuait de connaître les femmes, avait eu vent par François Deraismes du mal qui rongeait Maria. Et il soupçonnait Juliette Adam de malveillance, entre autres défauts. A vrai dire, il ne continuait de fréquenter son salon que parce que cela lui était commode. Mais cette jument-là manquait décidément de finesse. La pauvre Maria n'était pas gâtée au milieu de toute cette ménagerie. Obligée de porter un corset double, celui de l'attirail de la féminité à cette époque, et celui de ce mal rongeur, peu propice à la bagatelle...

Sans se douter de ces ruminations intérieures qui l'auraient surprise chez un homme d'action, Maria accepta. Et Anne s'inclina. Des ordres furent donnés aux domestiques pour mettre un broc et une cuvette dans une chambre à coucher désertée, depuis des lustres. On changea aussi les draps du lit antique à colonnes, et de nouveaux rideaux, de soie bleue, furent accrochés aux fenêtres.

Quand son locataire se présenta, Maria fut frappée par le paradoxal mélange de jeunesse et de maturité émanant de sa personne. De taille moyenne et mince, Claude Dotremont serait passé inaperçu, n'était une tête à la crinière léonine, un nez évoquant un mufle, et des yeux d'un brun doré. Des yeux d'animal : daim, faon, guépard, allez savoir. Tout son bagage consistait en une malle.

— Heureuse jeunesse qui s'embarrasse de si peu ! observa Maria.

— J'ai pris la liberté de faire venir aussi quelques livres de Bruxelles. Ils seront livrés dans la semaine.

Quelques livres, en effet ; ce furent douze caisses de volumes qu'il fallut monter à l'étage. Le majordome qui avait surveillé l'opération, proposa à ce bibliophile enragé de placer les livres sur des étagères, Dotremont déclina l'offre.

– Laissez…

Et, quand les sœurs Deraismes l'interrogeaient sur ses lectures, il restait évasif. Girardin l'avait prévenu que ses hôtesses témoignaient d'une grande ouverture d'esprit. Il n'ouvrit donc ses caisses que lorsqu'il fut seul.

Les mois s'écoulèrent. Dotremont restait discret, sinon muet sur ses activités. On ne le voyait guère. Il prenait ses repas à l'extérieur et ne revenait rue Cardinet que pour dormir, passant par l'escalier de service. Maria et Anne ne parlèrent bientôt plus de lui. Il s'était mué en farfadet.

Un fait divers lui rendit quelque substance ; c'était une affaire de meurtre qui secoua l'opinion.

17

1869

Dotremont, l'apprenti-sorcier

Le journal fut enfin créé. Il s'intitulait, *Le Droit des femmes*. Léon Richer en était le directeur. Le numéro 1, daté du 10 avril 1869, envoyé gratuitement aux lecteurs potentiels, à titre de spécimen, annonçait la reprise des conférences de Maria :

« Mlle Maria Deraismes reprendra jeudi 15 avril, dans la salle du boulevard des Capucines, la série de ses conférences que de douloureuses circonstances l'avaient obligée d'interrompre ».

Mais cette création passa inaperçue du grand public qui préférait une presse plus distrayante. Les vieilles recettes : du sang, du stupre et de la mort, restaient efficaces.

Le Petit Journal, lancé en 1863, s'était fait une spécialité des histoires criminelles. Depuis quelques semaines, une affaire tenait la France en haleine : l'affaire de La Grenouille. La toute jeune presse à scandales en faisait ses choux gras.

Un soir d'ivresse, un cocher, Pierre Momble, dit «La Grenouille» avait fendu la tête de sa maîtresse et d'une fillette de onze ans, qui dormaient dans le même lit. Cette image hanta Maria, consciente qu'il existait à Paris un grand nombre de familles vivant dans des logements exigus. Sans même parler des malheureux entassés dans des garnis où la même chambre servait à une dizaine de personnes. Le double meurtre mêlait l'excès d'alcool et la démence, tares fréquentes à l'époque. Pierre Momble, repris de justice, fut condamné à mort. Le 5 août 1869, il fut guillotiné par le bourreau Heidenreich, fils et petit-fils d'exécuteurs. Le nom de cette dynastie emplissait le pays d'effroi.

Les journaux accordaient une place aux exécutions capitales. Les reporters ne les auraient manquées pour rien au monde. Girardin crut faire plaisir à Maria en la chargeant de couvrir la mise à mort de Momble.

— Désolée, cher ami, un tel spectacle n'est pas pour moi.

— Mais nos lecteurs adorent et comptent sur nous pour en parler.

— Que vos lecteurs se délectent du macabre, c'est leur affaire...Ils y trouvent sans doute un moyen de conjurer leurs craintes, mais je préfère œuvrer à une société meilleure plutôt que de nourrir les bas instincts de nos concitoyens les plus pauvres, répondit Maria.

À sa stupéfaction, Dotremont vint la trouver le lendemain, pour lui proposer de faire ce reportage à sa place. Était-ce en émissaire de Girardin ? Maria l'invita à déjeuner pour qu'il s'expliquât. On ajouta un couvert.

D'abord contente de cette distraction, Anne déchanta vite.

– Dites-moi donc l'intérêt que vous trouvez à voir mourir un assassin ? Pour ma part, je trouve ce spectacle lugubre et ne prendrai jamais part à pareille barbarie. Passe que le peuple s'en repaisse, mais vous, un hommede lettres et de culture ?

– Dans notre cercle, nous croyons pouvoir déceler ou attiser des dons qualifiés d'extraordinaires, répondit Dotremont.

Maria fronça les sourcils ; elle croyait entendre Allan Kardec.

– Quel rapport avec cet assassin ?

– Est-ce la survie de l'âme qui vous préoccupe ? interrogea Anne. Vous voulez voir dans les yeux de ce condamné s'ils continuent de briller dans la mort ?

– Non, je voudrai qu'il se prête à une expérience avant d'être exécuté.

– Quelle expérience ? demanda Maria.

– Une expérience de communication à distance.

– Liriez-vous donc dans les pensées ?

– Oui, je dois avouer que je me suis découvert ce don... Je suis un disciple d'Éliphas Lévi, depuis l'une de ses conférences sur les sciences occultes. Il veut réconcilier le surnaturel et la science... J'appartiens à son cercle. Il pratique la magie, mais pas celle des contes de fées. C'est une gymnastique. Nous exerçons notre volonté ; nous affinons nos sens pour mieux percevoir les correspondances entre les éléments...

— Et quel enseignement espérez-vous tirer de cette expérience ? Pensez-vous pouvoir saisir son âme au vol quand son corps basculera dans le néant ?

— Oui, je l'espère... je veux entrer en communication avec lui avant son exécution et partager cet événement avec lui...

À ces mots, Anne ne put réprimer un haut le cœur et se précipita vers le cabinet de toilette. Maria, elle, se retint de sourire.

— Vous avez effrayé ma sœur, je le crains. Vos goûts sont décidément singuliers. Pourquoi n'interrogez-vous pas cet homme sur les raisons de son geste ? N'est-il pas important de connaître l'instinct criminel ? De savoir comment un homme peut se muer en bête fauve...

— Ce n'est pas une mue, chère Maria. La bête est en nous. Ce sont les circonstances qui la révèlent.

— Je ne crois pas. Je suis convaincue que nous tous, hommes et femmes, avons un libre arbitre, qu'on ne peut nous pousser à des actes abjects sans notre consentement. Mais il faut pour y parvenir avoir de l'éducation, de la discipline, de la dignité, qualités dont ce monde brutal prive les plus pauvres.

— Pardonnez ma franchise, si elle est, elle aussi brutale.

Maria, je ne crois pas au libre arbitre. Je crois que tous nos choix sont dictés par la nécessité. Nous avons juste le pouvoir de changer de trottoir ou de bifurquer à gauche ou droite...

— Selon vous, nous serions donc possédés. Il y aurait parmi nous des tueurs, des criminels, lui dit Maria avec un sourire un rien condescendant.

— Oui, possédé est le terme. Nous ne sommes qu'une enveloppe et chez certains d'entre nous, elle cache des êtres qui n'ont pas réussi à se matérialiser... Ils prennent le sang d'autrui pour étancher leur soif, rétorqua Dotremont.

Son regard se figea. Il pensait à quelqu'un. Une certaine Vinciane.

Maria ne comprenait pas ce garçon ; mais elle était fascinée. Le temps aussi se figea. Dotremont fit un pas vers elle et Maria fut surprise de sa propre inertie. Quand il l'enlaça soudain, elle ressentit un tressaillement.

18

« CE QUE LES FEMMES VEULENT »

Le lendemain, dans la bibliothèque, ils reprirent leur conversation, sur le ton de l'amitié.

La veille, il n'avait pas exploité son avantage. Il lui suffisait de n'avoir pas été repoussé. Il laisserait flotter l'ambiguïté : son geste pouvait avoir été dicté par un élan de sympathie autant que par un sentiment amoureux. Dans le premier cas, il resterait sans lendemain et elle en éprouverait de la déception : ne méritait-elle pas davantage ? Dans le second, elle attiserait le feu qu'elle avait allumé. Stratège de la séduction, il conclut qu'elle serait dans l'attente.

Il considéra cette femme, frappé par l'alliance de l'élégance et de la culture, de la minceur juvénile et de la maturité intellectuelle. Puis il rejeta les ragots répétés par Girardin sur des penchants réprimés ; comme tant de jeunes mâles, il n'y croyait pas. Un pis-aller tout au plus.

Pour le moment, il insista pour être le premier lecteur de Maria et lui posa maintes questions sur sa carrière d'oratrice et ses liens avec la franc-maçonnerie. Puis il avisa une liasse qu'elle avait posée sur unguéridon :

– Un nouveau pamphlet ? demanda- t-il.

– Non, une conférence.

– Sur quel sujet ?

– La liberté.

– Diantre ! Rien que ça ! Comptez-vous la publier ?

– Oui, dans le numéro d'avril.

– Je suis curieux de vos idées.

– Je vais vous en lire le début :

« La liberté n'est pas faite pour une fraction de l'humanité, elle estdestinée à l'humanité toute entière. Lorsqu'elle n'appartient qu'à un groupe, elle devient privilège, exploitation, licence, injustice. Et l'on est en droit de dire que tout l'intérêt de l'histoire n'est pas dans les batailles, les conquêtes, les traités, mais bien dans cette gravitation pénible et incessante des peuples vers la liberté. Si la liberté jouit d'un tel prestige, ce n'est pas seulement à cause des avantages qu'elle procure à l'individu en augmentant sa dignité ; c'est surtout parce qu'en le faisant indépendant, elle le rend responsable ; c'est parce qu'en le laissant aux prises avec sa volonté, elle le met en demeure de bien faire. »

– Ne vous écartez pas du sujet, Maria, en vous lançant dans une fresque historique...

– Non, j'y viens, écoutez :

– *« Je reconnais qu'il y a de très bons maris. Mais sous le régime de la royauté absolue, il s'est aussi rencontré de très bons Princes (…) ces seigneurs modèles ne faisaient toujours que suivre la loi du bon plaisir ; le lendemain, ils pouvaient renoncer à la complaisance et retourner à la rigueur. Il en est de même du mari ; alors qu'il concède, il reste toujours le maître : il est libre de changer d'humeur le jour où il lui plaira ».*

– Certains vont frôler l'attaque, observa Dotremont.

– Je décris les faits !

– Pour le vulgaire, vous êtes une bête curieuse. Je me demande si vos amis journalistes ou «Frères» ne vous ont pas accordé un délai, pour fairece qu'on appelle, la part du feu...

– Que voulez-vous dire ? Expliquez-moi, s'écria Maria.

– Pour le faubourg Saint-Germain, vous n'êtes pas assez policée. Pour une Juliette Adam, vous avez trop de liberté. En clair, les bien-pensants guettent un faux pas et les gens de presse aimeraient vous dénigrer car la plupart, étant de ce sexe masculin, s'attribuent les prérogatives de la noblesse ...

– Sans espérance et sans idéal, comment vivre ?

– Il est rare que l'espérance abandonne une créature humaine. D'où le succès des romances et du théâtre. Mais vous, Maria, vous ne racontez pas de péripéties. Vous revendiquez la liberté pour tous. Vous ne brodez pas de conte. Vous criez sur la place publique. Vous avez une âme d'amazone...

« ... Ce que les femmes veulent, dites-vous, c'est que les hommes cessent *de baser leur grandeur sur l'amoindrissement systématique des femmes. Ce que les femmes veulent enfin, c'est qu'on renonce à cette distribution arbitraire, fictive, des facultés humaines, affirmant que l'homme représente la raison, et la femme, le sentiment.»*… Et je partage votre conception de l'égalité. Il est temps que les femmes aient la place égale qu'elles méritent dans notre société. Si je peux faire avancer cette cause, je le ferai, conclut Dotremont.

Dès le lendemain, Claude prit ses repas avec les deux sœurs et Maria lui soumit ses textes pour qu'il y ajoutât une touche plus incisive. Sa jeunesse égayait les journées, et tenait en respect l'ennui que toute routine engendre. La publication du *Droit des femmes* était souvent une tâche ingrate. Mais Maria ne se faisait pas d'illusions : en élevant la vérité et la justice au faîte de la condition humaine, elle menaçait bien des hommes. Léon Richer écrivit dans sa rubrique *Nouvelles diverses* :

« Plusieurs femmes nous informent que leurs maris s'opposent à ce qu'elles reçoivent notre journal. Ce serait à ne pas croire, si nous n'avions sous les yeux des lettres, venues de points divers, qui nous l'attestent formellement. Heureusement qu'à côté d'autres maris nous encouragent, c'est une compensation. »

19

« Qui sont les fous, qui sont les sages ? »

La simple présence de Dotremont fortifiait Maria. Il lui faisait oublier qu'elle était en sursis car les médecins ne l'avaient toujours pas guérie. Elle souffrait souvent de nausées et de maux d'estomac, ainsi que des séquelles d'une mauvaise digestion. Claude avait remarqué le flacon de laudanum, l'élixir d'opium, posé sur son secrétaire. Par précaution, elle en laissait toujours un autre dans les bureaux du journal. Elle ne pouvait plus s'en passer. La douleur et la peur de la douleur, étaient ses compagnes trop fidèles. Le laudanum lui offrait sa mansuétude. Il lui permettait de réfléchir, d'écrire, de corriger. Et de garder sa ténacité.

Et elle en avait besoin pour assurer la pérennité du *Droit des Femmes.* Ses voisins lui apparaissaient parfois comme des oiseaux de proie prêts à se lancer sur la colombe qu'elle était. En effet, dans la même rue Montmartre où se trouvait le siège du journal, siégeaient les sires Émile de Girardin, mais aussi Hippolyte de Villemessant, le directeur monarchiste du *Figaro*[11]. Monarchiste d'occasion, il avait choisi cette étiquette, parce qu'il lui en fallait bien une. Mais Villemessant voulait surtout écraser la concurrence par le haut, en employant les chroniqueurs les plus féroces du moment : Alphonse Karr, « *l'homme le plus spirituellement mal élevé* » , Aurélien Scholl, la valeur sûre de l'humour cinglant , l'étoile montante, Henri Rochefort... La ligne éditoriale tenait en un mot : éclectisme.

Girardin et Villemessant s'acharnaient à faire de la réclame, encouragés par la boutade de Scholl : « *Dieu lui-même croit à la publicité, il a mis des cloches dans les églises !* »

Maria, elle travaillait : chaque page du *Droit des femmes* scrutée dans le détail. Elle y consacrait ses après-midis, voire ses soirées, souvent jusque tard dans la nuit. Elle écrivait les éditoriaux et relisait le reste. Elle n'hésitait pas à descendre dans la salle des typographes, et penchée sur le marbre, à lire les morasses encore humides.

Le temps lui était compté : elle ne ménageait pas ses forces. Les femmes seraient un jour considérées comme des individus à part entière.

Elle s'évertuait aussi à convaincre des hommes politiques de servir la cause féministe. Richer lui permit ainsi d'approcher l'avocat Léon Gambetta, franc-maçon lui

---

11   *Le Figaro*, à partir de 1854, s'installe 55 rue Vivienne. Ensuite, après la Commune, il transfère ses locaux, 26 rue Drouot.

aussi, candidat aux élections législatives en 1869.

Elle en avait évidemment beaucoup entendu parler, ne fût-ce que parce qu'il était un des familiers et l'une des gloires du salon de Juliette Adam :

« Il paraît avoir la bravoure civique de Cavaignac, l'éloquence de Lamartine et la passion démocratique de Ledru-Rollin, « disait de lui Edmond Adam, le financier époux de Juliette. Mais Alphonse Daudet, l'auteur des *Lettres de mon moulin*, lui témoignait une exécration symétrique : « Un commis-voyageur en marchandise politique, provincial d'épicerie, borgne avec cela, et habillé, et chemisé, et cravaté et pantalonné en dégringolade. Bohême, vulgaire, brutal. » Bigre, voilà de quoi piquer la curiosité.

Maria avait aussi apprécié l'ironie acérée de ses critiques du gouvernement.

Roi du Quartier Latin, il n'était pas de Belleville[12], non, il y venait donc enrichir ses territoires. Avocat, il s'était rendu célèbre quelques mois plus tôt dans l'affaire Baudin[13].

---

12   Belleville est tout d'abord un ensemble géographique beaucoup plus vaste que le seul quartier dit de Belleville : il inclut *grosso modo* le XIXème et le XXème arrondissement (la moitié Nord de Saint-Fargeau et le Père-Lachaise).

13   Le 3 décembre 1851, lendemain du coup d'Etat de Louis-Napoléon Bonaparte, Baudin était tombé mort sous les balles des forces de l'ordre, près de la Bastille, lorsd'une manifestation ouvrière protestant contre ce coup et demandant le respect des idéaux de 1848. Dix ans plus tard, six républicains acharnés projetèrent de lancer une souscription pour ériger un monument à sa mémoire. Parmi les avocats des prévenus figurait Gambetta, que sa fulminante plaidoirie contre le Second Empire rendit immédiatement célèbre.

Ce soir-là de 1869, il tenait une réunion publique à Belleville, haut-lieu politiquement stratégique. C'était à Belleville que se fomentaient les révolutions. Les Communards y installeraient d'ailleurs leur quartier général. Fief de la classe laborieuse, ouvriers, artisans, commerçants, elle avait pris parti contre l'Empire. Cette forme à peine déguisée de la monarchie. Et elle appelait à l'aide. Gambetta avait entendu l'appel.

Les Français ne supportaient plus le déni.

Quand il apparut sur l'estrade, Maria reconnut la justesse des caricatures : sous un front fuyant, une trogne garnie d'un œil de verre et d'un nez en patate.

Il vociférait tant quand il réclama « la liberté de la presse dans toute sa *plénitude*» qu'elle ne put s'empêcher d'applaudir toutes ces bonnes résolutions, concernant « la *liberté de réunion sans entraves et sans pièges avec la faculté de discuter toute matière religieuse, philosophique, politique ou sociale* ».

Il fut acclamé quand il réclama l'instauration de l'impôt sur le revenu et la suppression des armées permanentes, par mesure d'économie. Il avait rallié tous les frondeurs de Belleville. Ce taureau était fait pour piétiner les veaux qui tenteraient de l'arrêter dans sa course à la gloire.

Léon Richer profita d'une accalmie pour se faufiler derrière quelques frondeurs. La silhouette féminine à ses côtés – c'était Maria- intrigua Gambetta : il se laissa approcher. Il était en train d'essuyer son front, qui dégoulinait de sueur, avec un mouchoir de cotonnade.

– Ah ! Il y avait des dames parmi nous... excusez-moi, si je me présente à vous, en toute humilité... Humidité, devrais-je dire...avec toutes ces gouttes d'eau...

– Et pas des moindres, connaissez-vous Mademoiselle Deraismes ? C'est elle qui avait donné cette fameuse conférence au Grand Orient...

– Ah oui, je me rappelle...les Frères ont donc laissé entrer le loup dans la bergerie.

– Les Frères seraient des moutons mis pour vous...en attente d'être tondus ou pire, dévorés ?

– Ne me faites pas dire ce que je n'ai pas dit, louvoya Gambetta. Je m'étonne qu'ils vous aient laissée pénétrer entre leurs colonnes, c'est tout.

– Ce ne sont pas mes atours qui m'y ont fait admettre. Quand donc les progressistes comprendront-ils que les femmes en politique sont leurs alliées ?

– Le jour où il ne faudra plus être jolie pour avoir une pension d'homme de lettres[14] ,rétorqua-t-il, avec un sourire sardonique.

– Je me fais fort de remonter le courant, donc d'écrire et de parler. Je vous souhaite bonne chance, Monsieur !

Dotremont était resté poliment en retrait. Il attendait Maria dans la salle, pour la raccompagner en fiacre. Dans

---

14   Allusion à Louise Colet. En 1839, l'Académie française lui avait décerné son prix de poésie. Mais la rumeur courut qu'elle ne l'avait obtenu que grâce à sa liaison avec Victor Cousin. Lorsqu'Alphonse Karr écrivit en 1840 dans sonjournal satirique *Les Guêpes* qu'elle avait reçu *une piqûre de cousin*, Louise Colet s'introduisit chez lui et tenta de lui planter un couteau dans le dos...

la pénombre, il remarqua les traits tirés de Maria, blême de rage contenue. Il s'en inquiéta car il se souciait de la santé de son amie. Le surmenage la guettait. Le manque de sommeil creusait des cernes autour de ses yeux gris et lui prêtait parfois un air hagard, alarmant pour ses intimes.

– Vous n'avez pas l'air convaincu. Que pensez-vous de ce discours, Claude ?

– Beaucoup d'effets de manche...

– Vous n'aimez pas les avocats.

– C'est un fait. Mais surtout celui-là. Il a l'étoffe d'un acteur, non d'un conducteur d'hommes !

– Il est doué.

– Très doué dans ce que j'appellerai la négligence du mal...

– Richer m'a pourtant dit qu'il était franc-maçon comme lui... Sa loge s'appelle *La Réforme.*

– Et alors ? Il y a ceux qui servent et ceux qui se servent. Ce Léon-là appartient à la seconde espèce...

– Le temps nous le dira.

– Il a accepté également de se présenter à Marseille. Vous verrez qu'il tournera casaque, comme les autres !

Le clair-obscur du fiacre favorisait la concentration de Maria : elle se mit à réfléchir, à voix haute, au discours qu'elle devait prononcer au Banquet préparatoire du Congrès du droit des femmes et à la manière de le rendre plus vivant :

« ... *Il ne faut pas nous faire d'illusions ; nos intentions sont excellentes, malheureusement, les intentions ne sont pas des faits. Nous travaillons à libérer la femme, à l'affranchir, à constituer son autonomie ; seulement notre projet n'étant pas encore effectué, la femme se trouve aujourd'hui dans la situation où elle était hier, c'est-à-dire serve, en attendant que la loi se prononce de façon définitive.* »

Dotremont saisit la perche pour changer de sujet.

– Pas mal, Maria, mais si je puis me permettre ; ce discours est un peu trop général...

– Oui, je dois ajouter ceci...

« Et comme nous ne nous adressons pas qu'à des femmes indépendantes, *mais bien aussi à des femmes mariées, ne les tenons pas pour responsables de leurs réticences et de leurs réserves. Elles subissent le joug, elles sont, suivant l'expression, en puissance de mari. Or, si le mari résiste, s'il oppose son veto, que fera la femme ? Lui conseilleriez-vous de soulever dans son ménage des discussions, des querelles, des disputes, des scènes, des violences, peut-être ?* »

– C'est mieux, Maria. Je doute cependant que votre auditoire saisisse toutes les subtilités de votre plaidoyer. Vous lui demandez beaucoup. Un esprit de philosophe et un cœur de saint laïc !

– Ne vous moquez pas ! Dites-moi plutôt si ces mots sonnent juste :

« Nous ne prêchons aucune doctrine nouvelle ; nous n'organisons aucun *système nouveau ; nous ne sommes point des novateurs, et nous nous en faisons gloire, car il est à remarquer, qu'en fait de morale, il n'existe point d'idées nouvelles.*

Nous nous appuyons sur le principe immuable de justice, principe planant bien au-dessus de toutes les combinaisons sociales et politiques, lesquelles sont éphémères, fugaces, ou pour le moins, toujours modifiables.

(...) Ce qu'il y a de curieux, c'est que tout ce que nous disons et écrivons, nos adversaires le ressassent dans les journaux, les brochures, dans les réunions publiques, à la Chambre des députés. Ils s'exclament sans cesse : l'être humain est autonome ; la société doit le placer dans des conditions favorables au libre développement de ses facultés ; tout peuple doit intervenir dans la gestion des affaires de l'État, puisqu'elles le concernent pour une part ; et comme nul pouvoir n'est infaillible, impeccable, le pouvoir a besoin de contrôle.

De ce juste argument, nous déduisons cette conséquence : ce qui est vrai pour une société de plusieurs millions d'individus est vrai pour la société la plus restreinte. Le mariage est une société. La femme doit trouver le libre exercice de ses facultés, intervenir dans la gestion de ses affaires et veiller à ses intérêts.

D'après ces simples réflexions, qui sont les fous, qui sont les sages ? Je crois que poser la question, c'est la résoudre.»

– Un peu long, Maria. Et ardu pour le grand public. Vous magnifiez la Raison, parce que votre père vous a fait découvrir Voltaire. Et en même temps, votre père vous a coupé de tout un pan de la réalité... Il y a dans le psychisme, des ressorts qui échappent au libre-examen.

– Si vous le voulez bien, nous poursuivrons cette

conversation plus tard. Cette journée m'a rompue et je n'arrive plus à trouver mes mots.

–   Avec le plus grand plaisir, ma chère. Car demain, je vous enlève. Et pour une fois, je me fie à l'opinion et au proverbe : en mai, fais ce qu'il te plaît...

Ce ton facétieux conquit Maria, habituée à des manières masculines plus guindées. Dotremont était imprévisible. Et cette imprévisibilité éveillait autant son intellect que ses sens.

20

Une nuit au bal Mabille

Dotremont patientait dans le petit salon du rez-de-chaussée, sirotant un cognac, devant la cheminée. À dix heures du soir, Maria descendit en robe de soirée, donc à crinoline, en taffetas moiré vert Empire, n'étaient les bras gantés de satin, elle eût semblé une rose géante dans un fourreau de feuillage...

— Vous êtes radieuse, la félicita-t-il.

Maria avait pris son temps pour s'habiller et se coiffer. Elle avait opté pour un chignon bouclé sur les tempes qui la rajeunissait. Pour l'occasion elle s'était laissée aller à la frivolité, et étrennait une paire de bottines garnies de dentelle jusqu'à mi-mollet, selon la mode lancée par l'impératrice Eugénie, qui mettait en valeur la petitesse de ses pieds, signe de distinction.

Elle se couvrir d'un châle et d'une capeline ; il lui prit le bras. Un fiacre les attendait devant la porte.

— Au 49 avenue Montaigne, lança Dotremont au cocher.

— Le bal Mabille ? s'étonna Maria.

— Celui-là même, répondit-il, amusé, en lui offrant des pastilles à la menthe anglaise, comme à une enfant.

— On dirait l'entrée d'un jardin d'un conte persan, dit-elle quand ils mirent pied à terre dans l'ancienne Allée des veuves.

— Vous ne croyez pas si bien dire. On raconte qu'un mahométan y a perdu la raison, parce qu'il croyait être mort, puisqu'il était au Paradis. C'était jadis une buvette tenue par un maître de danse, Mabille père... et puis le succès aidant avec les fils, c'est devenu le bal champêtre des Parisiens aisés qui viennent s'y encanailler...mais gentiment, rassurez-vous !

Cela ressemblait vraiment à un jardin enchanté. Une fois franchi le portique sur l'allée sablée, le regard était ébloui par trois mille becs de gaz disposés sur toute l'étendue du parc, des guirlandes et des girandoles accrochées dans les arbres.

— Cythère à Paris, qu'en dites-vous, ma chère ?

— Presque trop beau pour être vrai...Tout y semble doré de haut en bas.

— Les «lionnes» viennent se faire sacrer ici. L'une des reines de la galanterie, Élise Sergent y créa la polka. C'est aussi là que Céleste Vénard, alias Mogador a débuté...

– Comme «lionne» ou danseuse ?

– Les deux. La vie de cette femme est un roman.

– À la Zola ?

– Non, à la Balzac, elle fait partie de ces exceptions comme Vinciane. Qu'elle danse avec un aristocrate ou avec le destin, la vie est en mouvement perpétuel, et elle le suit, d'où ce halo dans tous ses gestes.

Ce disant, Claude avait guidée Maria vers un kiosque à la chinoise pour lui proposer un réconfortant. Ils avaient laissé au vestiaire écharpe, étole et capeline. Elle avait accepté une coupe de champagne, le seul alcool qu'elle s'autorisait, parce que son corps le supportait. Elle venait d'y tremper les lèvres quand les premières notes d'une musique démontée la saisirent ; elles épousaient un galop de cheval fou.

– Qu'est-ce ?

– Du cancan... Une danse assez leste pour les coincés du caleçon, et juste piquante pour les amateurs d'épices...L'orchestre de Pilodo vient d' arriver dans le kiosque. Venez, je vais nous installer près de la scène.

Il avait avisé une table, donné un généreux pourboire au garçon afin d'être bien placé. Et il avait commandé une bouteille de champagne, avec des toasts de foie gras.

Était-ce la musique ? L'atmosphère bon enfant ? Elle n'avait pas tant bu, mais l'alcool se mêlant dans ses veines au vin d'opium, lui fit voir Dotremont sous un éclairage inconnu : un « daïmon », un ange malicieux, révélateur de ses désirs enfouis. Il avait peut-être un don de magnétiseur qui passait dans le feu de son regard, et dans ses mains chaudes... D'une pression de doigts, il lui avait effleuré son épaule pour lui indiquer le spectacle sur scène, mais ils avaient une table bien placée.

— Ne vous laissez pas choquer, la prévint-il. Vous allez voir de la jambe. Et du mollet ! Et même de la cuisse !

Lui tendait-il un piège ? Qu'importe, elle flottait.

Une vague d'excitation poussa le public vers la scène. Autour d'eux, une foule de bambocheurs en casquette, de bourgeois en habit de drap et d'aristocrates en jabots, suivis d'un essaim de grisettes, de célibataires, de femmes en quête de protecteurs, se pressait pour voir le clou du spectacle.

Une troupe de jolies filles en cheveux et bras nus apparut, soulevant un tonnerre d'applaudissements. Elles se tenaient toutes par la taille et battaient l'air de leurs pieds, faisant de larges ciseaux avec leurs jambes, au fur et à mesure que le chef d'orchestre battait une mesure. Les spectateurs éméchés lorgnaient les chevilles.

— Plus haut ! vociféraient-ils, plus haut !

Les cris s'enflèrent d'un coup et les filles secouèrent leurs jupons, comme si elles soufflaient le pollen de centaines de fleurs, elles levèrent la jambe bien haut, révélant des dessous affriolants : bas noirs et culotte courtes, très évasées. Les spectateurs s'endiablèrent.

Maria rougit et prit son souffle. Elle chercha quelque chose à dire sur les filles de rue, les nymphes, les déesses.

Mais les mots ne franchissaient pas sa gorge. Un vertige.

– Venez, dit Dotremont, lui prenant le bras. Allons faire quelques pas dans le parc.

Elle le suivit.

Dans une allée à l'écart de joyeux drilles, trop bruyants ou trop imbibés, il la prit par la taille. Des couples s'étaient formés, certains d'entre eux se lutinaient derrière les bosquets. Elle manqua accrocher le bas de sa robe sur un buisson, Dotremont l'aida à se dégager .

– Vous êtes lasse ?

Elle n'eut pas le temps de répondre. Il l'embrassa.

Quand il avait rapproché son visage du sien, elle avait cru distinguer la silhouette de l'homme-faucon derrière lui, comme pour signifier qu'elle était sa proie. Il effaçait le passé, instillant le doute sur le présent. Vision ou sensation ? Claude l'avait introduite dans une grotte. Il l'avait soulevée comme une plume, pour ne pas abîmer sa toilette. L'obscurité l'avait changée, elle l'avait dépouillée de sa pudeur. Elle s'était tue. Tuée, l'espace d'un moment, l'oratrice. Tuée la moraliste. Tuée la femme politique. Restait la femme, magnifiée par le pouvoir d'un drôle d'ange qui faisait un pied -de- nez à la mort.

Les lèvres de Dotremont, maintenant avaient parcouru ses épaules et sa gorge. Ses mains avaient voleté sous sa robe. Elle n'avait pas protesté lorsque les doigts agiles du jeune homme avaient écarté les plis et les replis des étoffes, afin de faire glisser le jupon en dentelle et les bas de soie grise, pour se poser sur le delta de Vénus. Musique et clameurs, le monde n'était plus qu'un brouhaha insignifiant : le désir commandait. Il effaçait le souvenir de ce qui avait été, un autre monde s'ouvrait.

21

« Le magnétisme blanc, c'est la sympathie,
et le magnétisme noir, c'est l'aversion ».

Les yeux gris de Maria le scrutèrent sans complaisance. Après cette folle nuit, elle avait repris son expression quotidienne, sourcils froncés, lèvres serrées. Claude Dotremont était jeune, élégant et riche. Oisif, il fréquentait tous les cafés en vogue, des plus aux moins reluisants. Le soir, après avoir battu le pavé, il se drapait dans sa robe de chambre, à cordelière de soie, et s'installait devant le feu de sa cheminée. Son principal souci semblait être de prévoir sa tenue du lendemain : le gilet aux boutons d'émail ou bien de nacre ?

Pourquoi s'attardait-il sous son toit ? Il paraissait attaché à un projet : présenter Maria à celui qu'il considérait comme son maître. Non sans présomption, il la tutoyait sans lui en avoir demandé la permission.

— Il faut que je te fasse connaître Éliphas Lévi. La philosophie et l'occultisme ne sont pas incompatibles.

— Est-ce si urgent ?

— Éliphas se fait vieux. Il semble las de sa vie terrestre.

— Il a donc fait le vide autour de lui, observa-t-elle.

— Il dit qu'il suit le mouvement des planètes... Il fait ce qu'il doit faire. Il anime une conférence ...

— Ah bon? J'aurais cru qu'il réservait son savoir aux initiés.

— Louis Veuillot, le polémiste du journal catholique *L'Univers* a parié une forte somme qu' Éliphas est un charlatan. Le magnétisme ne serait qu'une grosse ficelle...

— Et Lévi a relevé le défi? demanda Maria, incrédule.

— Bien sûr. Il s'en est senti obligé. L'expérience a lieu rue Bleue, dans le IX ème, chez un particulier, dans un immeuble proche du Grand Orient.

— M'accompagneras-tu?

— Si vous insistez, répondit-elle en appuyant sur le « vous ».

— Alors j'insiste, dit-il sur un ton enjoué qui dissipa la morosité de Maria.

Les rideaux du séjour avaient été tirés, pour créer une semi-pénombre. Au centre de la pièce, à la peinture écaillée, sur une estrade, deux chaises se faisaient face devant une table couverte d'une nappe blanche. De part et d'autre de l'estrade avaient été disposés des sièges en demi-cercle.

À 19 heures précises, Éliphas Lévi fit son entrée dans un costume propre, mais élimé. Il fut applaudi par les habitués et les curieux, un peu intimidés par ce « mage » à la figure de rabbin. Dans l'assistance, Maria reconnut Louis Veuillot, l'air perplexe, et d'autres journalistes.

Naguère bel homme, l'ancien séducteur s'était tassé. Mais avec ses cheveux cachés sous une calotte de rabbin, son air affable, Éliphas Lévi projetait une image rassurante de vieux sage. Et le sourire parfois sardonique qui étirait ses lèvres minces cachait mal sa détermination.

— Magnétisme, un grand mot pour un phénomène naturel, mes amis. Le cosmos est régi par cette force. Le magnétisme blanc, c'est la sympathie, et le magnétisme noir, c'est l'aversion. Je souhaite vous le montrer à travers quelques expériences. Pour cela, je vais demander à deux personnes parmi vous, de monter sur scène, un homme et une femme, annonça Alphonse Louis Constant, vrai nom d'Éliphas Lévi.

Des murmures s'élevèrent.

— Ne craignez rien! s'exclama Lévi, souriant.

— En effet, il n'y a rien à craindre, car il ne va rien se passer. Je ne me propose pas comme volontaire, j'exige de l'être et je vais vous démontrer que cet homme est un charlatan, s'exclama Louis Veuillot, en se levant le doigt pointé vers Lévi.

L'autre volontaire était plus silencieuse. C'était une vieille dame qui s'appuyait, voûtée, sur une canne, vu son âge, personne n'osa la récuser.

Lévi les remercia et poursuivit :

— À présent, je vais vous demander de choisir un objet
personnel et de le déposer sur cette table. Honneur
aux dames !

La femme déposa un médaillon en or ; le journaliste, sa
montre gousset.

— L'expérience commence maintenant, dit Lévi en
s'adressant aux spectateurs. Ces deux objets portent la
marque de leurs propriétaires. Nous laissons tous des
traces sur notre environnement. Je vais vous le prouver
en manipulant ces objets pendant quelques instants.
Ce médaillon et cette montre ont photographié des
moments de vie....

La salle se taisait, suspendue aux gestes du mage.

Les yeux clos pendant une minute, Éliphas prit chaque
objet, le palpa, avant de le reposer sur l'étoffe en soie
blanche. Quand il les rouvrit, il se tourna d'abord vers la
dame :

— Dans ce médaillon, il y a la mèche de cheveux de votre
fils. Il vous manque beaucoup. Et vous vous sentez
coupable de sa mort. Vous n'étiezpas là pour le sauver
de la noyade. Rassurez-vous. De là où il est, il vous a
pardonné. Et son âme est en paix.

La vieille dame redressa la tête : ses yeux s'étaient mouillés.
La foule applaudit.

Témoin de cette scène étrange, et soudain inquiet de ce
qui l'attendait, Veuillot esquissa un geste pour saisir sa
montre.

Mais Lévi l'en retint :

— Auriez-vous peur de mes paroles de vérité ?

La montre dans la main gauche, Lévi la soupesa.

— Un bel objet vraiment. Cette montre, vous ne l'avez
     pas achetée, on vous l'a offerte pour vous remercier.
     Non, ce n'est pas le cadeau d'une amante. La croix
     gravée à l'intérieur indique le présent d'un prélat,
     peut-être un évêque... On vous a demandé d'étouffer
     une affaire de mœurs dans un séminaire... un futur
     prêtre en proie à la tentation de la chair...

Louis Veuillot, cramoisi, lui jeta à la figure :

— Il n'y a pas si longtemps, des gens comme vous
     finissaient au bûcher !

Sans un mot, Lévi lui rendit sa montre. Le journaliste
détala. Le mage se tourna, avec un large sourire, vers la
foule qui l'applaudit derechef. Il se garda bien de révéler
que le fameux évêque était une vieille connaissance...

Des mains se levèrent.

— Je vais demander maintenant à six personnes, trois
     hommes et trois femmes, qui sont malades, de venir
     sur scène. Je leur établirai un diagnostic. Apportez vos
     chaises !

Éliphas les fit asseoir, leur posa la main sur leur front et le
cou, tâtant leur jugulaire. Puis, il décrivit leurs symptômes.

— Je ne peux pas vous guérir tous, mais je peux soulager
     votre mal en imposant mes mains sur vous, dit-il.

Maria restait sceptique. Pendant quinze longues minutes, Lévi posa ses mains sur chacun des participants. Ceux-ci se relevèrent, les traits plus apaisés.

— Tu aurais dû essayer, Maria, lui dit Claude.

— Je n'ai aucune envie de me livrer devant des inconnus.

— Cela aurait pu soulager tes douleurs...

— Je n'y crois pas une seconde. Il faut en finir avec les superstitions !

— Je crois surtout que tu veux mettre tes pensées intimes en sécurité...

— Oui, je suis pudique. Trop, sans doute. Ma place est sur une estrade.

— Un peu de patience et tu siégeras dans un Temple, Maria.

— Si c'est vous qui le dites... Pour l'instant je suis une maçonne sanstablier, dans le temps profane.

22

La modestie n'est pas une vertu cardinale

Depuis son installation à Paris, et comme beaucoup de gens de lettres, Dotremont prisait le Café de Madrid, boulevard Montmartre. Cet antre enfumé, où les claquements des cannes sur les boules de billard, ponctuaient le brouhaha des conversations, était, en effet hanté par des luminaires tels que Charles Monselet, grand augure de la gastronomie, l'éditeur Poulet-Malassis et son protégé, Charles Baudelaire, ainsi que maints autres gens de plume. Vers le milieu de l'après-midi, il y coiffait sa digestion d'un grand café-crème.

Hélas, il en ramenait aussi sur ses vêtements un remugle de tabac et de relents de cuisine qui, ce jour-là, lendemain de la séance d'Éliphas Lévi, indisposa Maria.

– Ciel, dans quel bouge étiez-vous donc ! s'écria-t-elle quand il la rejoignit rue Cardinet et qu'elle flaira ces odeurs sur son costume. Marthe, le vaporisateur !

Quand elle eut, de quelques bouffées d'eau de violette, chassé les odeurs importunes, elle s'assit et considéra son pensionnaire.

— Elles n'ont pas changé. La spiritualité ne se débite pas comme les crêpes sur les boulevards. Cet Éliphas Lévi est un faiseur et il est aussi faux que son nom. La vieille dame qui aurait perdu son fils traîne dans toutes les réunions spirites que votre Lévi affuble d'occultisme. Tout le monde connaît ses malheurs. Quant à l'histoire sur l'évêque, elle circule sous le manteau depuis bien des lunes. La mitre ne contrôle pas forcément les ondulations du manteau. Je ne sais comment Veuillot s'y est laissé prendre.

Il s'assit en face d'elle :

— Éliphas Lévi possède quand même un don de magnétiseur, vous l'avez vu.

Il est surtout imprégné d'un tas de fadaises qui traînent depuis des siècles et ressurgissent quand les esprits sont troublés. La dernière remontée fut au siècle dernier et mit déjà en vedette un prétendu magnétiseur qui s'appelait Messmer et dont il ne reste que le nom. Libre à vous de prendre des vessies pour des lanternes, moi je ne veux considérer que le réel, le présent et l'avenir.

— Tu me sembles maussade.

Elle prit son temps pour répondre.

— Je suis bouleversée par ce que je viens de lire, à midi.

— Un fait-divers ? Encore un ?

– Oui, encore un. En Seine-et-Oise, un département que je connais bien, puisque j'y ai ma résidence secondaire, les Mathurins.

– Un meurtre ?

– Presque. Une épouse trop modeste et son bourreau de mari. L'esclave frappée par le maître, et qui préfère mourir.

– C'est malheureusement un drame banal de nos jours. Que peux-tu bien y faire ? dit Dotremont, désabusé.

– Le dénoncer justement. Il faut que ces drames soient exposés au grand jour pour que ces horreurs soient visibles. Ce que je peux y faire ? Je vais en parler. Haut et fort.

– Alors, si tu en parles, je viendrai t'écouter, avec une amie dont la modestie n'est pas une vertu cardinale.

– Je vous en sais gré. S'il y avait davantage d'hommes de qualité comme vous, je n'aurais pas à haranguer les foules, sur les errements de la société et de la Justice.

Deux jours plus tard, Dotremont alla l'écouter, accompagné d'une fascinante personne qui captait bien des regards alentour. Maria tonnait :

... « Les tribunaux ne sont que le terme d'une échéance où se paient les sottises convenues et légiférées ; ils sont le dernier degré, la conséquence finale d'un principe faux, d'une loi inique, d'une constitution arbitraire... »

Soudain, elle faillit perdre le fil de son discours : elle

avait reconnu la compagne de Dotremont. Vinciane. Son élégance détonait dans le décor austère et parmi ces auditeurs habillés de façon quotidienne. Sa robe de soie noire semblait l'envelopper d'un nuage magique. Un œil avisé y aurait reconnu la main de Worth, le couturier qui avait mis fin au règne des crinolines. Ses prétentions à la simplicité n'étaient que cela ; en effet, ses bijoux exotiques ne provenaient certes pas de boutiques parisiennes.

Mais pourquoi était-elle en noir ? De qui aurait-elle été en deuil ? Mystère. Ou mise en scène.

Maria reprit le fil de son propos. Les juges siégeaient. Le tribunal était un théâtre, et pour certains, un moyen d'arriver :

« Ils connaissent sans doute leur Code... mais si l'on devait y changer *quelque chose, songez donc qu'il leur faudrait refaire leur droit ! C'est là une idée effrayante et c'est pourquoi jamais ils ne consentiront à une modification.* »

De la tribune, elle perçut le regard violet de Vinciane, braqué sur elle. Que de tartines indigestes avaient produites les législateurs !

« *Et n'est-ce pas aussi l'histoire de toutes les vieilles Universités, l'explication de leur amour pour tout ce qui est immobile, de la terreur que leur inspire tout changement ? Voilà qui explique pourquoi la marche du progrès est si lente.*»

Des arguments à venir heurteraient sans doute certains dans le public. Mais Maria ne se laisserait pas intimider. Elle expliqua que « *les femmes les plus malheureuses l'étaient dans les classes populaires : ~~Dans~~ le peuple, l'homme méprise souverainement la femme, et c'est là que l'inégalité se fait le plus sentir, parce que, dans les classes populaires, il y a parité, non pas d'éducation, mais de science (...) Dans le monde, dans les relations de salon, la femme peut briller avec un certain talent ; l'homme du peuple ne la connaît que dans les bouges, ou, plus tard, il la connaît dans la mansarde...»*

Dans le public, l'émotion explosa. Des matrones manquaient d'air, des grisettes gloussaient. Des ouvrières brandirent le poing. Maria ne se départit pas de son sang-froid et tint tête à la foule en délire : « *Cette tribune aujourd'hui m'appartient. J'ai le droit de dire toute ma pensée. Demain on pourra exposer une théorie contraire. Je répondrai, s'il y a lieu. Je continue donc et je reprends : l'homme du peuple méprise la femme. Dans les classes ouvrières, il est bien certain que, pour un mari, frapper sa femme n'est pas chose extraordinaire ou coupable : c'est dans les cœurs, c'est dans les habitudes.*»

Elle capta le regard de Vinciane, pareil à un éclat d'améthyste. Comme si la foudre d'un rayon violet était tombée à ses pieds. Impressionnée par l'autorité de l'oratrice, la foule s'était tue. Maria reprit son souffle, avant de raconter une anecdote :

« *J'ai connu une pauvre femme martyre de son mari. Son mari était établi dans une Sous-préfecture de Seine-et-Oise, au voisinage d'une campagne où je passe six mois de l'année. Une nuit, les habitants d'un certain quartier sont éveillés par un vacarme horrible ; on frappe à coups redoublés à la porte d'une maison. C'est un homme qui veut rentrer chez lui, et sa femme ne répond pas à ce bruyant appel. Aussi le mari recommence son tapage ; il menace sa femme, il la tuera, c'est une gueuse, une coquine ! Enfin, comme le carillon continue, les voisins se lèvent et demandent ce qui se passe. Aucun bruit ne se fait entendre dans l'intérieur, aucune lumière ne se fait voir. Le mari est aux trois-quarts ivre et toujours furieux. Enfin, on enfonce la porte, on entre. Dès les premiers pas, on est étouffé par une épaisse vapeur d'acide carbonique. On pénètre dans l'arrière-boutique et l'on trouve, spectacle affreux, une femme et son enfant morts à côté d'un fourneau encore allumé. Cette malheureuse femme, depuis longtemps maltraitée par son mari, était allée trouver son père et lui avait dit : « Jusqu'à ce moment j'ai supporté tout ce qu'il était possible de supporter, j'ai fait tous mes efforts pour endurer ces supplices ; mais aujourd'hui cela m'est devenu impossible. Je vous en supplie, mon père, reprenez-moi, prenez mon enfant; si vous me laissez avec mon mari, il me tuera.*

Mais le père refuse et, «le soir même, elle se tue avec son enfant ; elle n'avait laissé qu'un mot, un seul, pour expliquer sa funeste résolution :

« J'ai voulu me soustraire, moi et mon enfant, aux mauvais traitements que mon mari nous fait subir tous les jours.»

Silence dans la salle. Échange de regards entre Vinciane et Claude et pincement au cœur de Maria.

Et elle laissa éclater ses sentiments, sans trémolos dans la voix, avec une force insoupçonnée : « Le reste, je ne puis vous le dire sans émotion. Ce *fut d'abord dans la ville un tollé général contre le mari, ce gueux, ce gredin ! Puis, comme toujours, un procès-verbal fut dressé, et, comme toujours, il fut constaté que le corps de la malheureuse femme* était *couvert d'ecchymoses et puis... Vous croyez qu'une enquête fut faite ? Je ne sais par suite de quelle pusillanimité du public, par quelle coupable inertie des magistrats, rien ne fut fait, le crime demeure impuni. Encore aujourd'hui, je ne puis en parler froidement.»*

Un murmure de stupeur parcourut l'assistance, suscité autant par le discours que par la gravité de l'oratrice, encore émue par son récit. Cette anecdote avait retourné le public en sa faveur qui lui fit une ovation.

À la fin, Claude s'élança vers elle.

— Tu as été majestueuse.

— Vous me gênez, je n'ai pas l'habitude des compliments. Mais vous êtes seul ? Où est passée votre charmante amie ? s'enquit-elle, faussement dégagée.

— Vinciane ? Une migraine subite. Elle a dû quitter la salle.

— Fort étrange ! J'aurais donc des pouvoirs...

— Cela n'a rien à voir avec toi, Maria. Ces maux de tête sont un indice ; la souffrance traduit une intoxication. Son organisme lutte contre l'effet d'un venin...

— Elle portait un étrange bijou, une sorte de roue...

— Un soleil en or. Vinciane est férue d'égyptologie. Le dessin de ce pendentif est égyptien. Il représente le soleil du pharaon Akhenaton...

— Une courtisane passionnée par l'Égypte, vous avez de nobles fréquentations, mon ami !

– Tu ne crois pas si bien dire, Maria. Mais ces fréquentations peuvent s'avérer utiles pour toi, si tu ne veux pas t'épuiser à la tribune...

23

Comment forcer le bastion de la franc-maçonnerie

Semaine après semaine, Maria multipliait les conférences qu'elle publiait ensuite dans *Le Droit des femmes*. Sa parole faisait désormais autorité. La bourgeoisie éclairée la réclamait. Que ce fut dans une salle appropriée ou dans une école primaire, elle martelait la même thèse : « La femme est *une personne, partant de là une force, une liberté.* »

Un postillon à la face des viveurs et des riches qui s'offraient une Vinciane pour afficher leur cote en Bourse ou leur niveau de vie. Aucun romantisme. Pas de camélias. Mais des billets de banque. La Païva avait cédé à un amant sous la promesse de 10 000 francs, et brûlé un à un les billets en promettant son corps tant que durerait le feu. Sa façon à elle d'affirmer sa liberté.

Quand tout le monde était couché, les deux complices se retrouvaient dans la chambre de Maria pour élaborer une stratégie. Au fil des jours, Claude obtint qu'elle adoptât le « tu » à son égard, dans l'intimité, au moins.

— Les conférences, tu en as fait le tour, Maria. Il faut trouver d'autres alliés.

— Plus facile à dire qu'à faire.

— Je sais. Tu n'as pas épargné tes forces. Tu es très généreuse. Il y a ceux qui donnent et ceux qui prennent. Tu ne peux plus perdre ton temps avec ceux qui prennent, car tu n'as pas encore gravi ta montagne.

— L'Olympe de l'égalité est gardée par des dieux jaloux.

— Peut-être, mais rien, ni personne n'est inaccessible.

— Je te trouve bien présomptueux ou bien téméraire... à moins que tu n'aies une arrière-pensée.

— Oui, et si tu m'y encourages, je vais te l'exposer...

— Fais, fais.

— Je pense que tes amies journalistes et féministes comme Paule Minck ou André Léo sont des femmes de valeur, mais n'ont aucun pouvoir. De même ton Léon Richer. Certes, il est flatté d'avoir été distingué pour ses idées progressistes, mais est-ce vraiment un homme libre?

— Il y a peu de gens libres, Claude. Moi-même je ne suis pas à l'abri de tes critiques, enfermée dans mon corset de chair. Toutes les femmes de notre siècle sont en morceaux.

   — Et elles risquent encore de l'être plus tard, s'il n'y en a pas d'autres comme toi.

   — Je ne suis pas un modèle, et pas non plus parfaite, loin de là...

   — La perfection n'est pas de ce monde, j'en conviens. Je voulais dire que notre société a besoin d'idéalistes... Tu as besoin aujourd'hui que l'on t'ouvre le col de cette Olympe que tu viens d'évoquer. Et pour te l'ouvrir, je ne vois qu'une femme.

   — Tu m'intrigues.

   — Cette femme, tu la connais déjà. C'est Vinciane. Elle peut t'aider à entrer chez les francs-maçons.

   — Tu divagues. Les loges ne sont pas mixtes. Elles tolèrent des visiteurs et vivent en autarcie.

   — Pourquoi te ferai-je miroiter une idée fausse ? Le Paris de la vie élégante la prend pour une courtisane de haut vol ; en réalité, c‹est une couverture pour ses activités d'espionne.

   — Et à quel titre est-elle devenue ton amie ?

   — À cause de son goût pour l'occultisme.

   — Mais cette Vinciane, d'où sort-elle? coupa Maria, plus troublée qu'elle ne voulait le montrer.

   — C'est la fille d'un faux-monnayeur. Un certain Bouhin, aux prises avec la police, il y a longtemps. Il a su monnayer aussi sa fille. Le chef de la Sûreté, a pris Vinciane comme moucharde à l'essai. Et elle a su naviguer...

— Je ne vois pas son intérêt de m'aider.

— Mais si. Avoir la main mise sur le fief de la franc-maçonnerie. La police surveille les loges et veut savoir ce qui s'y passe. Vinciane a besoin d'argent pour maintenir son train de vie, et préserver sa beauté...

— Donc je serai l'œil de Vinciane !

— Le joker.

— La vie n'est pas un jeu.

— Tu devrais l'envisager sous cet angle. La vie est un jeu métaphysique, mais il faut garder l'équilibre à tout prix. Que veux-tu vraiment ? Tu es intelligente, lucide, persévérante. Que feras-tu de toutes ces qualités ? Tu ne pourras peut-être pas indéfiniment monter à la tribune.

— On verra. J'aime parler en public. Cela me sort de moi-même et m'empêche de m'apitoyer sur mon vieillissement.

— Très bien. Continue tes conférences, mais réfléchis à ce que je viens de te dire, Maria. Les grandes réussites se préparent dans l'ombre.

Cette conversation donna un nouvel élan à Maria.

Au printemps 1870, elle créa *La Société pour la revendication des droits de la Femme*, future *Société pour l'amélioration de la Femme*. Et le 11 juillet, avec son ami Léon Richer, elle organisa le premier banquet féministe français, huit jours avant la déclaration de guerre.

Un soir, après minuit, Claude tambourina à la porte de sa chambre. Il sortait d'un cénacle, présidé par Éliphas Lévi. Elle lui ouvrit, avec une joie mêlée d'angoisse. Elle redoutait le moment où il lui annoncerait son retour en

Belgique. Il lui fallait désormais quelqu'un à qui penser. De son côté, il la trouva pâle et défaite. Ils s'enlacèrent longuement, avant que Claude n'en vînt au fait.

– Tu t'épuises pour rien, Maria. Prépare tes bagages pour la Bretagne... la Prusse va nous déclarer la guerre, l'avertit Claude.

– Comment peux-tu en être aussi sûr ?

– J'ai mes sources. Tu rêves d'un monde d'ordre, je te prédis la houle. À Paris, certains esprits surchauffés souffrent de leur crise chronique : la surproduction de bile.

La guerre. La guerre ! D'après ce qu'elle en avait entendu dire, la menace de ce cataclysme apocalyptique flottait dans l'imaginaire de Maria Deraismes comme de bien d'autres femmes de France et d'ailleurs, à l'instar d'un enfer sur terre. Elle n'en savait rien, sinon que c'était le déchaînement de la fureur meurtrière des mâles, que le sang ranimait sans fin, comme l'huile entretient le feu.

Éclaterait-elle vraiment ? Peut-être n'était-ce qu'un fantasme... Mais Girardin le lui confirma. Les amis francs-maçons aussi. Le 19 juillet 1870, la France et la Prusse étaient en guerre. La nouvelle causa sans doute une brutale détérioration de la santé de Maria. Taraudée par les fantômes de la Terreur qui peuplaient ses cauchemars et de surcroît accablée par la perspective d'être séparée de Claude Dotremont, elle subit une crise d'étouffements et de convulsions. En proie au vertige, elle s'alita. Anne et Marthe s'alarmèrent.

— Il faut l'emmener loin de Paris, convinrent-elles.

Avec l'aide de Dotremont, Anne organisa donc leur départ. Marthe s'évertua à pallier la souffrance de Maria par des tisanes à la verveine, et des massages des jambes avec des huiles de sa composition. La douleur lui broyait les os et étouffait le son de sa voix. Dotremont s'offrit à garder la maison et à relever le courrier : il l'expédierait par la malle-poste. Point trop vite, conseilla Anne, car elles feraient halte aux Mathurins, leur propriété à la campagne, avant de gagner la Bretagne.

— J'espère que ce voyage ne sera pas trop fatigant.

— Au besoin, je demanderai à notre médecin de renouveler ton ordonnance de laudanum.

— Merci, si j'étais en manque, le voyage serait encore plus pénible.

— Le plus pénible sera réservé à ceux qui restent, marmonna Anne, sur un ton si bas qu'il en était presque inintelligible.

La semaine suivante, Maria, Anne et Marthe se mirent en route, en direction de Pontoise. Là, les nouvelles qui leur parvenaient du front n'étaient guère engageantes.

— Les Prussiens enfoncent nos lignes. Notre séjour en Bretagne risque de se prolonger...

— Il y en a une qui va être contente, c'est tante Rose.

24

1870

LE VERBE RARE

– Je ne peux plus me baisser, mais je parle chaque matin à mes fleurs, dit Tante Rose, volubile.

La vieille dame était ravie de revoir ses nièces, et leur posa beaucoup de questions sur les travaux du baron Haussmann dans Paris et sur leur vie sociale. Elle ne semblait pas émue outre mesure par la guerre, ce qui agaçait Maria. Ce fut donc Anne qui lui répondit. Maria, elle, était émue de retrouver le jardin pareil à son souvenir, avec ses roses trémières et ses arbres fruitiers, dont un cerisier où les merles venaient se percher, après avoir picoré toutes les cerises. Mais leurs piaillements lui valaient un mal-être qu'elle ne maîtrisait pas. Elle blêmissait, tandis que des visions confuses et menaçantes l'envahissaient. Il lui semblait reconnaître une langue barbare, entendue dans l'un de ses pires cauchemars...

La vieille dame surprit Maria à suivre, d'un air égaré le vol de l'un de ces merles. Elle s'approcha de sa nièce en lui tapotant sur l'épaule :

– Viens, rentrons à l'intérieur avant que la fraîcheur du soir ne nous tombe sur la poitrine...

Depuis quelques mois, Maria souffrait de ce qu'on eût appelé hallucination, n'était qu'elle advenait dans le sommeil. Un personnage mi-homme mi-oiseau, venait la visiter et elle avait le sentiment que c'était la mort. Elle en était venue à appréhender toutes les formes ailées, pour elle, c'était l'annonce d'un malheur. Au fil de ses visions, évident produit de la consommation régulière de laudanum, la grande faucheuse avait pris l'apparence d'un homme portant un masque de faucon. Ce personnage essayait de lui parler, mais son masque assourdissait les graves et déformait les aigus. Elle ne comprenait pas son discours.

Si elle acceptait d'aller en promenade avec Anne, Maria détournait les yeux des corbeaux qui piquaient furieusement sur les champs pour y déterrer des graines. Un simple pigeon lui rappelait l'envol de ce faucon noir qui pouvait prendre forme humaine dans ses songeries exacerbées par le manque de sommeil et la teinture de pavot.

Elle craignait que ce spectre ne l'emportât un jour sans crier gare, avant qu'elle eût pu accomplir quelque chose de grand. Elle regardait Anne à la dérobée et lui enviait son intelligence pratique. Dommage qu'elle n'eût pas eu d'enfants. Regrets inutiles. Elle-même était l'enfant de sa sœur.

— Il faudra aller faire un tour au port... Les voiliers vous enchanteront, poursuivit tante Rose.

Maria fit semblant d'acquiescer. Sa bouche était pâteuse, desséchée par sa consommation d'opium.

Sa tante ignorait qu'au-dessus du port planaient d'autres oiseaux qui effrayaient Maria : des mouettes, dont les cris fendaient les nuages et lui perçaient les tympans.

— Qu'en dis-tu Maria ? lui demanda Anne, en lui donnant un coup de coude.

— Oui, bien sûr...

Anne lui adressa un regard gracieux avant de la prendre à part :

— Veille à ne pas abuser du laudanum... Cela te donne un air bizarre qui ne me plaît pas... Que t'arrive-t-il ?

Une fêlure advint alors. Le bris dans leur bulle.

Que t'arrive-t-il ?

Ce qui advient à chacun de nous... Une lassitude. La difficulté à peser sur la vie. Maria comprit que c'était son personnage public que sa sœur admirait. Un personnage au discours huilé, pénétré de l'esprit de sérieux. Mais sérieux limité au domaine social. Et elle ne pouvait pas lui en vouloir ; jusque-là leur « couple » avait résisté à l'usure du temps, avec sa mécanique particulière, comme tous les autres couples. Mais ce n'était pas l'autre Maria, l'être humain, qu'elle chérissait.

Seul Dotremont avait saisi ses interrogations profondes. Il n'avait pas cherché à l'entraîner dans la théurgie[15], à cause de la fragilité qu'il avait tout de suite perçue. Il lui avait demandé si elle souhaitait qu'il lui écrive à Saint-Malo. Saint-Malo, le cinquième port français pour les esclaves !

C'était Paris, et lui, son port d'attache. Elle avait accepté :

Oui, parlez-moi de Paris et des hommes politiques. Mais ne m'ouvrez pas votre cœur. Je ne pourrais qu'y répandre le poison de mon amertume. Vous êtes en devenir ; je suis devenue. Comment pourrais-je vous offrir un bonheur constant ?

Ce fut un tournant dans sa vie intime. Elle voulait un bonheur immuable, et non ce que pourrait offrir l'amant le plus passionné. À l'aube, que reste- t-il de l'étreinte la plus fougueuse ? Les roses du jardin promettaient à sa tante leur senteur sucrée, dans la nef immobile de leurs pétales... Les roses étaient sans pourquoi.

Mais nous, les humains ?

Avant l'acte, poignait l'aiguillon du désir, se manifestait le désir de se fondre chair contre chair, membres contre membres… Mais après ? Langueur et fatigue. Et le vide. La solitude. Le vertige du face à face avec soi-même. Et de la répétition : le manque, la faim et la satiété.

Cet amour-là pouvait satisfaire les sens, mais pas son

---

15   Magie divine, dite « blanche ».

être. Le « *Je* » n'avait pas de genre, pas de sexe. Elle-même s'apparentait à un oiseau blessé. Rien à voir avec ces grues qui pourraient convoiter Claude, attirées par un statut social qu'il leur conférerait. L'observation lui avait appris que les hommes et les femmes s'accordaient tous sur leur besoin de confort et de sécurité, comme si la sécurité pouvait dépendre d'un autre que soi-même. Les êtres humains se croyaient supérieurs aux animaux, mais se comportaient le plus souvent comme des rapaces, des vautours de la pire espèce. Et encore, ceux-ci ne se repaissaient-ils que de cadavres !

Au même moment, sur une plage normande, à Étretat, quelqu'un pensait à elle. Là-bas, en villégiature, Vinciane se promenait avec quelques amis choisis ; elle venait d'acheter une maison traditionnelle en briques, avec vue sur la mer. Elle souhaitait s'y retirer. Mais ses amis l'en dissuadaient : elle était une vraie Parisienne... La guerre ? Pour eux, comme pour bien des privilégiés d'un monde ancien, c'était une abstraction. Les ouvriers ? Des gens à éviter. L'Empire avait vieilli ; il lui fallait une guerre pour se régénérer. Napoléon III croyait la remporter facilement, cette victoire. Son entourage l'avait flatté et mal conseillé. Dès le début des hostilités, les Allemands avaient été les plus rapides. Et à Sedan, ils avaient écrasé l'armée française, et fait prisonnier l'Empereur.

Les deux femmes donc absentes de la capitale quand Napoléon III capitula et qu'un nouveau gouvernement fut proclamé, sous le nom de *Gouvernement de la Défense Nationale,* le 4 septembre 1870. Quelques députés s'emparèrent du pouvoir. Pour Jules Favre, la politique était un métier. Thiers l'avait compris avant lui. Seul le peuple, manipulé par les Rouges, voulait croire à une Épiphanie laïque. Les Français étaient des mythomanes qui, après s'être piqués aux abeilles impériales, pourchassaient les chimères de la liberté, de l'égalité et de la fraternité. Et qui se battraient comme des chiffonniers pour un bout de terrain.

Ce même jour, la foule envahissait donc le Palais-Bourbon et cernait l'Hôtel de Ville aux cris de « Vive la République ! ». Quels fantômes avaient invoqués Félix Pyat et Charles Delescluze, tous deux journalistes, pour vouloir ressusciter la Commune insurrectionnelle de 1792 ?

Le même jour, les frères Goncourt, les plus mauvaises langues du Paris littéraire, qui pourtant en comptaient beaucoup, vitupéraient contre ce gouvernement temporaire : « *En revenant par la rue Saint-Honoré, on marche, par les trottoirs, sur des morceaux de plâtre doré, qui étaient, il y a deux heures, les écussons aux armes impériales de fournisseurs de la ci-devant Majesté (...)*

Je ne sais pas, mais je n'ai pas confiance, il ne me paraît pas retrouver dans cette plèbe braillarde les premiers bonshommes de l'ancienne Marseillaise : ça me semble simplement des voyous d'âge, des voyous sceptiques, faisant de la casse politique, et n'ayant rien, sous la mamelle gauche, pour les grands sacrifices à la patrie.

... Oui, la République ! Dans ces circonstances, je crois

qu'il n'y a que la République pour nous sauver, mais une République, où on aurait en haut un Gambetta pour la couleur, et où on appellerait les vraies et rares capacités du pays, et non une République, composée presque exclusivement de tous les médiocrates et de toutes les ganaches, vieilles et jeunes, de l'extrême gauche.

… Ce soir, les bouquetières ne vendent plus, sur toute la ligne des boulevards, que des œillets rouges.»

Maria souffrait d'être exilée de son corps, mais cette souffrance physique était redoublée par la douleur morale. Messagère du destin, Marthe avait beau lui rapporter fidèlement les messages transportés par les pigeons voyageurs, Maria se sentait prisonnière.

Saint-Malo, cité bretonne, caractérisée par sa muraille de granit, construite au XIIème siècle, et agrandie au XVIIIème, aurait exalté l'imagination de Dotremont. Elle se voyait en train de lui parler du corsaire Robert Surcouf, et de ses combats en mer contre les Anglais. Mais la réalité était plus plate. Sans appel du large. Sans exotisme. Dans la dernière dépêche que Dotremont lui avait expédiée, elle apprit que Guillaume Ier, roi de Prusse et empereur d'Allemagne avait établi son quartier général à Versailles. Le toupet ! L'infernal culot !

Que trois cent mille hommes tentaient d'investir Paris !

Afin de la sauver d'une grave dépression, Anne réagit, contacta pour elle le journal local, *Le Phare de la Loire*. Le 18 octobre 1870, Maria adressa un article à ce quotidien dans lequel elle justifiait le gouvernement de la Défense

Nationale : elle s'irritait que le général Trochu, un orléaniste, eût été mis à la tête d'une affreuse débâcle. Elle louait le courage et la ténacité de Gambetta qui avait fait du chemin depuis le programme de Belleville : lui et d'autres républicains avaient quitté Paris, en ballon afin d'organiser la résistance en province... Gambetta lui paraissait isolé dans ce gouvernement de peureux qui préféraient le mot « République » à la chose. Et comment les assiégés allaient-ils tenir ? Les ateliers n'étaient-ils pas fermés ?

À Saint-Malo, le Conseil municipal lui demanda d'honorer de sa présence le théâtre afin de fouetter le courage des habitants paniqués par cette guerre. Puisque son intervention pouvait contribuer au bien public, elle accepta de prononcer quelques mots sur le thème *République et Monarchie*. Le franc succès de cette intervention lui mit du baume sur le cœur.

Toute fière, Anne lui lut l'article paru dans le follicule local qui finissait par un éloge patriotique :

« En voyant Mlle Maria Deraismes s'avancer, avec sa beauté triste, dans son costume noir, il nous a semblé voir la statue de la patrie en deuil. »

Quelques jours après, Claude leur envoya un pigeon voyageur : le 18 septembre, les Allemands étaient devant Paris. Mais il veillait sur la maison. Maria lui répondit juste un mot : Merci.

Le siège de la capitale allait durer quatre mois, du 18 septembre 1870 au 28 janvier 1871. Le premier mois ne fut pas très dur. On mangeait encore du pain blanc et de la viande. On espérait que le travail reprendrait. Mais, à partir du deuxième mois, les Parisiens avaient faim. Désœuvrés, ils vivaient sur les nerfs, en écoutant les nouvelles des uns et des autres. Les vols à la tire avaient augmenté chez les marchands ambulants. Les plus démunis, artisans et ouvriers, faisaient la chasse aux chiens et aux chats. Ils finirent par manger les animaux du jardin d'acclimatation. On grilla du zèbre et de la girafe dans les cours des immeubles. Et on mettait les rats en cage pour se divertir. Claude lui rapportait des faits divers :

« Près des Halles, j'ai vu un horrible spectacle dans un bouge. Un pauvre diable, contraint d'écraser le museau d'un rat avec ses mâchoires. Et tout cela, pour quelques pièces. Le rongeur lui avait bouffé une partie de la joue, mais l'homme réussit à lui broyer le cou. Il cracha devant moi une patte... »

« Dans la rue de Lille, j'ai vu des gardes nationaux qui se soûlaient avec du vin trouvé. Parmi eux, des poissardes qui trinquaient en criant :

– Tout le faubourg Saint-Germain sautera !

– Et les Versaillais avec ! »

Une faune vagabondait dans Paris, prête à en découdre.

Se forçant à l'humour, Claude évoquait aussi un spahi égaré dans la foule, parmi Gavroches, étudiants, journaliers, errant comme un coq perdu dans une basse-cour empestant le graillon. Mais son humour ne passait pas. Maria en perdait le sommeil.

La Commune n'avait rien à voir avec l'âge d'or annoncé, mais plutôt à un cauchemar éveillé qui se répétait de jour en jour : des coups de feu, des cris sur les barricades, de longues marches épuisantes dans tout Paris. Des blessés jetés sur des agonisants. Des femmes cherchant leurs maris ou leurs enfants disparus.

À la campagne, les paysans n'en étaient pas réduits à ces extrémités. À Saint-Malo, on mangeait des galettes de sarrasin, des œufs, du beurre salé et on buvait du lait de ferme. Malgré les recommandations affectueuses de Marthe, Maria touchait à peine à son assiette. L'actualité la tenaillait. Elle venait de lire la proclamation des ouvriers de Paris à l'intention de la province :

« Les riches sont oisifs, les ouvriers sont pauvres et continueront de l'être. C'est la règle et le reste n'est qu'exception. Ce n'est pas juste. Tu comprends maintenant pourquoi Paris se bat. Paris veut que le fils de paysan et celui du seigneur aient la même instruction, et ce gratuitement ».

Cet écrit n'avait pas été acheminé par Dotremont. De Paris, on avait fait s'envoler des ballons bleus, blancs et rouges, transportant des caisses d'où une machinerie faisait jaillir, un paquet de proclamations. La Commune semait à tous vents sa propagande. Des feuillets qui avaient moins d'effet sur les paysans, qu'un épouvantail pour les moineaux.

La France avait pris les traits d'une Communarde, en jupe coquelicot, les mains sales, noircies de poudre. Une guerrière avec un air de Gorgone, qui pouvait regarder la camarde en face.

Certes, elle n'aurait jamais tenu une barricade, un poing sur la hanche, comme Louise Michel, mais elle ne tenait pas non à être étiquetée intellectuelle racornie. Elle se promettait de ne jamais ressembler à l'un de ces « vieillards faisant tresse avec leurs sièges », décrits plus tard par Arthur Rimbaud. Elle était une femme de lettres qui croyait au pouvoir du verbe.

Partageant la fièvre des assiégés, Maria se jeta dans la bataille des mots, et prit parti dans le conflit qui opposait la France et la Prusse afin d'exalter le patriotisme. Les troupes françaises, inférieures en nombre, et souvent mal dirigées, avaient été vaincues. Soit ! Mais rien de définitif.

Ce fut la seule fois où elle accorda crédit à Gambetta : elle voulait poursuivre la guerre et sauver l'honneur national. Chaque soir, elle décortiquait l'actualité pour Anne, qui se félicitait d'avoir réussi à motiver sa sœur et à la détourner un peu du laudanum.

– Ce sont toujours les mêmes qui freinent des quatre fers, les légitimistes et les orléanistes, s'indignait Maria.

– Ils voient leurs intérêts, répliqua Tante Rose.

– Ils ne voient pas plus loin que leur jabot et leurs dentelles.

– Te voilà bien remontée, intervint Anne.

– Ce ne sont tous des calculateurs !

– Ma nièce, tu vois tout en noir.

– Ma tante, je vois qu'en pratique, les conservateurs

personnifient l'orgueil, l'entêtement, l'égoïsme.

— Tu généralises, rétorqua Anne.

— Je respecte le sens des mots. Loin de travailler à la conservation de la société, le conservateur exige que la société le conserve. Et à n'importe quel prix ! C'est terrible... Que Bismarck leur promette de respecter leurs propriétés et ils deviendront prussiens!

25

1871

Une leçon de démonologie

À Paris, à la guerre contre l'étranger avait succédé l'insurrection civile. Une partie de la population, affolée par les souffrances du siège, autant qu'excitée par des meneurs socialistes, s'était révoltée contre l'Assemblée nationale. Cette Assemblée réunie à Bordeaux, majoritairement monarchiste, avait élu l'orléaniste Adolphe Thiers comme chef du pouvoir exécutif, avant de se replier à Versailles. La désignation d'un monarchiste à la tête du gouvernement laissait présager que le terme de République était remis en cause.

L'Assemblée rendit alors immédiatement exigibles les effets de commerce échus depuis le 13 août 1870 et qui avaient été prorogés, avec les intérêts. Puis elle refusa d'intervenir dans les loyers en retard, ce qui faisait peser sur 30000 salariés, la menace de l'expulsion. Fut supprimée aussi la solde quotidienne des gardes nationaux. Sans oublier la presse. Six journaux de combat furent interdits de parution : *Le Mot d'Ordre*, d'Henri Rochefort ; *Le Vengeur*, de Félix Pyat ; *La bouche de Fer*, de Vermorel ; *Le Cri du Peuple*, de Jules Vallès ; *Le Père Duchêne*, d'Eugène Vermersch et *La Caricature*, de Pilotell.

Toutes ces mesures prises par *Foutriquet*, le sobriquet donné à Thiers par ses adversaires, furent ressenties comme des insultes. À l'Assemblée, Léon Gambetta et Victor Hugo démissionnèrent, portés par une vague de républicains belliqueux.

Une armée d'affligés se leva. Ils n'avaient plus rien à perdre, et voulaient donc défendre Paris contre un nouveau coup d'État monarchiste. Les chasses à l'homme commencèrent. À Montmartre, le 18 mars, soupçonné d'espionnage, le général Clément Thomas fut fusillé dans un jardin. Malgré les protestations de Clemenceau, les insurgés firent payer sa cruauté au général pendant les journées de juin 1848.

Qui commandait le navire ?

Dans la rue, les affiches se multipliaient, émanant de toutes les instances : du gouvernement, de la garde nationale, des Comités... Injonctions et rectificatifs, comme s'il en pleuvait. Les Parisiens étaient désemparés. Qui avait raison ? Qui avait tort ? Les Rouges, c'est-à-dire le Comité, les fédérés, surjouaient le patriotisme et la liberté. En face d'eux, les Bleus, Amis de l'Ordre, essayaient de s'organiser militairement autour de la Bourse et de la mairie du II ème arrondissement. Ils surjouaient les sauveurs, faisant traîner leur sabre dans le vestibule du Grand-Hôtel, place de l'Opéra, où ils avaient installé leur quartier général.

Mais leur posture de matamore avait été démasquée par les fédérés, le 21 mars, dès que les Bleus avaient tenté de manifester autour de leurs cocardes, sur la place de l'Opéra. Les balles avaient sifflé ; des vitrines avaient été cassées. Rien d'une plaisanterie.

Le lendemain, si l'orage était passé, Paris s'était divisé entre les « bons citoyens » appelés par les Bleus à s'unir, dans les Ier, II ème et IX ème arrondissements, et les Rouges, persuadés d'incarner la vox populi. Néanmoins, les deux factions s'étaient mises d'accord sur les élections d'une Commune, propice à repousser les goules germaniques, et éviter un bain de sang.

Le 28 mars 1871, depuis l'Hôtel de ville, la Commune fut proclamée avec pompe. Drapeaux et tir de canon. À la vue des nouveaux élus, ceints d'une écharpe rouge, képis et bonnets phrygiens volèrent. La place se remplit de militaires et de civils : le communard type avait la trentaine, habitait les quartiers est, était ouvrier et farouchement anticlérical. Il se laissait porter par les accents de la Marseillaise, avant d'aller arracher les soutanes et de piller les troncs d'églises.

Les chants patriotiques retentissaient dans les rues de Paris, et parvinrent aux oreilles de Claude Dotremont. Il gardait son sang-froid, pour ne pas se laisser entraîner par ce tourbillon enflé de frustrations. Toutefois le son du clairon et la fanfare des cuivres n'arrivèrent pas à étouffer la petite voix intérieure qui lui soufflait : « Et Éliphas ? »

Depuis 1864, son maître à penser Éliphas Lévi demeurait au 155 rue de Sèvres, dans le VI ème arrondissement, sur la rive gauche de la Seine, occupée par les socialistes et les révolutionnaires. Le mage devait lutter contre la vieillesse. Il ne pouvait plus donner de conférences ou même de cours à domicile. Par crainte de tomber sur un forcené, la plupart de ses élèves avaient renoncé à lui rendre visite. Claude se rendit à pied jusqu'à chez lui. Grâce à son accent et ses papiers d'identité belges, il pouvait circuler aisément dans la capitale. Ce jour-là, il faisait beau. La foule en liesse ne prêta pas attention à ce jeune homme fluet en godillots. La porte de l'appartement était entrouverte, comme si le sage attendait sa venue.

Lorsque Dotremont entra dans le vestibule, il perçut l'odeur de benjoin que l'occultiste faisait brûler, quand il avait besoin de se concentrer. Dotremont l'appela, quelque peu inquiet : « Éliphas ? » Pas de réponse. Éliphas était sourd. Le visiteur fut content de le trouver devant un amas de manuscrits et une pile de dictionnaires. Il travaillait à une interprétation de la Kabbale, intitulée *Le Livre des Splendeurs*, et voulait absolument la terminer.

– Ah, te voilà enfin! grogna-t-il, la barbe embroussaillée.

– Je vous ai apporté des vivres...

– Providentiels...

– Les communications avec la province deviennent de plus en plus difficiles, mais tes *Frères* te porteront secours, eux-aussi...

– Claude, permets-moi d'en douter... J'ai assisté régulièrement aux tenues de la loge, *La Rose du parfait silence,* qui pratique un rituel égyptien, jusqu'à ce que je comprenne que ma place était dans cet appartement... et pas ailleurs.

– Vous, un ermite ?

– Les circonstances l'exigent.

– Je me souciais de vous...

– Je sais... Et moi, je me soucie de la tournure des événements auxquels l'Histoire de la France et de l'Europe se trouve confrontée... Foutriquet est assoiffé d'honneurs. Un mégalomane aux dents longues.

– Paris est à feu et à sang. Quand j'ai traversé la Seine, le fleuve reflétait des lueurs inquiétantes.

– Mes yeux se portent davantage sur les cieux.

– Il y avait des Frères sur les deux berges. Rive gauche, avec Gambetta et Blanqui... et rive droite, avec Thiers...

– Ces noms ne me disent rien. Qui pourra me répondre ? Quand l'humanité sera-t-elle capable d'orienter ses actes vers le Bien ?

– C'est un long chemin !

– Encore plus long que tu ne le crois... Et sur ce chemin, tu découvriras l'isolement.

– J'ai encore besoin de mettre mes pas dans les vôtres...

– Claude, tu peux avancer sans moi. Je ne suis pas un Mage, mais un Sage. Il faut que tu établisses la différence. Les vrais Mages n'écrivent pas de traités pour laisser une trace pour la postérité...

– Mais vous connaissez les correspondances entre les planètes, les couleurs, les métaux....

– J'applique la loi du Rythme divin. Sache qu'ici et maintenant, cette loi du Rythme est bouleversée. Car les forces de l'ombre sont actives Elles savent que la diffusion des sciences secrètes pourrait faire surgir une société nouvelle. Et elles s'insinuent dans les âmes pour les obliger à bousculer les lois éternelles. Dans quelques mois, nous aborderons le solstice d'été, une période qui ne sera pas faste, bien au contraire !

– Pouvez-vous me dire ce que vous avez « vu » ?

– Le mortel clairvoyant peut te le dire : du sang.

– Est-ce tout ?

– Et des visages de femmes. Dotremont pensa aussitôt à Maria.

– Et quels noms sur ces visages ?

– Ma mémoire ne m'a jamais fait défaut... J'ai reconnu Louise Michel, une femme d'une quarantaine d'années, à peu près, au visage en lame de couteau, sans beauté... et André Léo, une femme du même âge, au profil régulier, presque romain...

– Seront-elles sacrifiées ?

– Non, le doigt de Dieu s'est posé sur elles. Un silence.

– Qu'y-a-t-il donc ?

– Il y avait aussi une inconnue, avec un visage très beau, dénué d'expression.

– Décrivez-le moi, je vous en prie.

– Un visage à l'ovale pur, serti d'yeux violets.

– Vinciane !

– Oui, ce prénom me rappelle de vieilles conquêtes. Elle est venue écouter mes conférences… Mais elle cherchait une réponse que je n›ai pu lui donner. La connais-tu ?

– Tout le monde à Paris connaît Vinciane !

– Suis mon conseil. Ne t'approche pas d'elle.

– Est-ce un jugement ?

– Claude, je ne suis pas là pour juger, mais pour guider… Cette femme n'a rien à donner, ni à toi, ni à personne, affirma Éliphas sur un ton grave.

– Expliquez-moi. Vous piquez ma curiosité…

– Vinciane est beaucoup plus qu'une catin. C'est une espionne au service du plus offrant. L'or lui sert à conserver sa beauté dont elle est si fière... un or qui peut se transmuter en plomb.

– Elle ne s'en est pas cachée avec moi.

– Oui, une manière de franchise pour te cacher la vérité. Cette femme est un lémure, tu sais, un de ces spectres qui rôdent au bas des murs. Elle est entrée dans la région sans limites, gardée par le Gardien du Seuil, une créature terrifiante que de rares élus peuvent affronter... En liant son âme à une momie, pour garder son apparence juvénile, Vinciane n'a pas compris que la vie n'est qu'une épreuve pour l'âme et que le corps est sa prison. Rends-toi chez elle. Lève le voile sur son alcôve, et tu pourras constater par tes propres yeux que mes paroles ne sont pas des élucubrations.

Comme s'il en avait trop dit, Éliphas se replongea dans l'étude de ses grimoires. Dotremont s'avisa qu'il était l'heure de se retirer.

Et il rentra rue Cardinet écrire à Maria. La blancheur du papier avait quelque chose de spectral qui lui mettait des papillons dans le ventre. Pourtant il s'obligea à tremper sa plume d'un coup. Dans ce décor, où tout s'effritait, se détachait la silhouette de Maria. Il se tournait vers elle, comme un marin vers une figure de proue unique.

Chère Maria,

Quel chaos! La Commune est un immense gaspillage de poudre et d'énergie... Aucune doctrine, simplement des explosions de rage et de haine contre les nantis. Deux classes s'affrontent : les pourvus et les dépourvus...

Pendant deux mois la Commune fut la maîtresse de Paris. Thiers décida d'envoyer l'armée régulière écraser les insurgés. Rien, ni personne, pas même les francs-maçons n'infléchirent l'intransigeance de Monsieur Thiers. La lutte fut féroce. Les Communards ne pouvaient avoir longtemps l'avantage sur une armée régulière. Leurs armes étaient *dérisoires. Les aspirations à l'égalité* étaient *nées d'un rien, elles se mouraient de tout.*

Le 28 mai, à la fin de la Semaine sanglante, la Seine débordait de cadavres, et empestait.

Dans le wagon à bétail qui l'emportait vers la Nouvelle-Calédonie, où elle retrouverait le polémiste Henri Rochefort, Louise Michel déclamait ses vers, inspirés par les barricades :

> *« Pareil au grain qui devient gerbe*
> *Sur le sol assoiffé de sang*
> *L'avenir grandira superbe*
> *Sous le rouge soleil levant. »*

26

Dans l'intimité d'une prêtresse de Bastet

Les vaticinations d'Éliphas Lévi avaient frappé Dotremont, au point qu'il voulut en avoir le cœur net. Il n'était jamais allé chez Vinciane. Ils s'étaient toujours vus à l'extérieur, fréquemment au Café des Chartes[16.] Il avait souvent surpris une lueur maligne entre ses battements de cils.

Il prit rendez-vous. Une semaine après un échange de billets. Vinciane le convia à une heure tardive, sans doute pour épaissir le mystère qu'elle cultivait. Le calendrier indiquait une nuit de pleine lune. Il en sourit, car la superstition agissait sur les esprits timorés, dont il ne faisait pas partie.

Un gardénia à la boutonnière, il alla rue Taibout, dans le IXème arrondissement. Elle avait choisi de s'installer

---

16   Actuellement, le restaurant Grand Véfour

au numéro 13, un numéro fatidique qui, là encore, le fit sourire. Vinciane n'aurait-elle pas raté une vocation de tragédienne ? Elle ne pouvait se satisfaire du cauchemar tranquille de la banalité. Il s'engouffra sous le porche de l'immeuble.

L'escalier éclairé par deux porte-flambeaux déroulait ses volutes d'onyx, tel un python royal défendant un temple. En haut, un domestique lui ouvrit. Il avait l'allure et le teint basané d'un Oriental, malgré sa livrée de majordome, le gilet noir sur l'habit à basques. Il parlait d'ailleurs avec un fort accent étranger que Dotremont ne put identifier. Et il était trop jeune pour occuper la fonction de majordome. Trente ans au plus. Et ce qui ne gâchait rien, très beau. Un adonis aux cheveux crépus et au regard de braise, cerné de khôl.

Dotremont se rappela qu'au cours d'une conversation, Vinciane avait glissé qu'elle s'entourait d'amis jeunes. Et qu'elle détestait par-dessus tout les gens flétris, avec leurs airs de chien battu et leur vilaine peau. Les barbons chauves et bedonnants payaient trois fois plus que les autres le privilège de sa compagnie. D'après leur âge, elle calculait le poids de leur offrande en or, surpassant la Païva[17] par ses exigences. La quasi- divination de son corps lui avait d'ailleurs servi. Elle n'avait pas commis l'erreur fatale aux courtisanes, s'énamourer de l'un de ses propriétaires. Ou plutôt de ses locataires successifs.

____

17   Esther Lachmann (1819-1884), marquise de Païva, célèbre demi-mondaine pour sescaprices et son hôtel particulier, somptueux, 25 avenue des Champs-Élysées.

Personne ne lui arrivait à la cheville, au demeurant, fine et délicate.

— Désolé, Monsieur, mais Madame vous fait dire qu'elle a dû s'absenter, lui déclara le domestique quelque peu gêné.

— Je l'attendrai un moment. Vous pouvez disposer.

L'autre s'en fut.

Dotremont consulta sa montre gousset dans son gilet et vérifia qu'il était ponctuel. Bizarre. Un imprévu ? Ou une mise en scène. Qu'avait dit Éliphas ? « Lever le voile... » De part et d'autre du salon pendaient de lourds rideaux de velours grenat.

Il fit le tour de la pièce, rouge et or, seule concession à l'orientalisme, et leva les yeux au plafond où s'étalait une scène céleste de mythologie : l'histoire de Danaé. Le mobilier ne présentait pas d'excentricité qui accrochât l'œil et évoquait un intérieur de club anglais, avec des fauteuils massifs de cuir, une table à jouer, des boîtes à cigares en argent et un tapis persan, bien épais. Il en eût été presque déçu. Mais face à la porte du salon, une tenture noire l'intrigua. Il s'enhardit et la souleva : elle masquait une porte dérobée.

Il tourna la poignée. Une alcôve aux murs couverts d' hiéroglyphes, et un encensoir sur un trépied. Un jet lumineux crevait la pénombre. Il avança, trouvant l'atmosphère oppressante Un reflet le fit sursauter : il provenait d'un sarcophage doré dans une vitrine. Il s'en approcha malgré tout. Ce cercueil était ouvert. Une perruque tressée de perles de turquoise coiffait la tête d'une vieille ratatinée. Cette millénaire défunte semblait somnoler, les bras emmaillotés contre les flancs. Qui donc avait arraché les bandelettes sur la face émaciée ? Que de sillons sur cette figure ! Un visage autrefois rond et plein. Claude recula, plus dégoûté qu'effrayé. Éliphas, tu n'avais pas radoté !

> – Ma momie ne vous plaît pas, Claude ? Je
> vous croyais amateur de curiosités.

Il se retourna. Vinciane les tenait sur le seuil, un sourire énigmatique aux lèvres

-   La légende est donc vraie, dit-il, reprenant son flegme.

-   Venez la revoir avec moi, minauda-t-elle.

Par courtoisie, il s'exécuta. Cette momie lui répugnait.

-   Mon père l'avait reçue en cadeau, en échange de certains services. Il me l'a donnée plus tard.

-   Depuis combien de temps, l'avez-vous ?

-   Depuis l'âge nubile. L'âge requis pour se consacrer à une prêtresse de Bastet.

-   Vous savez qui était Bastet ?

-   Oui, la déesse égyptienne de l'embaumement.

Le visage de Vinciane se rembrunit. Elle l'avait sous-estimé : son visiteur était cultivé.

La curiosité de Dotremont, en tant que spéculateur de l'occulte, embrassait aussi l'égyptologie. Toutefois un détail clochait. Mais lequel? Cette momie n'avait pas la posture hiératique attendue.

Comme si elle avait deviné cette objection, Vinciane prit les devants :

– Je désirais que vous la voyiez, sans préjugés.

– Et pourquoi, Madame ?

– Parce qu'elle a eu un accident, et depuis, j'en subis les conséquences, mon ami.

– Dans quelle époque vivez-vous ?

– Hors du temps, avec elle.

Les yeux violets virèrent au rouge dans la pénombre. Claude frissonna. Vinciane avait laissé une entité parasitaire s'emparer d'elle. Et les soirs de pleine lune, Vinciane était effectivement possédée. Ah ! Si Maria était là ! Elle ne pourrait plus invoquer sa logique occidentale.

La jeune femme se dirigea vers le sarcophage ; retourna le corps malingre, et lui fit toucher le bas du dos.

– En effet, une vertèbre brisée.

Est-ce réparable ?

– Je crains que non. Le sacrum a été trop accidenté.

– Pourtant mon serviteur en prenait tellement soin...

– Votre momie est morte pour la seconde fois.

La dernière réplique de Dotremont sonna telle une sentence de mélodrame. Vinciane ne trouva rien à répondre et il en profita pour tourner les talons. Il n'avait jamais autant détesté le théâtral que ce soir- là. Rien de sublime. Une farce grotesque. Vinciane n'existait pas. Un monstre avait pris sa place.

Plus tard, à sa grande surprise, Éliphas ne lui posa aucune question sur cette créature et sa métamorphose. Ce fut lui qui lui donna les détails. La description de la momie n'arracha que des grognements au vieux sage. Seule la prétendue maladresse du serviteur oriental lui tira un immense éclat de rire :

— Il a voulu arrêter le maléfice... mais l'entité va lutter contre la déchéance, pousser Vinciane dans les bras d'amants de plus en plus jeunes, pour se nourrir de fantasmes érotiques jusqu'à l'inéluctable. Nos peurs finissent par nous rattraper.

27

L'Avenir des femmes

C'est par le train que Maria revint le 30 mai 1871 à Paris, au moment où l'armée versaillaise venait d'avoir raison des derniers défenseurs de la Commune. Les survivants s'étaient terrés dans les caves des immeubles. Ils épiaient les allées et venues des artilleurs. On entassait les cadavres dans de grandes charrettes pour les jeter dans la fosse commune. Il y en avait dans toutes les rues et sur le pont de l'Europe. Du fond de leur cachette, certains revoyaient des scènes terribles : de faux aveugles et de vraies filles de joie fouillant les poches des morts de la canne et de l'ombrelle. Et des fous s'amusant à crever les yeux des défunts, comme des polissons malsains tirant les poils de la femme à la barbe, à la foire.

Mais, derrière la vitre de son compartiment, Maria ne voyait que la pluie qui embuait les carreaux. Elle avait hâte de retrouver Dotremont et sa maison. Après avoir lancé sa vapeur, la locomotive hennit. Transies par l'humidité, elles se retrouvèrent sur le quai, hésitantes sur l'endroit où elles pouvaient héler un fiacre. Marthe s'empressa de filer devant l'entrée principale.

Par chance, il y en avait quelques-uns de libres devant la gare. Les sœurs Deraismes poussèrent des soupirs de soulagement, et s'engouffrèrent dans la voiture. Un bref répit, quand un fiacre heurta une charrette sur laquelle étaient entassées, croyaient-elles des marchandises. Que nenni. Ce fut un corps qui roula à terre, et leur cocher ne fit rien pour l'éviter :

> - Là où il est, il s'en fiche maintenant !

> - Il y en a donc tant que cela ? s'enquit Maria.

Place Vendôme, j'en ai compté 220 macchabées ; rue Royale, 200... et je suis resté dans les beaux quartiers !

Le ton goguenard du cocher glaça Maria. Si la barrière de fer qui entourait la capitale avait été brisée, la vermine se gorgeait de cadavres. Maria avait quitté la mer ; elle trouvait la boue.

Malgré la pluie, Claude Dotremont avait tenu à les accueillir sur le perron. L'eau le purifiait. Ces dernières semaines, il avait trop chevauché sur le réel et le surréel. Le réel s'imposait avec ses gouttes qui tombaient sur son chapeau haut-de-forme. Quand ses yeux jaunes de fauve rencontrèrent ceux de Maria, elle en frissonna. Il leur fit le tour de propriétaire pour leur montrer que rien n'avait été dérangé ou abîmé. Était-ce son statut de riche étranger qui l'avait protégé ? Ou bien les puissances de l'invisible ? En tout cas, il avait réussi à aller et venir à sa guise, en prenant un air impassible. Il fallait des nerfs d'acier pour circuler dans Paris, car on ne savait jamais quelle brute on allait croiser : des prisonniers de droit commun avaient été délivrés de prison par la Commune, et étaient capables de coller n'importe quel clampin au mur, si sa tête ne leur revenait pas.

Et il fallait de l'or. Dotremont avait soudoyé les concierges du quartier afin de protéger l'immeuble des émeutiers ivres de colère. Il raconta aux sœurs éberluées qu'un concierge avait osé apostropher un ancien repris de justice qui commandait le pillage d'un hôtel particulier, le traitant de canaille. L'insulte lui avait coûté la vie. Le chef des pilleurs l'avait dénoncé à un fédéré comme un Versaillais déguisé. Et le concierge avait été fusillé.

Tandis que le quartier dégorgeait ses gravats, le 72 rue Cardinet demeurait intact. Néanmoins, Maria songea à déménager à Pontoise et s'installer définitivement aux Mathurins, mais la perspective des trajets en train l'en dissuada.

— Les Communards ont mis le feu aux Tuileries, au palais d'Orsay, au Palais-Royal, à l'Hôtel de Ville... le paysage urbain a bien changé, les prévint Claude.

— Paris n'est-il plus que décombres? demanda Maria.

— C'est un charnier, expliqua Dotremont. Le baron Haussmann doit s'en retourner dans sa tombe !

— Que pouvons-nous faire? s'enquit Anne.

– Continuer vos bonnes œuvres, donner de votre cassette pour les hôpitaux et les ambulances...

– Même depuis Saint-Malo, nous faisions parvenir des dons...

– Oui, je sais, mais vos amies l'ont oublié...

– Comment cela ? s'étonna Maria.

– Les absents ont toujours tort... Pendant l'insurrection, les femmes sont restées aux marges de la politique, sauf André Léo et Louise Michel. André Léo a été rédactrice au journal, *La Sociale*. Elle a été l'une des rares journalistes à exhorter la Commune à collaborer davantage avec les femmes... Quant à Louise Michel, elle a pris la parole dans des clubs animés par le Comité de vigilance des femmes de Montmartre, qu'elle a fondé, afin de préparer une nouvelle organisation de l'éducation... Et comme si cela ne suffisait pas, elle a combattu avec les fédérés, soignant les blessés et tirant des coups de fusil sur les Versaillais. Elle a été faite prisonnière, et condamnée à la déportation en Nouvelle-Calédonie. Ne vous étonnez donc pas si vos amies féministes vous tournent le dos...

– Aurais-je démérité à leurs yeux?

– Pis, ma chère. Vous avez fui !

– Je ne leur ai jamais caché ni mon état de santé, ni ma haine des extrêmes.

– Des prétextes. On vous accuse de tiédeur. Vos amies ont trouvé un appui en la personne du rédacteur en chef de la revue, *Le Voltaire*. Le connaissez-vous ?

– Un illustre inconnu dont j'ai oublié le nom !

– Écrivez lui, Maria, pour lui clouer le bec !

– Ce corbeau changé en charognard...

Profondément marquée par le témoignage de Dotremont, et l'écrasement féroce de la Liberté et de l'Egalité à laquelle elle aspirait tant, Maria, impuissante, se rendit, symboliquement, au Mur des Fédérés, au cimetière du Père Lachaise, où tant de communards furent fusillés, et pleura…

Toutefois elle n'eut pas le temps de faire le deuil de l'ancien Paris, car elle devait affronter ses détracteurs.

D'emblée elle se justifia auprès de la rédaction du *Voltaire*, revue qui s'était fait connaître par ses positions hostiles à Thiers, chef du pouvoir exécutif, et qui incitait à la guerre civile : « *Vous fûtes membre de la Commune ; moi, je n'en ai jamais fait partie, estimant que ce mouvement était aussi maladroit que coupable. Ce qui ne m'a pas empêchée de tendre la main à quelques-uns de ceux qui y sont entrés inconsidérément, mais sincèrement* ».

Les jours suivants, sur les conseils de Claude, elle reprit contact avec Léon Richer et l'imprimeur pour rééditer la revue *Le Droit des femmes*. La revue coûtait cher. Léon Richer avoua un déficit annuel de 15.000 francs. Alphonse Thiers n'appréciait pas cette publication et jugeait son titre provocateur. Sous la pression des censeurs, Maria s'inclina et *Le Droit des femmes* devint *L'Avenir des femmes*.

Pour son numéro du dimanche 24 septembre 1871, Léon Richer en redonna la ligne éditoriale : « *Tout le monde comprendra les raisons qui nous ont forcés, il y a un an, de suspendre notre publication. On comprendra aussi le besoin que nous éprouvons de reprendre la tâche que nous étions imposée.*

Quelques représentations sérieuses de nos amis du dedans et du dehors nous ont déterminés à modifier notre titre. À dater d'aujourd'hui, ce journal s'appellera L'Avenir des Femmes. Mais rien n'est changé au programme d'autrefois. Quoiqu'autorisés par la loi à traiter les questions politiques, nous sommes décidés à ne les aborder que dans leur rapport avec l'amélioration du sort physique, intellectuel et moral des femmes... »

Et d'ajouter :

« Après 13 *mois de suspension forcée, nous considérons comme un devoir de rappeler sommairement les principes de haute équité qui ont inspiré, au mois d'avril 1869, la fondation de ce journal. (...) Nous ne sommes point, comme on a osé le dire: « des apôtres de la religion du désordre », et nous n'avons ouvert nulle part des « écoles de moralité et de débauche ». Il faut que ceux qui ne craignent pas de calomnier ainsi nos efforts apprennent à nous* connaître. Une question est extrêmement *grave, s'impose depuis une vingtaine d'années à tous les esprits sérieux, non seulement en France, mais en Amérique, en Angleterre, en Italie, en Allemagne : celle de l'émancipation des femmes.*

Nous voulons que la femme reçoive une éducation *conforme aux tendances et aux besoins de la société moderne, afin qu'elle soit à même de bien comprendre ses devoirs d'épouse et de mère. Nous voulons qu'elle puisse donner à la France non seulement des fils, mais aussi des citoyens.*

Ce que demande ce journal peut être réalisé demain, sans trouble et sans agitation d'aucune sorte ; il ne résultera des réformes que nous poursuivons qu'un plus grand bien pour tout le monde - l'homme compris - et une plus saine application de la morale ».

Ironique, Dotremont revint à la charge.

– C'est bien d'affirmer que l'affranchissement des femmes est la clef d'une nouvelle ère, qu'il est un des moyens de salut, mais les mots ne suffisent pas. Telle que je te connais, tu vas finir par te lasser de ta danseuse...

– Mon journal, une danseuse ? l'interrompit Maria, vexée.

– Oui, parce qu'il ne rapporte rien. Ce journal te fait perdre de l'argent.

– Mais il donne du sens à ma vie.

– Et à la vie des autres...Ton Richer en profite, crois-moi. Avec toi, il n'est jamais tombé sur un os. Tu lui apportes le rôti sur un plateau d'argent...

– Peut-être. Mais il m'a toujours encouragée.

– Et moi ?

– Tu sais bien que toi, c'est différent... Nous sortons un numéro spécial, consacré aux femmes de la Commune. Et à Louise Michel, « la Vierge *rouge* », qui a toujours affirmé :

« *Il n'y eut pas de pétroleuses : les femmes se battaient comme des lionnes, mais je ne vis que moi criant : « Le feu ! Le feu devant ces monstres ! » Non pas des combattantes, mais de malheureuses mères de familles qui se croyaient protégées par quelque ustensile, faisant voir qu'elles allaient chercher de la nourriture pour leurs petits,* étaient regardées comme *incendiaires, porteuses de pétrole et collées au mur !* »

– Je suis au courant, Maria. Je sais que vous vous insurgez contre la condamnation à mort de trois femmes sur cinq, à cause du réquisitoire mené par le Capitaine Jouenne. Je sais qu'elles n'ont pas été les meneuses de l'insurrection. Que l'une d'entre elles était enceinte. Mais pardonne ma franchise, qui passera pour de la brutalité : tu tournes en rond, ma chère. Aux échecs, ce sont toujours les pions qui sautent en premier... Et pire, tu te heurtes à un mur à vouloir attaquer de front le fléau de la prostitution, celle des rues et des maisons closes, mais aussi cette prostitution forcée, celle qui découle de la suzeraineté des hommes sur les femmes.

Tu as vu Vinciane. As-tu remarqué que c'est une enjôleuse?

– Comment cela ? demanda Maria, interloquée.

– Si Vinciane a été mise sur ta route, c'est qu'elle avait peut-être quelque chose à t'apprendre... Une séductrice ne fait jamais la morale et n'impose rien. Tout est affaire de tact et de subtilité psychologique.

– ... ce qui sous entend que je fais la morale et que je veux imposer mon point de vue ?

– Tu as une forte personnalité.

– Tu me déçois. Tu es comme les autres. Tu ne supportes pas une femme de caractère...

— Je n'ai jamais dit cela.

— Mais tu me la fais comprendre. Tu fantasmes sur les amazones, mais tu préfères une soumise ou une coquette à soumettre.

Maria avait saisi le prétexte de Vinciane pour s'éloigner de Dotremont. Leur liaison n'avait aucun avenir. Sa santé se dégradait ; ses charmes se fanaient. Doyenne ! Ce nom résonnait à ses oreilles comme la rime honteuse de vénérienne. Les prostituées n'étaient pas les seules à être humiliées. Il y avait aussi les amoureuses cossues comme elle, dont la chair se marbrait de taches de vieillesse. Comment se montrer nue ? Le regard fuyant de son amant claquerait comme une brimade. Bien que Maria ne pût jamais être confinée au Dépôt des filles publiques, elle était condamnée à vivre confinée dans ses appartements. Elle ne pouvait pas lutter avec les beautés célèbres ou discrètes, de toute mise et de tout galbe qui se placeraient sur la route de Dotremont.

28

1894

LE LANGAGE DES FLEURS

— Madame, je savais que vous viendrez chercher la paix dans la bibliothèque...Voici un bouquet retrouvé avec la liasse de lettres, dit Marthe.

— C'est maintenant que tu me le remets ?

— Aujourd'hui ou hier, cela n'a plus d'importance. J'avais mis de côté ce bouquet, quand vous avez commencé à trier les effets personnels de votre sœur.

— Ce bouquet est un cadeau de Vinciane. Je reconnais son caractère provocateur. Maria et elle s'étaient trouvé un langage commun, dans le langage des fleurs. Des roses, j'aurais compris, mais des œillets rouges… Pour les partisans d'un ordre nouveau. Quel culot ! Pour Vinciane, tout finit par des bouquets, même la politique... Fais-moi préparer un bain. Et ne fais pas cette tête... Pourquoi les bains seraient-ils l'apanage des grandes horizontales ? Après avoir touché ce bouquet, je me sens l'esprit souillé. Prévois une quantité de bassines d'eau chaude, car je vais y rester un moment.

– Je vous apporterai votre eau de Cologne pour vous frictionner en sortant, répondit Marthe.

– Celle de Pierre-François Guerlain suffira sans doute à chasser les miasmes de leurs combines. Maria se fournissait chez lui. Il avait ouvert une boutique dans les salons de l'hôtel Meurice. Je ne sais pas ce qu'elle allait y faire ! Des œillets, et puis quoi encore! Vinciane s'est-elle jointe au chœur des femmes révoltées qui refusent d'être des bêtes de somme ? La révolution industrielle et capitaliste? La Vinciane n'aurait jamais sali ses blanches mains au contact de la glaise.

– Voudriez-vous boire quelque chose de chaud après ?

– Oui, bonne idée, du punch...

Un souvenir fuse. Maria avait organisé une soirée « punch » pour divertir son amie écrivain André Léo et Victorine Brocher, sa protégée. Comme elle était riche et généreuse, elle voulait faire plaisir à ses amies moins favorisées.

Victorine, une ouvrière piqueuse de bottines venue d'Orléans pour gagner sa vie à Paris, au printemps 1871. Une ancienne Communarde qui leur avait lu un extrait de son *Journal,* qu'André Léo souhaitait faire publier.

Marthe avait servi la boisson, préalablement flambée dans un grand bol, dans des coupes en cristal de Bohême. Elle évoqua les confidences de Victorine : « Dans cette première année, *j'ai fait bien des expériences, j'ai coudoyé bien des misères. J'ai vu des pauvres femmes travaillant douze et quatorze heures par jour pour un salaire dérisoire, ayant vieux parents et enfants qu'elles étaient obligées de délaisser, s'enfermer de longues heures dans des ateliers malsains où ni l'air ni la lumière, ni le soleil pénètrent jamais, car ils sont éclairés au gaz ; dans des fabriques où elles sont entassées par troupeaux, pour gagner la modique somme de 2 francs par jour.* »

Les flammes bleues du punch évoquaient, elles, les tourments de la géhenne.

Punch, c'est-à-dire, soirée mouvementée.

Le récit de Victorine avait presque tiré des larmes à Maria Deraismes. Des larmes de mélancolie, autant que de rage. Des flammèches faisaient danser des lueurs de révolte sur leurs épaules nues.

– Pour les gourgandines, la vie est plus facile. On gagne plus à vendre son corps qu'à recoudre des bottines, avait soupiré Victorine.

Maria ne pouvait accepter pareille alternative. Un être humain ne pouvait être rabaissé au rang de marchandise. Elle n'était pas comme Vinciane. Le salut des filles d'Ève devait venir d'ailleurs, d'un changement des règles. Pourquoi l'homme, serait-il coureur de jupons ? Et sa compagne, l'éternelle séquestrée ?

Cette situation découlait de l'hypocrisie collective, encouragée par l'Église, et le pouvoir en place. Et aussi de nombreux intellectuels, de droite comme de gauche, tels Pierre-Joseph Proudhon : « *la femme est inférieure à l'homme par la conscience autant que par la puissance intellectuelle et la force musculaire.* »

L'image de la prostituée la hantait car elle surgissait de partout : de la jeune fille qui apportait le lait dans la maison bourgeoise, et que le maître de maison lutinait, à la tapineuse sur la Place de la République, en passant par l'ouvrière qui arrondissait ses fins de mois au fond de l'atelier, avant de se faire elle-même arrondir et de finir en fille perdue...

Pour une demi-mondaine qui se pavanait dans son fiacre, combien de grisettes avaient-elles écorché leur âme sur le trottoir ? Les chemins pour s'en sortir étaient accidentés. Un seul paraissait valable à Maria : l'instruction. Seule l'instruction pouvait sauver les femmes des classes pauvres et leur offrir d'autres perspectives que la prison, la tuberculose, les sels d'or ou la fosse commune.

Elle n'en démordait pas. Il était intolérable qu'il y eût deux poids, deux mesures.

29

1872

Contre Alexandre Dumas fils

Maria fut replongée dans l'actualité et son agitation par une autre affaire, Un matin où comme d'habitude, Marthe lui avait apporté les journaux, dans le petit salon du rez-de-chaussée. C'était là qu'elle prenait un petit déjeuner frugal, vers 9 heures : bol de chicorée Leroux, moins agressive que le café pour son estomac, et deux tartines de pain blanc.

Un crime passionnel faisait la une de la presse.

Anne dormait encore, quand Dotremont l'avait rejointe en-bas. Après les épisodes sanglants de la Commune, il appréciait ses moments de sérénité où ils pouvaient s'en donner à cœur joie sur les travers de l'époque. Une époque rude pour les « gens du peuple ». Complaisante pour les nantis. Il avait déjà dépouillé la presse.

— Crois-tu toujours au Progrès, Maria ? Lis ! Un homme du monde, Monsieur Dubourg a tiré sur son épouse, une personne « fantasque ». Il l'aime. Elle le trompe. Il n'a pas supporté. Il est condamné à cinq ans de prison. Une bagatelle. Car pour un meurtre, la sentence habituelle, c'est la mort. Mais le juge a vu dans son geste un acte désespéré. Une femme aurait commis pareil crime, qu'elle n'aurait pas eu droit à une telle mansuétude.

— Oui, Claude. Je crois toujours au Progrès, mais pas au Progrès sans idéal...

— Éliphas a raison d'affirmer que chacun doit faire l'expérience de ses illusions. Tu te crois actrice dans ce drame de la République et des Lumières. Mais n'es-tu pas le jouet, toi aussi, de tes espérances ?

— Un homme peut-il presque impunément laver son honneur dans le sang ? Dans le journal, *Le Soir*, le 6 juillet 1872, le diplomate Henry d'Ideville s'étonne de cette pulsion bestiale. Alexandre Dumas fils lui répond. Il est en train d'écrire une pièce sur la défaite de Sedan et la duplicité féminine, *La Femme de Claude*. Une pièce où Césarine, l'héroïne, éternelle Messaline évidemment trahit son mari.

— Tu sais parfaitement que Dumas fils est un bâtard. Pour lui, c'est une honte dont il ne s'est jamais remis. Il en a conçu une méfiance viscérale à l'égard du beau sexe. L'affaire Dubourg lui offre l'occasion de lâcher ses invectives contre les tentatrices.

– Je ne vais pas laisser passer...

– Tu perds ton temps, Maria. Tu entres dans sa provocation.

– *L'Homme-fils* ? Une provocation ? Son pamphlet est un tas d'immondices... Cet homme est pire que Barbey d'Aurevilly !

– Je signe et persiste. Tu perds ton temps à donner de l'importance à ce plumitif.

– Je veux lui faire rentrer dans la gorge des phrases comme celles-ci :

« Les femmes ne se rendent jamais au raisonnement, pas même à la *preuve ; elles ne se rendent qu'au sentiment ou à la force. Amoureuses ou battues, Juliette ou Martine ! Le reste leur est parfaitement indifférent. Je n'écris donc ici que pour l'instruction des hommes.* »La loi du talion lui paraît juste.

– La loi du talion se trouve dans l'Ancien Testament, Maria...

– Oui, le cuistre veut étaler sa culture. Depuis la Bible, la Genèse, Ève est ontologiquement inférieure à Adam. Créé en premier, Adam a reçu davantage de particules divines... La femme doit donc soumission à l'homme.

– Mon amie, les esprits ne s'ouvriront que peu à peu. Si je peux glisser un conseil, ménage tes forces. Ta colère est légitime, mais ménage tes centres vitaux.

– À l'attaque, on ne peut répondre que par l'attaque, Claude.

Et ils s'étaient quittés presque fâchés. La tendresse délicate de Claude était pour elle une nouveauté. Mais il lui semblait qu'elle s'accompagnait de plus en plus de reproches, celui de vouloir mener une vie trop ancrée dans la réalité politique, par conséquent banale.

Depuis de nombreuses années, Maria cherchait à dénoncer les vices d'une société patriarcale, fondée par les religions, la chrétienne, d'abord. Cette société croyait s'affermir par le mépris de la femme. Aussi consacra-t-elle beaucoup de temps à la contre-offensive. La réponse de Maria fut publiée en 1872.

Était-ce l'influence de Claude ?

La féministe osait aborder la question de la sexualité, sans pruderie : « *Il est fréquent qu'une femme célibataire ou veuve vive dans la plus parfaite continence. C'est de propos délibéré qu'elle a choisi cette position correspondant sans doute à ses idées, à ses goûts ; d'ailleurs, rien ne l'engage à ne point changer d'avis par la suite.*

Tandis qu'une femme qui s'est mariée, prouve clairement qu'elle n'a voulu rester ni dans le célibat, ni dans le veuvage. Or, si le mari, par son inconstance, lui impose, contre son gré, cette situation, elle a de si forts griefs à faire valoir qu'elle a volontiers droit à l'acquittement en cas de délit. »

Elle ridiculisait son adversaire : « *...en auteur dramatique qu'il est, M. Dumas se suppose en fils qui sait. Il le fait monter sur la montagne à l'instar de Belzébuth et lui dit d'une voix de cuivre : «Cette femme qui n'est point dans la conception divine, cette femme purement animale (...) c'est la femelle de Caïn, TUE-LA.*

Permettez qu'à mon tour, Monsieur, je me suppose une fille. Et moi aussi je me rends avec elle sur la montagne, qui est votre lieu de prédilection, et d'un accent solennel et convaincu, je lui tiens ce langage : « Mon enfant, tu es la femme harmonique, tâche de trouver l'homme qui sait ; à vrai dire, qu'il sache ou qu'il ne sache pas, c'est absolument la même chose ; n'oublie pas, toi qui es jeune, belle, instruite, toi qui as du talent et des vertus, que si ce monsieur, qui s'approprie tout cela et en plus ta dot (...) s'il te ruine, s'il arrive même à corrompre la pureté de ton sang, n'oublie pas que cet homme souille le plan primordial, la conception divine, qu'il est indigne de figurer au triangle ; c'est le singe dont parle Darwin, c'est Caïn en personne ; TUE-LE, n'hésite pas. »

Alexandre Dumas fils prit ou feignit de prendre cette riposte pourtant rude, avec désinvolture.

Depuis longtemps, singe ou pas singe, il connaissait la musique. Le scandale servait à sa renommée. Le succès de ses pièces surpassait celui de son père. Comme il était célèbre et qu'il incarnait l'esprit de ce siècle violent derrière les dentelles, il était adulé par les coteries parisiennes. On l'invitait partout. La dispute avec Maria Deraismes ne ternit pas son image ; elle ne fit peut-être que la renforcer.

Ce n'était un mystère pour personne, Dumas fils méprisait les femmes qu'il mettait dans le même panier[18].

La querelle prit fin dans un salon où l'écrivain se moqua devant un ami de cette « courge malade ».

— Toutes les raisons que peut donner Mlle Maria
  Deraismes m'importent peu ; dites-lui que j'ai gagné

---

18   C'est avec sa pièce *Le Demi-Monde,* qu'Alexandre Dumas fils définit en 1855 les lionnes de Paris, qu'il compare à un étal de pêches : « Certaines sont plus grosses *que les autres, mais plus serrées les unes aux autres. Apparemment les mêmes et pourtant les moins serrées sont moins chères. Le commerçant prendra alors une pêche au hasard, (...) il la retournera et vous montrera un tout petit point noir qui sera la cause de son prix inférieur.* » Objet de consommation ostentatoire, la courtisane est une véritable marchandise, et n'hésite pas à exacerber ce rôle.

cette année 80.000 francs[19] de droits d'auteur
et, quant à ses théories, je m'en fous...
Argument sans retour. Pour l'heure.

---

19   Une somme énorme en effet, l'équivalent de 500.000 euros
aujourd'hui.

30

1872-1873

LA FRANCE EST UN NOM FÉMININ

Cette polémique avec Dumas fils lui permit de retisser les liens d'affection avec ses amies féministes. André Léo se réjouissait de retrouver le ton caustique de Mademoiselle Deraismes. Mais l'attachement entre Dotremont et Maria en fut altéré. Maria n'écoutait plus les conseils de son conseiller. Dotremont n'avait pas été à la hauteur de ses attentes, en faisant l'éloge de la séduction, au mépris de l'intelligence. Elle n'était pas jalouse de Vinciane. Attirée par les femmes, elle était irritée contre Dotremont : elle lui en voulait de l'avoir troublée par son charme adolescent, chevalier d'Éon à la petite semaine. De son côté, la Commune avait affecté le jeune dandy, beaucoup plus qu'il ne l'aurait cru lui-même, en raison du nombre de morts et de malheureux sans abri. Et il découchait, croisant des êtres hâves et hagards, ventre et regard vides, déguenillés ou en guenilles, tous victimes du séisme qui avait détruit leurs groupes sociaux, leurs foyers, leur travail, leur représentation du monde.

Conséquence inattendue des désordres politiques, sociaux et forcément psychologiques, il n'y avait plus de chanteurs dans les cours. Plus d' orgues de Barbarie. Des estropiés traînaient dans les rues, avec des moignons à peine cicatrisés. Maria ne pouvait pas mesurer la violence de ces événements, puisqu'elle n'y avait pas assisté. Pour repousser les troupes du général Douay, les Communards avaient dressé des barricades. Pot de terre contre pot de fer. Par bravade, les Communards avaient incendié des monuments : le ministère des Finances, l'Hôtel de Ville, le Palais de justice, et les Tuileries. Ils avaient aussi abattu la colonne Vendôme. Mais la provocation n'avait servi à rien. Ils étaient les plus faibles. Donc ils avaient tort.

Non, Maria n'avait pas vu les places se couvrir de cadavres. Elle n'avait pas entendu le gémissement des blessés. Elle n'avait pas traversé des mares jonchées de boyaux ; n'avait pas senti l'odeur fétide de la décomposition. Elle n'avait pas touché de rongeurs à mains nues, risquant le typhus. Elle ne s'était pas commis avec des individus louches afin de passer entre les mailles de tous les filets.

Tant d'ombres avaient traversé son champ de vision que la vue d'un simple rémouleur aiguisant ses couteaux, donnait la migraine à Dotremont.

Pendant l'absence de Maria, le jeune homme avait côtoyé toutes sortes de gens, et laissé de côté ses obsessions métaphysiques, pour se préoccuper du présent. Durant quelques nuits, il avait été hébergé par un fumiste[20] qui lui avait appris à bâtir un feu. On commençait toujours avec trois bûches et du petit bois dessous.

Des ouvriers, des artisans, des commis et des employés avaient ouvert leur cœur à ce Belge qui leur payait des absinthes ou du gros rouge, sans piper mot. Une minorité de Français crachait son mépris dans les estaminets, et son venin contre cette République dégoulinante de sang. La haine s'était installée. Qui paierait la facture ?

Maria ignorait tout des affres de Dotremont, comme elle ignorait tout des véritables anarchistes, pas les poseurs qui se gargarisaient de mots, mais ceux qui voulaient détruire le système, en utilisant toutes les armes à leur portée. Dans son monde, on obéissait aux lois en vigueur. Comme elle avait appris à le faire, elle prit à tâche d'étouffer sa mélancolie amoureuse. Rien ne serait plus comme avant. Dotremont finirait par l'oublier, même si elle savait qu'elle ne l'effacerait pas de sa mémoire.

Le spectacle de l'injustice la tourmentait plus que les réminiscences de l'amour. Aussi réunit-elle rapidement chez elle des intellectuelles de différents milieux afin de réfléchir à la meilleure façon de reprendre le combat pour l'égalité des droits des femmes. Un cénacle se forma sous son toit : Julie Daubié, la première femme à obtenir le droit de se présenter au baccalauréat en 1861; Elisa

---

20   Un marchand de bois.

Pognon, de la bourgeoisie aisée, et nièce du géographe renommé Élisée Reclus ; Pauline Kergomard, future Inspectrice des écoles maternelles ; Clémence Royer, scientifique et traductrice de Darwin. Et la journaliste militante Louise Koppe, introduite dans le milieu politique par Victor Hugo.

Même Juliette Adam, étrangère aux débats, donc isolée, fit taire sa rancune et proposa ses services aux sœurs Deraismes.

Elle se souvenait des discussions politiques et sociales avec Dotremont. Pour faire avancer leur cause, les femmes devaient être admises dans les partis politiques ; dans les organisations professionnelles, et les ordres philosophiques, incluant la franc-maçonnerie.

Concrètement, les deux sœurs agirent avec leurs moyens au sein de leur propre sphère d'influence. Dans un grand élan de générosité sociale, elles firent cadeau d'un an de loyers à leurs locataires de la rue Saint-Denis. Dotremont continuait à payer le sien, même s'il faisait désormais de fréquents allers et retours en Belgique. Un apport financier précieux.

En partie grâce à sa générosité, Maria fonda, en 1872, la *Société pour l'amélioration du sort de la femme*. Si, cette année-là, l'Assemblée avait voté à l'unanimité tous les sacrifices exigés pour la reconstitution des forces militaires, l'année suivante, l'accord avec Thiers ne tarda pas à se rompre. La plupart des députés voulaient le rétablissement de la monarchie, les uns de la royauté, les autres de l'Empire. Avec l'approbation de la gauche, Adolphe Thiers achemina peu à peu le pays vers l'établissement définitif de la République.

Maria prit parti pour la Gauche : l'avènement de la République était sa priorité. La clef de voûte de l'édifice moral qu'elle s'échinait à construire, pierre à pierre.

Cette création d'une nouvelle association féministe entraîna un changement d'humeur chez Dotremont. Il croyait en elle. Un soir, il vint retoquer à la porte de sa chambre. Sa porte n'était pas fermée. Il l'ouvrit doucement. Il la trouva assise, en robe de chambre, devant son secrétaire, en train d'écrire, à la lumière de deux candélabres d'argent. Elle tressaillit mais ne bougea pas, même quand il posa une main sur son épaule. Elle savait que c'était lui, à cette heure avancée de la nuit où tout était silencieux. L'une des pantoufles de Maria tomba. Il la ramassa. Elle tenait dans le creux de sa main.

La voix grave de Claude résonna étrangement dans ce lieu.

— Encore un nouvel essai ? demanda -t-il, comme s'il l'avait quittée la veille.

— Le travail ne s'arrête jamais... répondit-elle en souriant.

— As-tu trouvé un titre ? poursuivit-il d'un ton qui se voulait badin.

— Oui, *France et Progrès*, monsieur Pierre philosophale.

— Ah ! Je vois que tu as toujours de l'esprit ! Le Progrès, je te retrouve.

— Que veux-tu ? Je suis têtue... J'aime mon pays. Je

souhaite que la France renaisse de ses cendres, après le désastre de 1870, malgré les oiseaux de mauvais augure, tous ces cléricaux qui cherchent à culpabiliser leurs adversaires, invoquant nos malheurs comme la juste exécution d'un arrêt divin.

– Quelle joie de t'entendre ! Je retrouve le ton de tes discours, de tes déclamations enflammées !

– Je ne supporte pas les pleutres. La France est capable d'avoir des idées qui lui sont propres… et pas seulement de se nourrir de celles des autres.

– En tout cas, sache que je t'aiderai à enrichir les tiennes…car je sais que tu ne crois pas à la Science ou au Progrès sans spiritualité.

– En aurais-tu douté, Claude? Ton Éliphas t'a mis la tête à l'envers et tous ces légitimistes et cléricaux qui crient au scandale, sous prétexte qu'on veut tuer la religion.

– Il y a du vrai là-dedans, admit-il.

Maria prit les feuillets qu'elle avait écrits et en lut un passage :

« Aujourd'hui certains se déclarent libres penseurs ou radicaux, c'est-à- dire athées, mais cela ne signifie pas que les athées l'emportent. Non le spiritualisme n'est pas menacé, il est simplement en voie de transformation… D'ailleurs, le sens intérieur, la raison protestent contre les doctrines matérialistes pour deux motifs : l'un, c'est qu'il est irrationnel de supposer qu'un agrégat de molécules inconscientes soit capable de produire une conscience humaine, l'autre, c'est que chez tous les êtres, les instincts sont conformes aux destinées… De plus,

la croyance en Dieu et à l'immortalité de l'âme peut seule satisfaire notre concept de justice absolue. En résumé, les religions se forment, se modifient, se transforment, suivant le degré de culture, de science et de lumière d'une époque.»

— Je te rejoins sur ce point.

— Lequel ? répliqua-t-elle, ironique.

— Le christianisme appartient à une époque révolue. Et la magie est toute entière dans le magicien, ajouta-t-il, avec une voix presque solennelle, qui la frappa par sa conviction mais en même temps, éveilla des vibrations sceptiques : n'en faisait-il pas trop ? Et ce ton dogmatique...

Elle leva les yeux vers lui. Après cet échange, qui avait ranimé le plaisir de la discussion, Claude se rapprocha d'elle et lui caressa les cheveux, démordus du peigne, filetés d'argent. Ce simple geste les réconcilia plus efficacement qu'un long discours. Elle s'abandonna. Il l'enserra. Et elle bascula dans un songe où elle ne sentait plus la présence de l'homme-faucon, mais l'odeur citronnée du jeune homme. Ils se glissèrent sous la couverture. Pour lui prouver qu'elle n'était plus fâchée, elle déposa un baiser sur sa bouche. Elle se blottit contre lui. C'était si bon de sentir sa peau contre la sienne. Elle se refusa à se montrer entièrement nue et garda une chemise en fine batiste sur elle. Il n'insista pas et l'embrassa sur la nuque, derrière les oreilles, au creux des bras. Et il finit par lui faire l'amour. Halètements de désir et non plus d'angoisse. Elle s'endormit détendue, comme si elle flottait sur un nuage d'opium. Une nuit riche en émotions.

À son réveil, la chambre était baignée d'une clarté qui lui parut surréelle. Les draps froissés étaient humides, de leurs sueurs mélangées. Ses doigts les palpèrent pour se prouver qu'elle n'avait pas rêvé leurs retrouvailles, une série de tableaux d'extase voluptueuse.

À ce souvenir, une chaleur irradia son ventre. Et pour la première fois de sa vie, elle se réjouit de la vie du corps.

31

UNE ORATRICE PATRIOTE

Pour ne pas éveiller les soupçons d'Anne sur leur liaison, Dotremont s'ingéniait à provoquer de fausses querelles, de temps à autre, dans le petit salon où il aimait siroter une liqueur ou rêvasser. Maria préférait ce manège au silence. Elle estimait les gens cohérents, à défaut d'être rationnels comme elle. Dotremont s'amusait à la tutoyer dès qu'Anne avait tourné les talons...

— Veux- tu jouer aux cartes avec moi, après le dîner ?

— Que sais-je du bézigue, du piquet-voleur... ou même du loto ?

— C'est impossible de te divertir, Maria, tu épluches les cartes comme ta cuisinière, ses légumes !

— Et toi, Claude, tu recherches la perfection du morbide, comme ce Zola !

— Les gens évolués souffrent tous d'un vice de

l'intelligence.

— La Troisième République, née en 1875, est fragilisée par ses pantins, répondit Maria du tac au tac.

— Parfois, si tu savais comme j'envie ton côté terre-à-terre...

— Mon idéal n'est pas métaphysique, mais républicain. Je m'inquiète, Claude. Depuis que Mac Mahon, ce maréchal de malheur a succédé à Thiers, les royalistes s'agitent. Ces fous furieux veulent rappeler le Comte de Chambord pour restaurer la monarchie.

— Une monarchie constitutionnelle qui accepterait l'héritage de 1789. Comme tu y vas, ma chère !

— Un compromis dont trop d'artistes s'accommodent.

— Si tu fais allusion à Victorien Sardou, il a toujours été un petit profiteur, commenta Dotremont.

— Une plaisante canaille, oui. Cet homme de théâtre joue sur deux tableaux. Ce Provençal braillard ne défend pas la République, mais déploie une sympathie douteuse pour la noblesse. C'est un écrivaillon encore moins doué qu'Alexandre Dumas fils. Il ne peut même pas se targuer d'avoir biberonné l'encre d'un géniteur génial .

— Je vous accorde qu'il n'ait pas de talent. Il n'aurait jamais percé à Paris sans l'aide des femmes. Couvert de dettes, malade, il a été sauvé de la misère par sa voisine, une demoiselle de Brécourt. Cette âme sensible l'a présenté à une amie, une comédienne vieillissante, Virginie Déjazet. Il lui a joué la grande scène du deux... et elle lui a offert un théâtre, boulevard du Temple.

— La comédie, tu sais ce que j'en pense aujourd'hui... Mais dans *Rabagas*, il se moque de l'esprit révolutionnaire et de ceux qui en vivent. Je ne peux pas laisser passer cela...

– Je sais. Quand Maria a décidé quelque chose, elle le fait, et rien ni personne ne peut l'en empêcher, poursuit Dotremont, un rien taquin.

– Jeune homme, vous me connaissez par cœur!

Elle donna donc une conférence, salle des Capucines, le 21 janvier 1875 pour fustiger Sardou et son théâtre, surtout cette pièce *Rabagas* qui traînait la France dans la boue. Elle fut contente de retrouver son auditoire de bourgeois éclairés. Elle n'avait plus besoin de ses notes : les mots coulaient de source.

Afin d'expliquer que le théâtre était le genre littéraire le plus en phase avec la société, elle dressa le tableau du théâtre contemporain : « *Le théâtre est un département de la littérature ; et la littérature, nul ne le conteste subit toujours l'influence de l'état social où elle émerge... Et de tous les modes littéraires, le théâtre est celui qui en reçoit le plus directement l'empreinte.*»

Pourquoi donc aujourd'hui refaire en plus mauvais ce qui avait déjà été fait ? Maria constatait que seul Victor Hugo avait renouvelé le genre, avec le drame romantique. Victorien Sardou n'avait rien à transmettre et cachait son manque d'originalité derrière un bric-à-brac historique. Parvenu vaniteux, il méprisait le peuple et fourrait dans le même sac les doctrinaires, les brigands, les orphelins de la vie et les défenseurs sincères de la République.

Il suffisait de prêter attention à ses répliques : « *L'émeute, c'est quand le populaire est battu : tous des vauriens!... La révolution c'est quand il est le plus fort : tous des héros.*»

Pour lui, l'Histoire était faite par les vainqueurs, quitte à la maquiller.

Maria ne lui pardonnait pas sa version caricaturale de la Commune,s encore moins ce qu'elle tenait par un manque de patriotisme. La France n'avait pas produit que des Robespierre, des tyrans ou des intrigants tels que Napoléon III. La France avait une culture, grâce à sa langue. Comment pouvait-il rayer de l'Histoire, d'un trait de plume, « toute une *succession de savants, de penseurs, d'écrivains ? Tous ces citoyens d'élite qui avaient fait la chaîne de siècle en siècle pour nous la transmettre dans tout son* éclat *et dans toute sa beauté !* »

La femme de lettres mesurait l'influence du théâtre, à une époque où les journaux étaient les seuls véhicules de l'information et de l'opinion. Et elle allait bientôt jauger sa propre influence sur les élites politiques. En effet, elle fut invitée à se rendre à la Préfecture de police.

Elle n'en dit mot à sa sœur. Mais Dotremont, dans l'intimité, qui lisait son visage comme dans un livre ouvert, lui demanda pourquoi elle semblait soucieuse.

– Je suis sur leur liste, confia-t-elle, d'une petite voix.

– Cela fait longtemps, Maria. Le choix est bon, je trouve, répliqua-t-il.

– Du moment que ma tête ne sert pas de marchepied à un gratte-papier !

– Ces fonctionnaires sont comme la paille dans le vent. Tu auras droit tout au plus à un sermon de la part d'un termite effrayé de se trouver devant une libellule...Il fera son travail mais trouvera d'autres noms à signaler. Des noms trop peu marquants pour être regrettés.

– J'ai l'impression d'assister à une scène de la Terreur

où quelque scélérat venait soumettre sa liste de coupables au Dictateur !

— Le peuple a été rassasié de meurtres. Néanmoins, les espions continuent de circuler, quels que soient les régimes.

— Et d'amasser ragots et rumeurs...

— Tu es protégée, Maria.

Il l'étreignit de ses bras protecteurs.

Le lendemain, le chef de bureau chargé de la recevoir ne la fit pas longtemps attendre. Ce personnage au visage flétri, aux lèvres minces, l'accueillit avec la politesse mécanique d'un parfait serviteur de la nation. Elle considéra le morne sire débiter ses formules de politesse, puis le silence tomba.

Alors elle s'enhardit et demanda d'emblée :

— Me reproche-t-on mon dégoût du théâtre actuel ? Les plaintes de monsieur Victorien Sardou seraient-elles parvenues au ministère de l'Intérieur ?

— Madame, le ministère de l'Intérieur se soucie peu de la façon dont vous avez traité Monsieur Sardou, rétorqua l'autre, sèchement.

— Alors pourquoi me faire venir? dit-elle en réprimant un sourire de dédain.

— Pour vous avertir. Le ministère craint qu'à l'occasion vous ne vous empariez d'un personnage politique et ne le disséquiez comme vous avez disséqué le vaudevilliste...

– Quel honneur vous me faites!

– C'est bien, Madame. Je crois que nous nous sommes compris. La liberté a ses limites.

– Liberté, fraternité, égalité...murmura Maria.

– Ou la mort. On oublie souvent de compléter la devise républicaine, reprit le fonctionnaire en dardant sur elle un regard soudain reptilien sous les broussailles de ses sourcils blanchissants.

Maria se força à garder une expression impénétrable.

L'écriture était vraiment une arme. Elle venait d'en obtenir la confirmation.

32

1876

Les Mathurins, citadelle des radicaux

Les progrès des républicains alarmèrent les conservateurs : ils supprimèrent le droit de réunion. La politique de l'Ordre moral, souhaitée par le président, le Maréchal Patrice de Mac-Mahon, dès 1873, et appliquée par le duc Albert de Broglie, au nom de la « paix intérieure » devint ainsi liberticide. Le ministre de l'Intérieur, M. Fourtou, au patronyme prédestiné, une tique sur le dos de ses subordonnés, s'employa à maintenir la pression : fermeture des débits de boisson ; recours au service d'une multitude de mouchards ; poursuites des journaux républicains.

Heureusement, aux élections de 1876, les républicains obtinrent la majorité à la Chambre. Cette victoire réjouit le franc-maçon Léon Richer qui n'en menait pas large.

Après le bouclage de *L'Avenir des femmes*, il vint se confier à Maria Deraismes qui le reçut chez elle sans façons dans son petit salon.

– Le Grand Orient considère ce succès comme une victoire de la franc- maçonnerie, déclara-t-il.

– Je m'en inquiète. L'Église va dénoncer une collusion entre politique et franc-maçonnerie, commenta Maria.

– À juste titre ! Depuis un an, tous les dirigeants à tendance radicale sont Frères, expliqua Léon.

– Les poursuites contre notre revue viennent à peine d'être suspendues... je crains que des mouchards ne surveillent vos agissements au Grand Orient, prévint Maria.

– Oui, les Frères craignent d'être épiés. Ils parlent moins aux agapes et en salle humide[21].

– Conseillez aux Frères de vous retrouver ailleurs, en comités plus restreint !

– Mais notre Temple n'est-il protégé ?

– Ne soyez pas naïf ! Le pouvoir vous surveille.

– Oui, mais dans tous les lieux...

– Mon cher Léon, que diriez-vous de venir à Pontoise ? interrompit Maria.

– Ce serait généreux de votre part...

– J'ouvrirai donc les portes des Mathurins à nos amis députés et sénateurs républicains...

---

21   Le nom donné au lieu de restauration par les francs-maçons.

– Je vais annoncer la bonne nouvelle à mes Frères. Ils
   sauront s'en souvenir...

– Les hommes ne sont pas reconnaissants, Léon. Sachez
   que tout ce que je fais, c'est sans contrepartie...

Les Mathurins, tel était le nom d'une vaste propriété à
Pontoise, une jolie petite ville sur le plateau du Vexin.
Vestige d'un ancien couvent, rue de l'Hermitage les
Mathurins ressemblaient à l'un de ces châteaux forts
dessinés par Victor Hugo d'une plume enflammée :
une bâtisse dominée par une tourelle gothique et
entourée d'un jardin fleuri, avec une pelouse et des
arbres bien taillés. Anne l'avait achetée en 1850, après
son veuvage, afin de respirer un air plus sain. Pontoise
était plus agréable à vivre que Paris. Les rues y étaient
plus propres, les façades plus claires, et les gens plus
aimables.

Du moins, c'était l'avis des demoiselles Deraismes car
Dotremont détestait la campagne. Pour rien au monde,
il n'aurait mis les pieds à Pontoise.

« Le vert me rend neurasthénique » dit-il à Maria.
Elle n'insista pas. Dotremont était un citadin. Une
atmosphère bucolique aurait été trop calme à son goût.
Tel qu'elle le connaissait, il aurait préféré la compagnie
d'animaux empaillés à une tribu de matous sauvages.

Les deux sœurs s'y rendaient l'été, sans lui, pour y
retrouver la sérénité du corps et de l'esprit. En 1864,
l'ouverture d'une gare favorisa leurs déplacements,
mais aussi d'artistes en quête de paysages. À l'été 1873

elles firent la connaissance de leur plus proche voisin :
Camille Pissaro.

Son chat s'était échappé de sa maison. Sautant par dessus
un mur mitoyen, il avait baguenaudé dans la vigne vierge
de ce mur avant de grimper sur un pommier, mais là-
haut, l'animal ne sut plus descendre.

Il miaula de détresse. Ses cris avaient alerté les deux
sœurs. Que faire ? Ce fut alors que le chef des domestiques
annonça à Maria qu'un homme en blouse voulait lui
parler.

— Faites-le entrer !

Elle se trouva devant un grand gaillard à la barbe de
prophète. Elle l'eût éconduit si elle n'avait croisé son
regard : un homme inquiet pour le sort de son animal.
Elle en avait été émue.

— Une échelle suffira au jardinier pour aller le cueillir.

— Merci, Madame. L'échelle suffira. Moïse ne supporte
que moi !

Maria se retint de pouffer : Moïse ! Le chat détenait-il les
Tables de la loi ?

Et en effet, après avoir flairé l'odeur de son maître, le
chaton s'était approché. Prestement, l'homme l'avait
empoigné. Il avait descendu les barreaux avec une
grimace : Moïse lui avait planté ses griffes dans l'épaule
droite.

— Eh bien, voilà Moïse sauvé des arbres ! À qui ai-je
l'honneur ?

– Pardon, Madame de ne pas m'être présenté plus tôt. Camille Pissaro, artiste peintre.

– Peintre ? Autrefois, j'ai voulu le devenir...

– Peut-être alors qu'une visite à mon atelier vous intéresserait Madame ?

– Mademoiselle Maria Deraismes... Je n'y manquerai pas.

La visite eut lieu peu après, à la fin de l'été 1873. Maria y découvrit avec étonnement l'exactitude scrupuleuse avec laquelle ce peintre, qualifié d' « impressionniste », dans un sens que l'on croyait péjoratif, représentait la nature. Il ne la peignait pas selon l'idée qu'il s'en faisait, mais d'après ce qu'il percevait sincèrement. Ce réalisme était si proche de ses idées qu'il ne pouvait que la séduire. Elle fut autorisée à le regarder à l'œuvre. Penché sur son chevalet, il essuyait son pinceau après chaque touche, de peur de gâcher le blanc ou le vermillon posé sur la toile. Et s'il n'était pas satisfait, il nettoyait, enlevait ce qu'il n'avait pas dans l'œil. Son canevas devait être immaculé. Elle avait évoqué ses barbouillages de jeunesse. Sa sincérité avait touché le peintre.

Pour la remercier de ses nombreuses invitations à dîner, Pissaro lui offrit une aquarelle des Mathurins, matrice d'une série d'huiles sur toile : « *Vue sur la maison des Mathurins* » en 1873 ; « *Le jardin des Mathurins* » en 1876 ; « *Un Coin du jardin des Mathurins* » en 1877. Une aquarelle perdue...

Ancien domaine d'un ordre monastique, les Mathurins tenaient donc de la forteresse et du sanctuaire. Maria envisageait de faire plus que d'offrir un lieu sûr à ses amis francs-maçons. Plus qu'un salon politique, elle mit à disposition un temple pour des hommes de gauche ; les imaginant drapés en toges sénatoriales, sous les lambris de son séjour, prêts à prononcer des arrêts implacables, avant qu'ils ne repartent pour leur tâche, dans l'arène, revigorés, tout entiers à leur mission : établir une République forte et radicale.

Les Frères n'étaient pas les seuls à s'y assembler, cultivateurs et artisans du canton y furent également conviés. Ils furent flattés de pénétrer dans ce château pour y écouter les discours des nouveaux tribuns de la plèbe.

Ces réunions rencontrèrent un succès au-delà de toute espérance. Maria parvint à contourner l'interdiction de réunion. Comme le souligna alors Jean Bernard, directeur du *Rappel*, journal républicain fondé quelques années plus tôt par Victor Hugo. Ses journalistes étaient tous engagés au service de la cause républicaine. Léon Richer y faisait continuellement référence dans *L'Avenir des femmes*. Ainsi, l'initiative de Maria à Pontoise fut saluée comme un pied de nez aux dirigeants de l'Ordre moral : « *M. de Broglie ne put interdire à une dame d'inviter ses amis à prendre une tasse de thé, prétexte pour des conférences familières où l'on pouvait entendre Hubbard, Lockroy, Deschanel*[22]*, Hamel, Naquet...* »

---

22   Paul Deschanel (1855-1922) sera élu président de la République, contre Clemenceau, en 1920, mais sera contraint de démissionner, pour raison de santé.

Pour Maria, ce fut l'occasion de revoir Ernest Hamel, entrevu autrefois chez Juliette Adam, et de féliciter Edouard Lockroy pour la justesse de ses articles dans *Le Rappel*. La communauté d'idées engendra la confiance, et la solidarité, une forme de courtoisie nouvelle et fort peu compassée. Il suffisait de se pencher à la croisée et chacun pouvait s'abîmer dans les miroitements des feuillages et les caresses des couleurs. Quand il y avait trop de monde, le salon débordait sur le jardin.

Les rencontres aux Mathurins et les conversations qu'elles engageaient révélèrent à Maria un aspect du monde qu'elle n'avait pas soupçonné jusqu'alors. Il l'incitait à la fois à la modestie et à la confiance.

Le vent des aspirations libertaires ne soufflait pas seulement en France, mais dans l'Occident tout entier, de la Russie à l'Espagne, et l'un de ses génies était Michel Bakounine, dont elle avait entendu deux ou trois fois le nom, à propos des frères Reclus. Elle n'y avait pas attaché d'importance, elle dut changer d'avis. Le souffle exhalé par ce Borée slave agitait les chevelures et les idées par-dessus les montagnes et les barrières linguistiques. Il prônait l'abolissement des hiérarchies autoritaires au nom d'un ordre nouveau : l'anarchie. Il demandait que les pouvoirs de l'État fussent réduits au minimum. Et il rejetait la politique des nationalités, qui ne faisait pour lui que renforcer les monarchies totalitaires.

Les quelques informations recueillies de Naquet[23]

---

23   Alfred Naquet, médecin et député, défenseur du divorce et de la séparation du pouvoir temporel et spirituel.

laissèrent Maria songeuse : la lutte pour l'égalité des droits des femmes n'était qu'un aspect des aspirations internationales pour un changement radical du monde. Car Bakounine avait des adeptes en Grande-Bretagne, en Allemagne, en Pologne, en Suisse, en Italie, en Espagne et en Russie bien sûr, en dépit des régimes monarchiques rigides qui tenaient la plupart de ces pays. Des noms lui furent cités, Herbert Spencer, Luigi Galleani, Carlo Cafiero, Pierre Kropotkine... Elle ne lisait pas leurs langues, elle ne pouvait donc pas prendre connaissance de leurs écrits, et elle ne voulait pas perdre pied de surcroît devant ce déluge d'informations.

— Mais c'étaient les idées de la Commune ? ... dit-elle, à l'un de ses interlocuteurs.

— Non, répondit-il. La plupart des anarchistes se défient de ses meneurs. Les communards se sont opposés au pouvoir central, c'est vrai, mais l'idéal républicain apparaît aux disciples de Bakounine comme celui d'un État jacobin, voué au centralisme autoritaire.

Ces éléments permirent à Maria de se situer de façon bien plus précise. Elle était une libertaire, certes, mais une libertaire modérée. Cette prise de conscience lui serait utile dans ses débats avec ses adversaires, voire ses ennemis.

Ces considérations ne changeraient rien à la réalité de la France : l'avenir du pays restait obscurci par les conservateurs et l'Église. Le clergé soutenait ouvertement la politique de l'ordre moral, au grand dam de la presse de gauche qui martelait le même message : la République était en danger...Un leitmotiv repris par Léon Gambetta : la lutte s'avérait fratricide entre les agents de Rome et les héritiers de 1789.

— Tous des kleptocrates, se moquait Dotremont.

Elle-même voulait défendre la candidature du républicain Antoine Sénard, en Seine-et-Oise, parce qu'il s'était fait connaître lors du procès intenté à Flaubert, l'auteur de *Madame Bovary* . Il avait été en effet l'avocat du romancier jugé scandaleux. Mais le plus grand scandale pour elle concernait les enfants martyrs.

Après l'exaltation des réunions dans sa propriété de campagne, l'homme-faucon était revenu la narguer, dans sa chambre retirée, à Paris. Une chose avait fait bouger les tentures et une forme s'était montrée, qui tenait une besace dans un bec immense. L'homme-faucon la scrutait et ses yeux sans couleur l'obligèrent à regarder ce qui gigotait à l'intérieur de son sac. Elle se mit à hurler quand, au fond de ce simulacre textile, elle vit des embryons qui se tordaient, agglutinés les uns contre les autres, afin de fendre la toile rugueuse, et happer le souffle de la vie humaine.

33

« Le début de l'homme »

Le sentiment que Maria avait eu d'appartenir à une société de bon ton, à une élite sociale, capable de sublimer les violences révolutionnaires était révolu, et aurait été suspect aux yeux de Dotremont.

– Les cercles dans l'enfer de Dante ne relèvent plus de la fiction littéraire, Maria.

Il lui racontait la vie du peuple qu'elle côtoyait sans la connaître. Il avait arpenté tous les quartiers de Paris. Du XVII ème arrondissement, il avait poussé vers Montmartre. Au pied de la Butte une faune grouillait sur le boulevard qu'on ne voyait pas dans les quartiers bourgeois : pas d'autres couvre-chefs que la casquette pour les hommes et le fichu pour les femmes. Ongles cernés de noir pour les hommes et yeux cernés aussi, mais de vilain mauve pour les femmes. Place Pigalle, l'une des gares des omnibus hippomobiles entretenait en permanence une petite foule, variable selon les heures. Le matin et le soir, c'était celle des travailleurs, le reste du temps, l'on voyait des chapeaux d'élégantes par-dessus les rambardes des impériales, sur le toit des véhicules.

Le Moulin Rouge n'était pas loin, et un peu plus haut, le Moulin de la Galette, lieu de rencontre des cousettes, des lingères, des serveurs de cafés...

La nuit, après les récits de Dotremont, sous l'effet du laudanum, des silhouettes apparaissaient. Des surnoms surgissaient, comme écrits à l'encre sympathique. L'élixir ressuscitait les spectres de femmes violées. Spectres de roulures jetées à la rue. De lorettes privées de pain. Épaves. Certaines finiraient dans le caniveau, rongées par la syphilis. La plupart pourriraient dans la fosse commune, sans que personne ne se souciât d'elles. Les enfants étaient exploités dans les usines et mouraient broyés par les machines où ils tombaient, par accident, exténués, cédant malgré eux au sommeil. Ainsi la France nourrissait-elle par an cinquante mille enfants trouvés.

— Excepté les religieuses, qui se soucie des enfants ?

— Et encore, renchérit Dotremont. Rappelle-toi cet ouvroir que tu as visité...

— *« Quelle ne fut pas ma surprise, lorsque je vis toutes les petites filles qui y sont occupées, atteintes d'ophtalmie ! Ayant demandé à une religieuse la cause de ce mal général, elle me répondit naïvement, sans avoir l'air de se douter de l'énormité de sa réponse que ces enfants exécutaient des*

> *travaux très fins, tels que piqûres, marquages, etc, et que*
> *fatalement cela provoquait l'inflammation des yeux...»*

Les enfants n'avaient pas demandé à naître. Les adultes étaient responsables d'eux. Heureusement, avec elle, Dotremont ne risquait rien : leurs rapports resteraient stériles. Elle se surprenait à des considérations subversives sur son âge. Quelle délivrance de n'être plus soumise à la nature, et à ses cycles lunaires ! Mais lui, un jour, souhaiterait peut-être s'inscrire dans une généalogie, prolonger une lignée. Ses enfants seraient de toute façon protégés, alors que d'autres étaient voués à la misère, à la compagnie sans merci du purin ou du charbon.

En France, la loi du 19 mai 1874, limitait le travail des mineurs. Elle fut peu ou pas appliquée. En 1856, leur sort avait déjà été dénoncé par Victor Hugo, dans *Les Contemplations*, dans le poème, au titre éloquent, *Melancholia* :

Où vont tous ces enfants dont pas un seul ne rit ? Ces doux
êtres *pensifs que la fièvre maigrit ?*

Ces filles de huit ans qu'on voit cheminer seules ?

Ils s'en vont travailler quinze heures sous des meules; Ils vont,
de l'aube au soir, faire éternellement

Dans la même prison le même mouvement...»

En 1876, Maria donna une conférence, salle Taitbout à Paris, dans le IXème arrondissement, sur *Les droits de l'enfant*.[24] Claude et Anne l'accompagnèrent, inquiets par sa pâleur et un mutisme de plusieurs jours qui la

---

24   Cette conférence fut organisée en faveur d'une école laïque du IXème arrondissement et publiée onze ans plus tard.

précéda. Même à Claude, Maria ne voulait pas parler de l'homme- faucon, de peur qu'il ne se matérialisât par le fait même de l'évoquer. La prise de laudanum avait affranchi son esprit, et il lui semblait avoir entrevu, la dernière fois, un monde inconnu qui lui faisait peur.

Le nom de « Taibout » fit fleurir sur ses lèvres un sourire. D'habitude elle aimait jouer avec les symboles, mais là, le destin lui faisait un clin d'œil.

–   La vie est ironique, Claude. Je dois apporter ma bonne parole dans la rue où les riches financiers logent leurs maîtresses en peignoirs de mousseline...

–   Je dirais plutôt imprévisible... comme l'hérédité.

–   Une question qui passionne les scientifiques.

–   Je ne connais pas d'esprits plus obtus que ces scientifiques-là.

–   Il ne suffit pas d'avoir des enfants. Il faut les éduquer.

À la tribune, Maria oublia l'homme-faucon et ses détracteurs pour devenir femme-Verbe.

«... à une minute de plaisir succèdent des années de dévouement. Façonner dans cet être embryonnaire une force, un cœur, une intelligence d'où jailliront peut-être des actes de vertu, d'héroïsme ou de génie, c'est là le chef-d'œuvre. Aussi l'enfant doit-il être bien plus reconnaissant du fait de l'éducation que celui de la naissance.»

Véhémente, elle critiqua le Code Napoléon qui avait donné tout pouvoir au père. La mère devait aussi veiller à l'éducation de ses enfants. Où résidait l'équité ? Pourquoi « (l)a mère devra(it) rester témoin passif des *faits et gestes du père ?* » Le veuvage n'y changeait rien. «Veuve, la *femme* était *libre, sauf si son mari par une disposition testamentaire, n'avait imposé à la mère un conseil de famille qui paralyserait toutes les actions de sa tutrice.*»

Soulevée par l'indignation, la voix de Maria s'emplit de résonances que Dotremont ne lui connaissait pas.

... « *Vous le voyez, Mesdames, dans toutes les phases de votre vie, la loi vous déclare incapables. Et en vérité, on peut dire que tout le temps vous ne faites que changer d'incapacité.*

Mineures, vous étiez incapables sous la puissance paternelle ; mariée, vous êtes incapables sous la puissance maritale ; et mères légitimes, vous êtes incapables de *nouveau...*»

Dans ce contexte en effet, où les mères ne pouvaient éduquer les enfants, ceux-ci étaient livrés au hasard. Dans les couches inférieures de la société, l'enfant était un « prêté » pour un « rendu » : il devait rapporter de l'argent à ses parents qui le plaçaient chez un patron. Dans les bonnes familles, son sort était plus enviable. Les fils de bourgeois ou d'aristocrates étaient des inutiles, car comptant sur leur héritage, ils se considéraient dispensés de tout effort personnel.

Une loterie sociale dont on pouvait changer les règles.

L'exploitation de l'enfant avait trois causes : l'arbitraire paternel, la misère, la rapacité industrielle. Il fallait donc réviser le Code qui détruisait la vie des femmes et des enfants. Et limiter l'influence des industriels à la Chambre dont le poids se faisait sentir de plus en plus. Maria redoutait l'expression que ces industriels avaient employée pour justifier l'emploi des enfants, « *les nécessités industrielles* ».

... « *Il y a eu des nécessités religieuses et l'on égorgeait un innocent pour expier le crime d'un coupable. On allumait des bûchers pour obtenir l'unité de la foi. Il y a eu aussi les nécessités politiques et dynastiques avec leur coup d'État, c'est-à-dire les massacres, les fusillades, les déportations, l'exil.*

Il y a eu aussi les nécessités physiologiques, avec l'abominable enrôlement de la prostitution ; enfin, au faîte et comme couronnement, on place les nécessités industrielles.»

De tels accents de sincérité soulevèrent la salle. Et Anne. Et Dotremont. Chacun pour ses raisons.

Anne fut éblouie par l'éloquence de sa cadette, dont la voix vibrait d'émotion. Dotremont, plus prosaïque, devina que Maria, oratrice, voulait damer le pion à Juliette Adam. Le Paris mondain, en effet, s'en esbaudissait : Monsieur Adam était à l'agonie. Juliette s'échinait à le remplacer. Elle avait trouvé son Roméo de gauche : Léon Gambetta. Elle voulait se remarier avec lui, et souffler à Maria tous les grands hommes républicains pour son salon.

34

1878

HUBERTINE AUCLERT, LA SUFFRAGETTE

Les mois passèrent dans l'action. L'homme-faucon semblait avoir pitié de Maria et ne se manifesta plus cette année-là. Il la laissait se débattre avec les rêves de grandeur et de jouissance de la capitale. Elle se réveillait pleine d'énergie, sans douleur dans les vertèbres ou l'estomac, ni même un mal de gorge.

1878 était une année exceptionnelle pour elle, pour les Parisiens, et pour les scandaleuses qui voulaient faire leurs griffes sur toutes sortes de mâles, car c'était l'année de l'exposition universelle. La troisième à Paris, déjà. Elle occupait le Champ de Mars pendant six mois, de mai à octobre. L'heure était à la conquête des continents et à l'affirmation des libertés, du moins pour les Occidentaux.

Le sculpteur alsacien et franc-maçon Auguste Bartholdi exposait la gigantesque tête couronnée de soleil d'une statue qui deviendrait « la *liberté* éclairant *les peuples* » et qui serait, donnée plus tard, à l'Amérique en souvenir de l'alliance des Francs-maçons américains et français au moment de la Guerre d'indépendance des États-Unis d'Amérique.

La même année, Barbey d'Aurevilly, éternel ennemi de Maria, surnommé désormais le « roi des ribauds », parce qu'il se droguait lui aussi au laudanum, publia le cinquième volume de *Les Œuvres et les hommes*, consacré « aux femmes qui écrivent, car les femmes *qui écrivent ne sont plus des femmes. Ce sont des hommes – du moins de prétention – et manqués.*»

Comment frapper un grand coup ? Maria Deraismes et Léon Richer décidèrent d'organiser un Congrès International des droits de la femme, pendant quinze jours, du 25 juillet au 9 août. Tandis que Benjamin Peugeot recevait la légion d'Honneur pour son invention de la machine à coudre, Maria clamait : « *un salaire égal pour un travail égal et pas de double morale, l'une favorable aux hommes, l'autre, défavorable aux femmes !* »

Elle et Richer avaient invité des personnalités des deux continents. Julia Ward Howe, une progressiste américaine de Boston, qui partageait avec Maria la volonté d'aider l'enfance, et Anna Maria Mozzoni, suffragette et fondatrice du mouvement féministe italien. Anna Maria ouvrit les débats. Cette femme, de dix ans la cadette de Maria venait de la bourgeoisie milanaise. C'était une autodidacte qui l'impressionna par sa verve et sa fougue. Les délégué(e)s vinrent de onze pays différents, dont la Suisse, les Pays Bas, la Suède, la Roumanie, le Brésil...

Tous les sujets furent abordés : l'histoire, l'éducation, le syndicalisme, la prostitution légale, la protection de l'enfance et des mères seules... Tous les sujets, sauf le droit de vote des femmes. Maria avait insisté là-dessus. Depuis la phrase de son père, vingt-cinq ans plus tôt, elle n'avait pas changé d'avis : le vote des femmes signifierait la reprise en main de la vie politique par l'Église. Le contraire de sa démarche. Maria voulait laïciser le débat. Séparer les sphères. Mettre fin à l'hégémonie des conventions dictées par des notaires et des curés sur des esprits indécis et influençables.

Sa prise de position la brouilla avec sa « nièce » de cœur, Hubertine Auclert, une suffragette d'à peine trente ans. Hubertine se définissait comme féministe et clamait : *« Tant que (les femmes) seront exclues de la vie civique, les hommes penseront à leur intérêt plutôt qu'au leur. »*

Si les deux femmes partageaient les mêmes convictions anticléricales (Hubertine avait été placée dans un couvent à l'âge de treize ans), elles divergeaient sur la stratégie à appliquer. Révolutionnaire, Hubertine exécrait les bourgeois et leur République « esclavagiste ». À l'opposé, Maria respectait les institutions et ne voulait pas en saper les fondations.

— La France est le pays des Lumières. Notre histoire est un soleil roulant escorté par des myriades de satellites dont nous ne mesurons pas toujours l'importance. Nous devons être fiers de cette histoire. Si nous parvenons à faire avancer la cause des femmes en

France, d'autres pays voudront suivre notre modèle et briller de tous leurs feux...

— Je ne suis pas une lyrique. Mais une pragmatique. Les nations n'ont été inventées que pour mieux dominer les peuples, rétorquait Hubertine. Il nous faut une révolution internationale ; abolir les frontières, abolir les classes, abolir les genres. Elle était donc anarchiste, peut-être sans le savoir.

— Comme vous y allez ! Les lois ne servent pas à briser le firmament des idées de progrès. Elles sont garantes de notre civilisation. Les barbares ne connaissaient d'éternel que l'éternel flot du sang répandu sur les terres à conquérir. Il nous faut obtenir la protection des lois, de manière équitable ; non pour abolir les genres, mais abolir les distinctions de genres, vis-à- vis de la loi et pour cela, il nous faut d'abord convaincre les hommes qui font les lois aujourd'hui.

— Qu'attendez-vous d'eux ? Que les hommes abandonnent leur pouvoir et leur confort pour vous céder une place ? Je ne suis pas une mendiante. Le pouvoir se conquiert par la force ; il ne se donne pas comme une aumône.

— Ma petite Hubertine, vous êtes jeune et votre vivacité convient à votre âge. Vous semblez avoir oublié que des sœurs ont payé de leurs vies en 1871 d'avoir cru comme vous à la force des fusils. Que reste-t-il de leur coup d'éclat ? La violence se retourne toujours contre les plus faibles. La solution réside dans la parole, dans nos facultés de persuasion. Rien ne se fera contre les hommes, mais beaucoup peut être accompli avec eux.

La soirée de clôture donna lieu à un grand banquet républicain. Il avait là deux cents convives. Maria prit la parole. Fidèle à son credo, elle revendiqua l'égalité des sexes dans une république laïque, double condition de ce qu'elle nommait la « *République idéale* ».

Mais en dehors de la poignée des convaincus, dont beaucoup de francs-maçons, le Congrès fut un demi échec. Certains éditorialistes des gazettes s'en gaussèrent : « *Réunies en Congrès, ces dames ont découvert, nous disent-elles, une grande vérité ! Laquelle, me demandez-vous ? Eh bien, celle-ci : la femme est un être humain ! Ce qui n'est pas une découverte, mais une platitude...*»

Maria soupira : tant d'efforts et si peu de fruits ! Vinciane vendait ce qui lui restait d'âme à des Anglais ou des Italiens, et les détonations des bouchons de champagne résonnaient sous les lambris de son hôtel particulier.

35

QUATRIÈME FEUILLET DU TIROIR SECRET

Les jours se succèdent. Marthe s'inquiète de voir sa maîtresse confinée dans sa bibliothèque et la chambre de Maria. N'était l'hiver, elle lui conseillerait de prendre les eaux, à Baden-Baden, comme feue sa mère, ou dans une station thermale de son choix. Elle retrouverait des connaissances et pourrait élargir son cercle. Les miasmes de Paris se marient aux senteurs des fleurs en décomposition qui pourrissent au- dessus du caveau familial.

Mais Anne s'entête.

Elle continue de dépouiller fébrilement le courrier intime de sa sœur. Avec le temps, l'encre violette utilisée par cette fleur du fumier, n'a pas pâli, ni son sens de l'humour, à en juger par cette lettre datée du 17 août 1879.

Mademoiselle,

Vous ne vous étonnerez pas de recevoir un mot en ce jour, dans votre propriété des Mathurins. Vous avez quitté dès les premières chaleurs, la moiteur de la capitale, suivie de Claude, votre lévrier fidèle, et de votre molosse au féminin... Je n'ai pas oublié que vous êtes née sous le signe zodiacal du lion... et je voulais vous souhaiter un bon anniversaire.

Telle que je vous connais, vous ne rêvassez pas, vous remuez des tas d'idées et de projets dans votre tête. Un détail vous tracasse : comment renflouer les caisses de votre revue L'Avenir des femmes *? Depuis 1871, votre ami Léon Richer dit connaître « une dame américaine qui dépense par an de sa poche 50.000 francs pour soutenir son journal ».* Il *ne vous a jamais décliné l'identité de cette bienfaitrice. Huit ans ont passé... et la fantaisie m'a pris de vous la révéler, d'autant que malgré les largesses de cette dame, votre revue se trouve toujours en situation périlleuse, n'est-ce pas ?*

Vous sursautez. Vous vous demandez comment aurais-je pu connaître cette milliardaire, puisqu'elle a désiré rester anonyme ! Très simple. Cette milliardaire, c'était moi. Ou plutôt c'était moi, par milliardaire interposée.

En 1871, Brian, un ancien soupirant revint frapper à la porte de mon hôtel. Je l'avais connu à une époque reculée où je faisais partie d'une troupe de comédiens ; le directeur nous avait décroché un contrat aux États-Unis. L'Amérique me causa l'une des plus grandes déceptions de ma vie. Dans des coins perdus, nous avons dû jouer des pièces de Molière devant des clergymen, des paysans, des matrones et même des cow-boys ! L'un d'entre eux tenta de me prendre au lasso. En vain. Malgré sa bonne mine, sa bourse était piteuse et pour rien au monde je ne serais restée à contempler des champs de maïs pour ses grands yeux vides. Ses vaches avaient plus d'esprit que lui...

Des années après, je le croisai dans un palace de la Côte d'Azur. Le garçon avait revêtu le costume du joueur professionnel et gagnait des sommes folles à un jeu de cartes, venu du Nouveau Monde, le poker... à tel point qu'il était devenu la coqueluche du palace. Battre Brian devint l'obsession de nombreux clients de l'hôtel, passionnés par le tapis vert. Par curiosité, j'assistai à quelques parties, ce qui paraît-il, porta chance à mon Américain. Il voulut à tout prix me garder près de lui. Inutile d'ajouter que les trèfles et les piques me laissent de glace. Était-ce mon indifférence qui protégeait mon amant des influences extérieures ? Il gagna tant et plus. J'en profitai pour faire quelques emplettes et songer à mon vestiaire, pour la prochaine saison à Paris.

La chance pouvait tourner... Brian ne doutait de rien. Un Irlandais dans la force de l'âge voulut se mesurer à lui. Il accepta. Pendant la partie, je sentis que ce rouquin au visage pâteux, au ventre déjà gonflé par la bière, m'évaluait tel un maquignon de ses petits yeux bleus. N'avait-il jamais connu de Parisienne ? Apparemment non. Brian commença à se crisper quand il commença à perdre, puis à suer quand l›Irlandais rafla toute la mise. Vint le moment où Brian se déclara forfait. L'autre l'avait dépouillé. Il ne lui restait plus rien... Avec malice, je me proposai comme enjeu suprême. Quitte ou double. Faites vos jeux, messieurs. Brian allait-il ravaler sa fierté ? L'Irlandais *allait-il succomber à mes charmes ? Eh bien, la passion du jeu fut la plus forte. Tous deux opinèrent du chef.*

De nouveau, les cartes furent battues. Suspens. Ce fut l'Irlandais qui eut la main la plus forte. Quinte royale. Brian allait-il se démonter ? Avec sang-froid, il me baisa la main et quitta la table de jeu, me laissant une nuit la proie d'un diable au crin rouge qui me savoura comme un whisky fameux, avant de me croquer à pleines dents comme un épi de maïs...

À l'aube, sans rien dire, je fis mes malles pour Paris. Brian, dès qu'il *apprit mon départ, se précipita à mon adresse. Je lui ouvris. Il tomba à mes genoux, m'expliquant que je lui avais procuré l'ivresse de sa vie... que j'étais son trésor. Non, sans froideur, je lui demandai si la déveine l'avait poursuivi depuis. Il s'écria que ce duel l'avait rendu célèbre dans le milieu du poker et qu'on lui avait demandé d'ouvrir des cercles dans les endroits les plus incongrus du globe... Je n'eus nul besoin de réclamer ma part. Il me versa des royalties que je reversai à «* L'Avenir *des femmes »...*

Aujourd'hui, le bougre a pris de l'âge, mais n'a pas perdu la main, et dès qu'il touche des gains extraordinaires, il m'en donne une partie, moins par bonté d'âme que par superstition... Les joueurs sont les hommes les plus superstitieux que j'ai jamais eu le loisir de rencontrer dans mes périples ! Or j'incarne sa bonne Fortune. Me trahir ce serait attirer sur lui la disette. Mon cavalier ne pourrait plus dormir sous la belle étoile, sous une tente... Il se plaît bien peigné, en chemise blanche, veillant à ne point me contrarier.

N'est-ce point une anecdote amusante ?

J'espère qu'elle vous divertira, lorsque votre Léon Richer évoquera les difficultés de la presse avec des trémolos dans la voix, cherchant à se faire passer pour l'homme de la situation, tout en regardant aux alentours dans votre parc, si d'aventure un mouchard ne se cache pas dans les buissons.

Sincèrement vôtre, Vinciane.

36

1881

Brusquement le bruissement des ailes de l'homme-faucon s'était arrêté. La maladie lui laissait un répit et lui permettait d'échapper à cet état de nature, contre lequel elle avait toujours lutté. Rien, ni personne ne pourrait l'empêcher de clamer que l'esprit n'avait pas de sexe.

Dotremont ne put s'empêcher de lui annoncer : l'année 1881 est l'année des changements. Pour ceux qui auront semé, ce sera celle des grandes récoltes.

Maria sourit, lui révélant quelques semaines plus tard : j'ai acheté le *Républicain de Seine-et-Oise*.

– Je ne savais pas qu'il était à vendre, s'étonna Dotremont.

– En effet. Vermond[25] n'aurait jamais vendu, s'il n'avait été criblé de dettes, expliqua Maria.

– Un dépôt de bilan quand on est député-maire, cela fait tache...

– En effet. Et l'animal a sa fierté. Pas question de vendre à un homme, au risque de se faire couper l'herbe sous le pied, poursuivit-elle.

– Ah oui, une femme ne peut pas être candidate aux prochaines élections...

– Tu as tout compris.

– Cela l'arrangerait si tu ne faisais que passer...

– Mais je compte bien ne pas faire tapisserie, conclut Maria, fine mouche.

Dans ce bi-hebdomadaire, sous-titré « journal politique, organe de la *démocratie, de la concorde républicaine et des intérêts agricoles, industriels et commerciaux du département* », Maria désirait en effet soutenir la gauche radicale et Georges Clemenceau.

– Comme toujours, tu n'y vas pas de main morte. Tu vas voir que tes amis maçons auront maille avec le nouveau pape... l'avertit Dotremont.

Effectivement, Léon XIII ne témoigna guère d'ouverture d'esprit, tel son prédécesseur. Mais Dotremont et Maria débattaient le soir, à chaque dîner, de la tolérance qu'impliquait la religion car les humains n'étaient-ils pas des frères, selon le Christ ?

---

25   Charles-Auguste Vermond, né en 1849, dans la Somme. Avocat, journaliste, député-maire de Beaumont-sur-Oise (Républicain radical).

Fidèle au modéré Jules Grévy, le nouveau Président de la République, le Frère Jules Ferry tentait de calmer les esprits : « Oui, *nous voulons la lutte anticléricale, mais la lutte antireligieuse, jamais, jamais !* »

De belles paroles. Maria approuvait Jules Ferry. Un incident lui fit emboîter la propagande anticléricale. Deux ans auparavant, elle avait rencontré le très catholique Bontoux, fondateur de la Banque de l'Union générale qui lui avait proposé, malgré leurs divergences d'opinions, de prendre des actions dans sa banque. Un établissement dont les clients étaient tous catholiques et bien-pensants. Après avoir hésité, elle avait accepté. Or, en deux ans de temps, les actions avaient chuté, perdant plus de la moitié de leur valeur.

Cette crise financière déboucherait, en 1882, sur une éruption du bon vieux racisme : Bontoux accuserait les Rothschild, Juifs, d'avoir provoqué ce krach...

Pareille mauvaise foi donna la nausée à Maria qui décida, avec l'appui de Victor Hugo, et de ses amis, d'« écraser l'infâme », selon la formule de Voltaire. L'obscurantisme était un fléau. Non seulement, il y avait l'antisémitisme, mais aussi l'emprise de l'Eglise catholique, toujours autoritaire et coercitive.

Le 15 mai 1881, eut lieu le premier Congrès Anticlérical, dans un lieu insolite : le cirque Fernando, boulevard de Rochechouart, à Paris. Cette salle avait été choisie en raison de ses vastes dimensions. Victor Schœlcher, apôtre du divorce, célibataire, sans enfants, présida le Congrès. Sa présence cautionnait celle de Maria.

Dans un brouhaha indescriptible, la foule envahit les gradins. En quelques minutes, la salle fut comble.

Réélu député de la Martinique en 1871, et désormais sénateur inamovible de l'île, Schœlcher réclama le silence avant de présenter le député d'extrême gauche, Louis Blanc, et Maria Deraismes. Les représentants des associations de *La Ligue de l'enseignement*, du *Cercle Parisien*, de la *Ligue internationale pour la paix*, du *Droit des Femmes*, de la *Protection de la Mère et de l'Enfant*... applaudirent à tout rompre.

Le public était remonté contre les injustices.

Il se tut dès que Maria prit la parole : *Merci d'être venus si nombreux, chers amis que je connais et vous que je ne connais pas encore !*

Ce Congrès se divisait en cinq ateliers : histoire ; éducation ; économie (confiée à Léon Richer) ; morale ; et législation. La commission de « *l'Instruction et l'Éducation morale et civique à l'École* » fut confiée à Maria Deraismes.

Afin de ne pas ennuyer son auditoire par des définitions de la morale, elle joua la carte de l'ironie : ... « la religion catholique donnait à choisir *entre deux héroïnes : la Vierge Marie placée si haut que son culte* éclipsait celui de Dieu le Père éternel, et l'autre, Ève, placée si bas, que *pécheresse, provocatrice et coupable, elle était maudite jusque dans sa descendance...*»

Ces nouveaux applaudissements incitèrent Maria à prononcer son credo anticlérical : « Je *répudie Marie*[26],

---

26   Maria Deraismes établit une distinction entre deux symboles

comme signe de renoncement, de soumission et de nullité. Mes préférences vont à Ève, dont le symbole signifie désir de s'élever, de s'instruire, de comprendre. Et d'en tirer les conséquences : l'Éducation et l'Instruction morale et civique doivent avoir un caractère exclusivement laïque et scientifique. Elles doivent être dégagées de toute idée religieuse ou métaphysique. »

Or, le Congrès rappelait que les nouvelles directives sur l'enseignement laissaient le prêtre entrer dans l'école...

Le ton de Maria lui parut rogue, à ses propres oreilles. Mais elle sentait que cette veine combative était bien perçue. Aussi poursuivit-elle : « Et *tout d'abord ; avons-nous réellement des écoles laïques ? Nous avons le mot ; mais pas la chose. Je m'inscris en faux contre cette assertion que toute idée religieuse peut contenir une idée morale. La société religieuse repose sur des erreurs physiques et naturelles. Elle commence par une erreur sur l'origine de l'être et du monde physique; puis essaie de réparer cette erreur par une injustice.»*

Le péché originel aboutissait à ce paradoxe : Comment élever un enfant ?

« Comment *le persuaderez-vous qu'étant indigne, il a une dignité humaine à soutenir.* ».

Au terme de ce grand numéro de soliste, l'auditoire l'ovationna. Chavirée, elle leva les bras pour les remercier de cet hommage enthousiaste.

Après le funèbre silence de 1878, ce Congrès était une victoire et il constituerait un souvenir glorieux

---

féminins : l'un passif, Marie, la mère de Jésus-Christ, fils de Dieu, dans la religion chrétienne,l' « *Immaculée Conception* », et l'autre, actif, Ève, la femme transgressive dans la Genèse.

pour les jours de grand vent. Il donna un nouvel élan au militantisme de Maria. Désormais, la République appartiendrait aux Républicains. Et aux Frères.

Un vœu pieux, dirait cette chose près de son lit, dans sa tête. Cette chose qu'elle a surnommée « homme-faucon », faute de mieux.

Cette chose qui traque la vérité mieux qu'elle. Et croasse.

Dans tous ses rêves, ce drôle d'oiseau a deux grandes ailes noires qui pendent comme une soutane qu'elle s'acharne à déchirer, avant de sombrer dans l'inconscience.

37

« Une femme qui ne craint ni la nuit, ni la mort...»

Dans ces longues journées, Anne pense souvent au tiroir secret. Les nuits qui suivent la disparition de Maria se peuplent de figures étrangères. Les lames du parquet craquent sous ses pas et font gémir ses propres jointures. Ses vertèbres se déplient. Ce concert des os et des artères, Maria le percevait-il ? Tous les soirs, Anne va au secrétaire et en ouvre les tiroirs avec des gestes de somnambule. Quelque chose en elle tressaille et lui dit qu'il n'y a pas seulement des lettres. Tout au fond du troisième tiroir, à sa gauche, du papier semble collé à la paroi ou, plutôt, accroché par un clou invisible. Elle se mord les lèvres pour ne pas trembler et tente de le décrocher avec ses ongles. Elle se figure une carte postale ou un sépia représentant quelque lieu insolite.

Quand elle l'arrache enfin aux ténèbres du passé, elle

tient en main une pochette de satin violet, serrée par deux cordons. Elle les dénoue, en retire une paire de gants en cuir blanc, souple dont le grain a été brodé d'une croix d'ankh, une clef de vie chez les anciens Égyptiens.

Dans la pochette, elle trouve un billet. Il porte cette citation de *La Flûte enchantée* de Mozart :

« Une femme qui ne craint ni la nuit, ni la mort est digne d'être initiée ».

Il n'est pas signé ; juste daté du 1er janvier 1882.

Comment Vinciane a-t-elle su que Maria a été choisie pour être initiée ?

Ces gants maçonniques n'ont pas jauni. Cette fois, elle se servira de la cheminée pour éliminer leur trace. Elle veut pouvoir contempler les flammes les dévorer dans l'âtre et disperser en cendres tous les vestiges qui célèbrent une courtisane.

Mais ensuite, pourra-t-elle vaquer à ses devoirs, l'esprit en paix, sans être tourmentée par ce simulacre de présence ?

38

25 novembre 1881

LA PREMIÈRE SŒUR

— L'encens pontifical a le pouvoir de purifier l'atmosphère. De nous purifier aussi l'esprit, murmura le Vénérable Alphonse Houbron, de la loge *Les Libres Penseurs du Pecq,* un encensoir à la main.

La tenue n'avait pas encore commencé qu'il était déjà crispé.

Depuis que cet atelier avait, en 1880, pris ses distances, avec le Suprême Conseil[27], conservateur, il se distinguait par son activisme. Cette loge avait d'ailleurs ajouté un article capital à son règlement : la participation des franc-maçonnes à leurs travaux. Une telle faculté faisait grincer bien des dents, notamment celles du Frère Roux, le précédent Vénérable.

---

27   Suprême Conseil : l'autorité maçonnique qui gère les « hauts grades », notammentdu Rite écossais ancien et accepté.

Le Frère Alphonse avait-il oublié la tradition française des loges d'adoption ? Ces ateliers organisés par le Grand Orient de France en 1774 où les aristocrates et grands bourgeois des deux sexes pouvaient deviser librement ? Après la Révolution, les esprits et les cœurs s'étaient fermés. Le triomphe de la bourgeoisie, à dominante masculine, sur l'aristocratie, avait aussi bouleversé les rapports entre les hommes et les femmes. Autrefois tolérées, en tant que filles ou compagnes de nobles de robe ou d'épée, les femmes furent renvoyées à leurs chiffons et poupons.

Alphonse Houbron guettait le Frère Roux, le plus ancien de la loge ; c'était le Couvreur[28].

Dès que celui-ci apparut dans l'embrasure du Temple, il se tourna verslui, avec son encensoir.

–   Il est puissant cet encens, dit le Frère Roux en plissant les narines.

–   Il faut chasser les pensées négatives, prévint le Vénérable.

–   Quelles sombres pensées t'assaillent ? demanda l'autre, sur un ton mielleux.

–   Je ne sais toujours pas quelle femme nous allons choisir.

–   Celle qui correspond à nos critères. Dois-je te citer de mémoire notre règlement : la femme qui sollicitera cette faveur devra être proposée par son père, son frère, au sens civil, son mari ou, à défaut, par sept

---

28   Officier chargé d'assurer la sécurité de l'entrée du Temple.

maçons possédant le grade de maître. Je me permets de te rappeler que Clémence Royer est en Suisse.

–   Louise Michel vient d'être graciée...

–   L'image de la «Vierge rouge», Vénérable Maître, est un peu comme cet encens...

–   Chargée...

–   Nous venons de nous fédérer sous le nom de la Grande Loge Écossaise. Le Grand Orient est prêt à nous reconnaître... Lui-même a, depuis 1877, écarté toute référence au Grand Architecte de l'univers. Ce serait dommage, pardonne-moi l'expression, de « charger la barque »...

–   Alors, mon frère, cette journaliste dont le parrain est Léon Richer ?

–   Maria Deraismes ?

–   Vénérable Maître, elle a beaucoup d'appuis au Grand Orient. Et les mauvaises langues affirment qu'elle aurait le bras long dans la police... non officielle. Sans compter que l'Église la redoute. As-tu lu sa *Lettre au Clergé* ? Pour elle, le christianisme implante le culte de la douleur ...

–   Je l'ai lue pour mieux la connaître. Elle sait en quelques phrases cerner le caractère morbide du catholicisme qui ne « dispose *que de forces extinctives : extinction du corps par la pénitence (...) ; extinction de l'espèce par la virginité glorifiée ; extinction de la raison par le règne de la foi...*»

– Qu'elle veille à éclairer, et non à éblouir.

– Mon Frère, la postulante est déjà une maçonne sans tablier.[29] Il y a quatre ou cinq ans, elle a demandé son initiation à *La Clémente Amitié*, la loge de Jules Ferry et d'Émile Littré au Grand Orient. Mais le Vénérable Rémond a repoussé cette supplique : pas question de « *faire entrer la femme parmi nous en tournant la loi.* »

– Ah, les moutons de Panurge !

À ces paroles, le Frère Roux perdit de sa superbe car il se sentait visé. Il regrettait de n'être pas resté Vénérable plus longtemps. S'il était demeuré à présider à l'Orient, il aurait refusé d'ouvrir le pli où se trouvait la demande d'admission d'une femme. Cela aurait coupé court à toutes les discussions.

Le même mois, Alphonse Houbron écrivit à Maria. À ses yeux, elle incarnait la femme *suffisamment* éclairée *et intellectuellement* émancipée ; *l'arme la plus redoutable contre le cléricalisme* . Pas besoin d'enquêtes. Tout le monde avait suivi son parcours. On avait besoin d'une nouvelle Ève.

Une entrevue avait eu lieu. Maria avait accepté facilement. Le Vénérable savait qu'il pouvait compter sur le premier Surveillant Parnoux et sur l'Orateur Constans pour accélérer le cours des événements. L'application de l'article sur l'admission des femmes en loge risquait de faire couler beaucoup d'encre dans les encriers des hautes instances...

Son intuition était juste.

---

29   Une personne engagée, avec des valeurs humanistes, mais qui n'appartient pas à l'ordre maçonnique.

Les lèvres serrées, assis à la porte du Temple, le Frère Roux avait été obligé de se taire quand le Vénérable avait annoncé : « *Les soussignés, membres actifs de la « Loge les Libres Penseurs du Pecq », possédant tous le grade de Maître, proposent à l'initiation maçonnique Mlle Maria Deraismes, 52 rue de Clichy, Paris.* »

Léon Richer sonna à la porte de Maria sur le coup de 18 heures. Dans la cheminée du salon flambait un feu nourri de souches odorantes. Dans d'autres circonstances, Maria aurait continué à tisonner. Mais d'autres feux avaient été allumés pour elle... Et un fiacre les attendait à l'extérieur. Richer avait demandé à Maria de porter des « couleurs sombres ». Elle avait obtempéré, grelottante, malgré la pelisse et le manchon de renard argenté assortis à sa robe. Ils prirent le chemin du Pecq.

— Les Frères vont te poser des questions ce soir, ma chère Maria. Il faudra répondre avec ton cœur. La sincérité vaut mieux que toutes les postures. Tu devras porter un bandeau sur les yeux, pour ne pas voir les membres de la Loge, au cas où ta candidature serait rejetée... Ce ne sera pas le cas bien sûr. Tout est déjà arrangé. Après ton audition, nous procéderons au vote, ensuite à ton initiation. Vers 22 heures, nous irons dîner, partageant des agapes fraternelles. Pour beaucoup de Frères, c'est le meilleur moment de la soirée, mais pour toi, ce qui se sera passé avant aura été autrement plus marquant...

— J'espère que pour les Frères aussi la cérémonie sera source d'émotion. Que je sache, ce n'est pas tous les jours qu'on initie des femmes chez les Frères.

– En effet Maria, tu es la toute première…

Avancer dans le noir fut beaucoup plus facile pour Maria qu'elle ne l'aurait pensé, car elle était soutenue par deux hommes qui lui décrivaient le chemin à l'avance, « à droite », « attention à la marche », « en avant ». Finalement, elle s'immobilisa et entendit frapper un grand coup contre une porte. Des mots furent échangés. On lui donna la permission d'entrer. Elle ne sut pas si la salle était grande ou petite, mais devina un haut plafond car l'air soufflait des vents glacés. On la fit asseoir.

– Madame que venez-vous chercher chez nous ?... Qu'est-ce que la fraternité ? Peut-on combattre l'injustice avec seulement des mots ? Que comptez-vous nous apporter ? L'égalité des sexes passe-t-elle par le vote des femmes…

Les questions se succédèrent par vagues, sans que Maria eût vraiment le temps de répondre. Le temps de structurer sa pensée, une nouvelle question s'abattait sur elle. A croire que ces hommes ne s'intéressaient pas à ses réponses, mais voulaient entendre le son de leur voix. Avant de la plonger dans un grand creux, l'un de ces fonds sous-marins où il fait de plus en plus opaque, après chaque lame dépassée.

Puis, on lui demanda de se retirer, en la remerciant. Une fois sortie du Temple, Léon Richer lui retira son bandeau. Il avait son sourire des grands jours.

– Tout s'est très bien passé. Les Frères ont été impressionnés… Comment te sens-tu ?

Maria ne savait que répondre. Elle avait tant attendu ce moment qu'elle était presque déçue qu'il se fût passé aussi vite. Des bribes de phrases voletaient dans sa tête. Des bruits de pas. Le bruissement des étoffes.

Quelle flamme allait jaillir quand elle toquerait de nouveau à la porte ?

– Rien n'est encore fait Maria. Je vais devoir te laisser patienter, et si tout se passe bien, je reviendrai te chercher pour… et il laissa sa voix en suspens quelques secondes, avec un sourire au Rituel qu'il tenait dans sa main gantée de blanc… « *pour l'épreuve de la terre* » !

– Tu vas renaître Maria ! Renaître, lui dit-il en partant, avec une voixgrave.

39

14 janvier 1882

Première initiation féminine chez les Frères

Paris était sous la neige et Maria, sous terre. Elle ne savait pas depuis combien de temps elle se trouvait, seule, dans le cabinet de réflexion, local obscur où elle était enfermée. Le Frère Servant l'avait assise sur un trépied, devant une table où étaient disposés les éléments d'une nature morte : un crâne, un miroir brisé, une bougie à la flamme vacillante, du pain, une cruche d'eau, trois coupelles remplies, l'une de mercure, l'autre, de soufre, et la dernière, de sel.

La vision du crâne l'apaisait, avec ses orbites et ses mâchoires vides, et ses dents absentes. Chaque jour, elle était confrontée à sa mort imminente, lorsqu'un simple mouvement de son corps pouvait déclencher une douleur dans son bassin. Étrangement, la compagnie de cette tête réduite à sa plus simple expression l'émouvait. Elle lui inspirait du détachement. À qui avait-il appartenu ?

À cette pensée, comme par un fait exprès, l'homme-faucon était apparu en ombre chinoise sur un mur argent, portant les silhouettes d'une faux et d'un sablier ; celle d'un coq, surplombé par les mots « Vigilance et Persévérance » et la formule hermétique « V.I.T.R.I.O.L[30] »

Et il lui avait semblé qu'il chuchotait une date, une autre que ce 14 janvier 1882. La date de sa mort ? Peut-être. Sa vie s'écoulait comme du sable. Et elle avait œuvré pour que chaque grain de mica parût rutilant. Aussi se réjouissait-elle d'être initiée au moment de la fête du solstice dans le temple des Libres Penseurs, au Pecq, près de Saint-Germain-en-Laye.

Le verrou du cabinet de réflexion crissa.

Il restait encore des myriades de grain dans le sablier. Des embryons de vie.

Le chatoiement des possibles.

De nombreuses personnalités maçonniques assistaient à cette cérémonie sans précédent : Anatole Ray, le maire du Pecq et ses conseillers municipaux parmi lesquels Alfred Naquet, ami proche de Maria, le député-maire Auguste Vermond, les députés Louis Blanc et Victor Poupin, le médecin Georges Martin… On comptait trente-neuf visiteurs sur le livre des présences. Tous les sympathisants de Maria paraissaient résolus car ils savaient qu'ils allaient vivre un moment exceptionnel de la franc-maçonnerie.

La bataille pour l'admission des femmes chez les Frères avait commencé en 1874. Et elle durerait plus d'un

---

30   « Visite l'intérieur de la terre et en rectifiant tu trouveras la pierre cachée ».

siècle. Le Frère Moreau du Grand Orient, en tant que Vénérable de la loge *L'Ère nouvelle* avait fondé un atelier ouvert aux femmes, mais des querelles intestines avaient éclaté. L'argument récurrent des Frères contre la mixité : « nous allons être troublés par la présence des femmes... et nous ne pourrons plus travailler sereinement... » Pour les autres, il s'agissait de mettre en pratique le message universel dont la franc-maçonnerie se voulait porteuse. D'autres tentatives avaient eu lieu, toutes repoussées par le Conseil de l'Ordre.

Pendant la lecture du rituel, comme vissé à son siège, le Frère Roux garda un air impassible, afin de maîtriser son agitation intérieure : si Georges Martin n'y avait pas mis son grain de sel, leur loge n'aurait pas eu besoin de couper les ponts avec la Grande Loge Symbolique Ecossaise[31]. Pour qui se prenait-il ? Un ange gardien ? Ou Saint-Georges terrassant le dragon ? Sans lui, Maria n'aurait pas été initiée aujourd'hui. Pourquoi avoir appelé au changement ? Comme s'il n'y avait déjà pas assez de rivalités entre les obédiences ! Pourquoi en rajouter en introduisant des «sœurs»?

– Frère Expert et Frère Parrain, veuillez-vous rendre auprès du profane. Assurez-vous qu'il soit bien dépouillé de ses métaux...et qu'il soit bien préparé. Et amenez-le.

---

31   Dès 1881, Georges Martin et Paul Goumain-Cornille proposèrent l'initiation des femmes à la Grande Loge Symbolique Ecossaise. La demande fut rejetée le 12 septembre 1881.

Quand Maria franchit le seuil du temple, les yeux bandés, elle entendit la voix solennelle du Vénérable Alphonse Houbron résonner depuis son plateau :

« Mes Frères,

Nous allons, dans un instant, consacrer un des plus grands principes humanitaires, digne du respect de tous : celui de l'Égalité.

… Faisant trêve aux préjugés, nous initions aujourd'hui à nos travaux maçonniques, Mlle Maria Deraismes, l'éminente femme dont l'intelligence, le talent, le grand savoir et la fermeté la rendent digne d'entrer dans notre association.

Si quelques frères nous reprochaient notre manière d'envisager la Franc-maçonnerie et nos devoirs disciplinaires, nous répondrions que nous considérons l'obéissance passive à la discipline comme une atteinte à la liberté d'autant plus dangereuse dans notre société qu'elle peut avoir pour conséquence de s'opposer à la marche du progrès, dont elle a toujours été et est encore le drapeau.

En initiant une femme à nos mystères, nous voulons en nous l'associant maçonniquement proclamer l'égalité des deux êtres humains qui concourent à la propagation de notre espèce ; nous voulons provoquer en sa faveur l'émancipation intellectuelle et morale de laquelle, en vertu de cet axiome brutal : la force prime le droit...

La Grande Loge Symbolique Écossaise a, dans l'article 2 de sa Constitution, déclaré le Maçon libre dans la Loge libre et chaque loge en possession de son autonomie. C'est en vertu de ce principe émis, de ce droit promis, aujourd'hui méconnu de ses auteurs, que nous tentons une épreuve qui, nous n'en doutons pas, justifiera notre plus sincère désir de : bien penser, bien dire, bien faire. »

Dès lors, sur ordre du Vénérable Maître, les épreuves commencèrent : l'eau, l'air et le feu...

— Frère Expert, faites avancer, je vous prie, notre profane jusqu'à l'Auteldes Serments !

Maria s'agenouilla sur le genou gauche, main droite sur l'Autel et couvrant le Volume de la Loi Sacrée, l'Équerre et le Compas. Dans la main gauche, un compas, une pointe sur le cœur, et une autre dirigée versle ciel.

— Veuillez à présent vous approcher de l'Orient.

Et armé de son épée, le Frère Expert prononça ces mots : « Maria, *je vous crée, constitue et reçois Apprentie franc-maçonne.»*

Après la cérémonie, le Vénérable insista sur son caractère exemplaire.

... « Trop longtemps, à notre avis, nos mères, nos épouses, nos filles, nos sœurs sont restées éloignées de nos réunions dans lesquelles, disait-on s'accomplissaient des prétendus faits mystérieux qui devaient rester impénétrables pour les femmes. Mais nous avons pensé qu'à notre époque, c'était une mesure surannée, en même temps qu'une injure qui leur est faite : et en ce qui nous concerne, nous avons résolu d'y mettreun terme. Nous nous sommes pénétrés de cette idée que l'état normal dela société ne peut s'améliorer effectivement sans le

concours de la femme, première éducatrice de l'enfant, et que, détruire chez elle les préjugés en les combattant par la morale et la lumière maçonnique, c'était préparer pacifiquement la véritable émancipation sociale...

Nous croyons, quoi qu'en disent beaucoup d'intéressés, nos contradicteurs, que l'intelligence de la femme est égale à celle de l'homme, et qu'ainsi que nous, elle a droit de prendre part aux travaux des Francs-Maçons, les propagateurs du progrès par l'étude des sciences positives, sources de toutes lumières et vérités.

Il nous a été donné l'honneur de réaliser les idées que nous professons en initiant aujourd'hui même à notre association la femme la plus éminente de notre époque, Mlle Maria Deraismes, la savante conférencière, si honorablement connue de nous tous...

... Les Francs-Maçons sont heureux de pouvoir, maintenant, lui donner respectueusement le nom de Sœur et lui témoigner leur reconnaissance d'avoir accepté de franchir avec fermeté les barrières maçonniques que, derrière elle, elle laisse maintenant ouvertes aux autres femmes qui voudront travailler au bonheur commun, préparé par l'émancipation intellectuelle.»

La cérémonie d'initiation étant exceptionnelle, Alphonse Houbron donna la parole à Maria, dès qu'elle eut reçu son tablier et mis ses gants. En effet, en tant qu'Apprentie, selon la tradition, elle n'aurait pas dû avoir le droit de rompre le silence qui devait s'imposer à elle tant qu'elle ne serait pas devenue Compagnon. Les Apprentis devaient de se taire. Le Frère Roux et d'autres Maîtres reprocheraient cette entorse au Frère Houbron. Comme ils lui feraient grief d'avoir également, dans la même journée, élevé Maria

Compagnon, puis Maître, ainsi que cela avait été le cas pour Voltaire. Le Vénérable connaissait Maria et sa fragile santé : il avait voulu gagner. Malgré leurs tabliers, les Frères ne possédaient pas tous le même degré d'éveil et certains manquaient de bienveillance.

— « Au commencement était *le Verbe* », dit le Vénérable, citant Jean l'Évangéliste.

Debout, au premier rang, sur la colonne dite du « Nord », Maria se tenait droite comme un cierge. Maria que les Grecs anciens auraient peut-être qualifiée de chrysostome, « à la voix d'or ». Maria qui ne s'abandonnait pas à la sensiblerie, mais à la gratitude.

Elle remercia vivement ses chers Frères qui se risquaient à affiner leurs certitudes.

Elle le devait : elle revint sur ce tournant de l'Histoire :

« La porte que vous m›avez ouverte ne se refermera pas sur moi, et toute *une légion me suivra. Vous avez fait preuve, mes Frères, de sagesse et d'énergie. Par vous, un préjugé a* été vaincu.

Sans doute, vous êtes *une minorité, mais une minorité glorieuse, à laquelle bientôt sera forcée de se rallier la majorité des Loges. La présence de Frères éminents qui en font partie m'en est un sûr garant. Ce qu'il y a de particulièrement curieux, c'est que cette admission d'une femme, considérée comme un événement, n'est qu'une réminiscence du passé. Au XVIII*ème *siècle, les femmes* étaient *admises en Franc- Maçonnerie. Une Duchesse de Bouillon fut même Grande-Maîtresse. On serait autorisé à croire que nous avons reculé. (…)*

S'il faut m'expliquer avec franchise, je vous dirai que je comprends moins que jamais les résistances obstinées de la Franc-Maçonnerie à l'admission des femmes. Le maintien de l'exclusion du principe féminin ne se fonde sur aucune raison valable.

À quel titre, la Franc-Maçonnerie nous a-t-elle éliminées jusqu'à présent ? Détient-elle le monopole des vérités supérieures accessibles seulement aux intelligences d'élite ? Non. Traite-t-elle des questions abstraites, transcendantes, exigeant au préalable, des études préparatoires ? Non. On y est reçu sans brevet (...)

D'autres prétendent que l'introduction des femmes en Maçonnerie ferait perdre à l'Ordre de son caractère de gravité. L'objection n'est qu'une plaisanterie. Quoi, l'École de médecine nous ouvre ses portes : étudiants et étudiantes reçoivent les mêmes leçons des mêmes professeurs (...)

Vous avez donc frappé un grand coup, mes Frères, en rompant avec de vieilles traditions consacrées par l'ignorance. Vous avez eu le courage d'affronter les rigueurs d'orthodoxie maçonnique. Vous en recueillerez les fruits. Vous êtes aujourd'hui, considérés comme des hérétiques, parce que vous êtes des réformateurs. Mais comme partout, la nécessité des réformes s'impose, vous ne tarderez pas à triompher. Un grand mouvement d'opinion se fait en faveur de l'affranchissement des femmes. (...)

Ah! Si la Franc-Maçonnerie avait été bien pénétrée de l'esprit de son rôle, si elle eût pris l'initiative il y a seulement quarante ans, elle eût accompli la plus grande révolution des temps modernes; elle eût évité bien des désastres. (...)

Permettez-moi d'ajouter un seul mot pour finir. Il est supportable que l'orthodoxie Franc-Maçonne nous interdise quelque temps encore l'entrée de ses Temples, et qu'elle continue de nous considérer comme profanes, cela ne saurait nous émouvoir. Nous travaillerons activement à la faire revenir de son erreur, on le dit chez vous : nous sommes bien ici, nous y resterons. »

Ces paroles décisives ébranlèrent les plus réticents de la loge. Le discours de clôture fut prononcé par Georges Martin et non par l'Orateur, le frère Francolin, il endossait le rôle du parrain de Maria Deraismes. Un présage. Ce discours infléchirait le cours du destin de la franc-maçonnerie aussi bien que celui de la femme de lettres :

… « Si vous n'aviez pas fait ce pas en avant, mes Frères, nous serions loin du moment où les femmes seront admises dans les Loges.

Ce pas en appellera un second, puis un troisième et l'exemple, j'en suis convaincu, sera prochainement suivi, si, surtout, comme je l'espère, il donne les résultats que vous cherchez. En tout cas, la question est posée et va être discutée, car elle ne peut manquer de produire une vive émotion dans le monde maçonnique.(...)

Je vous félicite encore une fois de l'initiative que vous venez de prendre et de l'exemple que vous donnez aujourd'hui aux autres Ateliers.

L'avenir appartient aux hommes de progrès ; vous êtes de ceux-là ; l'avenir est à vous, à la Maçonnerie Mixte que vous venez de fonder. »

Lorsque le maillet du Vénérable frappa les trois coups,

un silence de plomb se répandit sur la loge. Certains s'en voulaient déjà d'avoir suivi le mouvement. D'autres furent simplement émus. Ce silence minait le rêve de Maria. Durant vingt-quatre heures, sa voix avait été une.

Une avec le Verbe. Une avec l'immensité. Un trait de pourpre dans le soleil couchant : la trace d'une vie humaine.

40

La Lumière ne devrait pas diviser

La nouvelle de l'initiation de Maria se répandit à la vitesse d'un feu de broussailles. L'effet fut dévastateur. Deux mois après l'initiation de Maria Deraismes, des Frères commencèrent à déserter la loge *Les Libres Penseurs du Pecq*. Il régnait, pour les plus courageux, une ambiance de veillée d'armes. Non seulement le Conseil de l'Ordre s'était irrité de cette initiation, mais certains Frères craignaient d'être mis au ban de leurs loges pour irrégularité.

Plus prosaïquement, d'autres se demandaient comment leurs épouses accueilleraient cette idée de mixité, qui pouvait pousser à l'infidélité. Car la mixité n'était pas une abstraction. Et la situation que cela créerait dans quelques ménages mal assortis risquait de favoriser les reproches et les scènes avec l'épouse légitime. En outre, tous redoutaient les flèches verbales de Maria et de ses consœurs : ces intellectuelles pourraient passer leurs futures planches[32] au crible. Et aucun Frère ne pourrait plus jouer les anguilles ; il serait prié de travailler.

Perplexe face à la versatilité ou à la faiblesse de ses ouailles, le Vénérable Houbron était venu voir Georges Martin à son hôtel particulier, 20 rue Vauquelin, dans le Vème arrondissement. Martin était un Frère gâté par la vie : Une épouse aimante, aux grands yeux éloquents ; une carrière sans coup de Jarnac. La logique du scientifique et l'intrépidité du politique.

Bel homme, mince, à la barbe et à la moustache toujours impeccablement taillées, à l'aise dans tous les milieux, Georges Martin lui semblait l'homme de la situation.

Après l'accolade fraternelle, Georges lui désigna un fauteuil dans son bureau. Sans prendre le temps de s'asseoir, Alphonse Houbron l'interrogea :

– As-tu lu le dernier bulletin de *La République maçonnique* ?

– Non. Je n'en ai pas eu le temps.

– Eh bien, écoute cela : « Nous *avons inséré ce compte-rendu par déférence pour un correspondant, aussi n'avons-nous pas besoin d'ajouter que nous réprouvons hautement ce qui s'est passé à la loge du Pecq.* »

– C'est donc pour cela que nos Frères paniquent... Je constate que nous sommes de moins en moins nombreux à nous réunir, dit Georges Martin.

– En effet, les Frères redoutent les foudres du Conseil

---

32   Exposés maçonniques.

de l'Ordre, expliqua le Vénérable Houbron.

– Il est un peu tard pour s'en formaliser ! s'exclama Martin, en tirant sursa moustache.

– Certains mêmes nous qualifient d' « hérétiques »... soupira leVénérable.

– Maria aussi... Mais dans sa bouche, c'est un compliment, dit Martinsur un ton amusé.

– Peut-être... Mais notre loge, déjà isolée, est menacée de radiation,rétorqua le Vénérable.

– La Lumière ne devrait pas diviser, murmura Georges.

– Tu te trompes mon Frère, l'interrompit Houbron. Rappelle-toi les paroles du Christ : « Peut-être les hommes pensent-ils que je suis venu *semer la paix dans le monde. Ils ne savent pas que je suis venu semer la division sur la terre : un feu, une épée, une guerre.*»

– Oui. Le Christ a dit aussi : « Montrez-*moi la pierre rejetée par les bâtisseurs. C'est elle, la pierre d'angle.* »

– Je vois que tu connais tes classiques ! s'exclama le Vénérable.

– Tu sais bien que j'ai fait mes études chez les Jésuites.

– Mais ils n'ont pas voulu te garder !

– J'ai dit que Jésus était un agité... Les deux Frères éclatèrent de rire.

– Tes patients nous auraient pris pour des fous !

– J'ai échangé la psychiatrie pour la politique. Mais les murs de mon cabinet sont assez épais pour me préserver des oreilles malintentionnées.

– Tant mieux. Tout ce que nous disons doit rester entre nous, sous lemaillet.

– Dois-je prévenir notre Sœur Maria ? s'enquiert Martin.

– Je compte sur le médecin et le maçon...

– Le médecin peut guérir les souffrances physiques... Quant aux souffrances morales, il doit compter avec le Grand Architecte de l'Univers.

– Je sais, Georges. Ce que je te demande est difficile. Je dois convoquerla Chambre du Milieu[33]. Aussi vaut-il mieux que notre Sœur Maria n'assiste pas à notre prochaine tenue.

– Le débat entre Maîtres risque d'être orageux, commenta Georges. Notrefrère Roux les a montés contre toi.

– En effet. Il est jaloux. Parce qu'il y a eu treize initiations sous mon mandat de Vénérable, et seulement deux, sous le sien. Si tu savais comme je préférerai rester ici à deviser avec toi. La charge de Vénérable me pèse...

– Vénérable Maître, que la Lumière t'inspire !Une belle formule qui resta sans écho...

Lors de la tenue suivante des *Libres Penseurs du Pecq*, l'ambiance était électrique. Le Vénérable Houbron perçut une résistance passive chez les membres de sa loge, arrivés délibérément en retard afin de manifester leur désappro-

---

33   Nom donné à la structure ne réunissant que les Maîtres d'une loge. La tradition maçonnique dévoile qu'un Maître évolue toujours dans un monde intermédiaire, entre le terrestre et le céleste, entre l'équerre et le compas.

bation.

Son Maître des Cérémonies, particulièrement offusqué par l'initiation de Maria, prit un malin plaisir à casser le rythme des travaux. Avec tristesse, le Vénérable songea que leur atelier était en train de s'effondrer, et que son Épée Flamboyante avait été brisée, le jour où il avait reçu Maria.

-Aventure rime avec mésaventure, dans tous les romans de chevalerie, avait sanctionné le Frère Roux.

Celui-ci s'était ingénié à monter les Frères contre ce Vénérable qu'il avait toujours exécré en secret, à cause de sa prestance.

La phrase avait retourné les cervelles des plus pusillanimes. Le 11 mars, les Frères Roux, Robin, Dubois annoncèrent au Vénérable que leur loge était menacée d'exclusion si elle ne rentrait pas dans la légalité maçonnique. Ils l'accusèrent du péché d'orgueil, avec une telle véhémence, que le Vénérable eut la sensation, l'espace d'un bref instant, de revivre l'épisode du meurtre d'Hiram, l'architecte du Temple de Salomon, attaqué par trois proches, parce qu'il se refusait de leur dévoilerle plan du Temple.

Dans la réalité, le contraire s'était produit : il avait voulu leur dire la vérité. Le Temple, pour lui, n'était pas une architecture de repli, pour des hommes infatués d'eux-mêmes, mais une charpente, étayée par toutes les sensibilités qui s'y assembleraient.

Le 17 mars 1882, consterné par l'intransigeance des

Frères, Alphonse Houbron envoya sa lettre de démission à la Grande Loge Symbolique Écossaise : « *Je ne veux pas être président d'un club tumultueux.* »

Le même jour, Martin se rendit chez Maria. Avec ses longs cheveux blond cendré, sa barbe et son visage, de plus en plus émacié, il aurait pu lui servir autrefois de modèle pour une image du Christ. Malgré une violente migraine, elle le reçut en tête à tête dans son petit salon. Cette mauvaise nouvelle influait sur sa santé.

– Très chère Sœur, je suis navré de te trouver souffrante, s'empressa de dire Martin, sur un ton conciliant.

– Que viens-tu donc m'annoncer ? Les rats ont-ils déjà quitté le navire ?

– Mes Frères, Maria, ont peur...

– De quoi ont-ils peur?

– De la nouveauté.

– Parce que c'est nouveau, la chasse aux sorcières !

– Les hommes ont peur de l'autre et l'autre, c'est la Femme.

– Malgré leurs équerres et leurs compas ?

– Oui, car la géométrie de la chair n'existe pas...

– Pourquoi le corps de la Femme les obsède-t-il tant ?

– Parce qu'il donne la vie et la petite mort.

– Les Frères sont censés maîtriser leurs passions !

– Chaque frère devrait avoir peut-être connu la passion, avant d'avoir le ciel dans les yeux, poursuivit Georges Martin.

– Georges, la franc-maçonnerie est un Ordre ; pas un monastère laïc !

– Je comprends ta colère. Mais nous devons respecter le libre-arbitre de chacun. Ton initiation ne remet pas seulement en cause les Frères en tant qu'êtres sexués. C'est plus profond que cela... Il faudrait réviser les *Constitutions d'Anderson*[34]. Les règlements.Voire les rituels.Ton initiation ébranle les assises de la franc-maçonnerie.

– Je n'ai jamais été une révolutionnaire ! protesta Maria.

– Pourtant, que tu le veuilles ou non, la question de l'initiation des femmes chez les Frères s'accompagne d'une révolution humaine...

– Le Vénérable Houbron a donc fait la sienne.

– Il a pris sur lui de te donner la Lumière afin que tu puisses fonder ta propre loge... et crois-moi, il a témoigné d'une détermination peu commune.

– Je me doute que les opposants ont été nombreux.

– Non. C'est plus grave que cela. Il s'est senti trahi par un Frère qu'il estimait.

– Il y a donc un Judas parmi vous !

– Celui-ci porte bien son nom.

– Ne me dis pas qu'il s'agit du Frère Roux ?

– Je n'ai pas à accuser. Chacun récolte ce qu'il sème...

– Quelle décision as-tu donc prise, mon très cher Frère ?

– Pas moi. Mais mon Vénérable avec son collège d'officiers.

– Et il en ressort ?

---

34   Pasteur écossais dont les Constitutions, publiées en 1723, sont considérées comme lacharte de la franc-maçonnerie moderne.

– La loge va se mettre en sommeil.

– Voilà qui résout le problème.

– Ne sois pas amère. Se mettre en sommeil, cela ne signifie pas renoncer, mais attendre le moment juste pour agir. Le temps sacré ne se mesure pas comme le temps profane... Notre sablier dessine le huit de l'infini...

– En t'écoutant, je m'aperçois que j'ai beaucoup à apprendre, moi qui croyais avoir appris la patience avec ma maladie !

– Je serai toujours à tes côtés, Maria, parce que la ténacité est aussi une vertu maçonnique.

– Je te remercie pour ces paroles qui versent du baume sur ma peine.

– Ta peine passera. Mais pas ton initiative. Tu es faite, Maria, pour révéler le définitif, et abandonner le provisoire.

– Et toi, mon Frère, que vas-tu faire ?

– Ce que j'ai toujours fait, ma chère Sœur, défendre comme toi les déshérités de la vie.

– Je ne savais pas que ton activité de médecin te laissait du temps pour l'activité politique...

– Le temps, je le prends. Il se peut que j'abandonne mon cabinet si je suis appelé à devenir sénateur.

– C'est tout le mal que je te souhaite !

La même année, dans l'ombre, un autre franc-maçon s'opposait aux visées novatrices des deux chevaliers blancs Alphonse Houbron et Georges Martin. Il s'agissait d'un personnage nommé Charles-Arthur Billoin, affairiste qui ne passait guère pour être accablé de scrupules. Grand ami de Léon Gambetta et d'Auguste Vermond, il avait appris par ce dernier, l'affiliation de Maria à une loge maçonnique et était entré dansune rage folle.

– Que vient faire cette rombière en loge ? demanda-t-il à Auguste Vermond, implacable.

– Se parfaire, j'imagine, comme nous tous, bredouilla le député-maire de Beaumont.

– Se parfaire ? Mon œil ! Acheter ton journal, ça ne lui a pas suffi. Elles sont toutes pareilles, dames ou catins, il leur en faut toujours plus ! Comme si je n'avais pas d'autres chats à fouetter, moi, que de m'occuper de son cas!

– Je sais. J'ai appris ton élection à la chaire du roi Salomon de la loge *Les Amis du peuple* de Pontoise. Je te félicite. Les Frères ne pouvaient choisir mieux... dit Vermond, avalant sa salive, comme pour assumer sa courtisanerie

– En attendant, elle va voir de quel bois je me chauffe, cette rosse... Et si on l'empêchait de faire paraître son canard, ce serait drôle, non ?

– Une grève ? proposa Vermond.

– Non, trop visible...lâcha Billoin.

– J'avais oublié les ressources de ton imagination...

– L'imagination... On va jouer avec la sienne, rétorqua Billoin avec un sourire froid.

– Comment cela ? s'enquit Vermond, pas rassuré.

– Eh bien... la cadence au journal peut se révéler

infernale. Des caractères peuvent s'égarer, mais aussi quelques « morasses[35]». Si l'on sait s'y prendre, la patronne ira noyer son chagrin dans l'élixir parégorique[35]... Et le phénomène Deraismes avec. Quand tout sera fini, on arrosera ça. Je viens d'hériter d'une cave merveilleuse... Vermond en resta bouche bée.

Le 15 juin 1883, l'activité de la loge *Les Libres Penseurs du Pecq* fut donc suspendue. Georges Martin tint sa promesse. Il poursuivit son action politique et républicaine afin de rayonner hors du temple. Une ascension régulière. Rien ne lui avait fait perdre son aplomb. Il suivait sa bonne étoile comme s'il distinguait des sentinelles célestes à l'horizon. En 1884, il fut élu Président du Conseil général de la Seine.

En 1885, devenu sénateur, il n'hésita pas à proclamer devant ses pairs :

« Je n'ai jamais compris pourquoi ma mère, à qui je dois d'exister, qui m'a élevé, qui a fait mon éducation, à qui je dois d'être ce que je suis, qui avait, à l'époque de ma majorité civile et politique, vingt-et-une années d'expérience de plus que moi, était mineure alors que j'étais majeur, simplement parce que j'étais homme.

Ma mère, mise au fait par la loi au même rang que les enfants ou que les hommes qui ont perdu leurs droits à la suite de condamnations infamantes, a toujours été pour moi une raison de révolte contre cette infamie de la loi et d'antipathie pour ceux

---

35   Une feuille de papier qui sert d'épreuve pour corriger un article. 36 Sirop à base de laudanum.

des autres hommes, qui, à mon encontre, trouvent cela tout naturel.

Ce que ma raison réprouve, lorsqu'il s'agit de ma mère, elle le réprouve non moins quand il s'agit de ma femme, de celle que j'ai choisie comme compagne de ma vie, qui partage mes joies, mais aussi mes peines ; elle réprouve enfin, qu'il s'agisse de ma sœur ou de n'importe quelle femme. »

41

Comment soulever et non prendre

La visite de Georges Martin avait troublé Maria. Et les heures nocturnes la rendirent fiévreuse. « *Abandonner le provisoire, pour révéler le définitif* », n'était-ce pas prétentieux ? Contrairement à son habitude, elle s'enferma dans sa chambre-bureau pendant plusieurs jours. Elle n'avait plus goût à rien. Une servante lui apportait ses repas auxquels elle touchait à peine. Elle buvait du thé à la bergamote, un cadeau de Dotremont, pour se réchauffer. Ne la voyant plus, Dotremont s'inquiéta, d'autant plus qu'Anne se dérobait à ses questions.

Un soir, il vint frapper à sa porte. Elle lui ouvrit, parfaitement coiffée et habillée, comme pour sortir.

– J'allais descendre souper, mon cher Claude. Mais nous pouvons converser un moment si vous avez quelque sujet grave à aborder... Ma camériste doit passer pour vérifier mon chignon...

— Ce sont les apparences que tu veux sauver, Maria ?

— Parce que seules les apparences intéressent les gens. Demandez-moiplutôt comment je me porte.

— Il fut un temps où vous me tutoyiez. Puis-je donc vous demander :

« *Comment te sens-tu, Maria ?* »

— Je me sens comme une femme de cinquante-cinq ans qui a plus de passé que d'avenir. Quant à se tutoyer, ce temps-là n'existe plus. Je ne tutoie même plus mes Frères, puisque je n'en ai plus. Êtes-vous venu me donner des nouvelles de votre espionne ? Au moins, cela m'amusera.

— Je crains que ce ne soient de mauvaises nouvelles.

— Comment cela ?

— Le Temps l'a rattrapée, elle aussi.

— Je ne comprends pas.

— Vinciane a vieilli tout d'un coup. Elle a fui la capitale et s'est réfugiée dans sa maison en Normandie. Elle ne veut plus voir personne.

— Même vous ?

— Moi, moins encore que d'autres.

— Le mystère s'épaissit...

— Mystère est bien le mot. Vinciane a plus qu'une autre femme du malà accepter les marques du temps... Mais il y a plus. Saviez-vous qu›elle gardait chez elle une momie ?

— Non, je ne fréquente pas son intérieur, dit Maria, jouant sur le doublesens du mot.

– Il ne s'agit pas d'alcôve, Maria, mais de sciences occultes. Cette momie était un talisman censé lui conserver une jeunesse éternelle. C'est mon maître Éliphas qui m'en avait averti...

– Une momie dites-vous ? Un cadavre ambulant pour vous protéger de la mort ? Je ne comprends décidément pas.

– C'est une allusion au devenir des êtres...

– Vous voulez parler de réincarnation ?

– De métempsycose, précisément. Au fait que l'esprit puisse évoluer dans diverses formes... En vérité Maria, mon maître Éliphas m'est apparu en rêve depuis son décès. Vous-même occupiez mes songes nocturnes. Il vous parlait. Il disait : Maria, :« Il *faut soulever et non prendre* ». Je n'arrive pas à percer le sens de ces mots, mais avant de décéder, Éliphas avait appris que des scientifiques pratiquaient la vivisection en masse dans leur(s) laboratoire(s). Ces expériences de biologie le troublaient au plus haut point. Or, elles se sont amplifiées aujourd'hui. Je n'ai pas le pouvoir du Verbe, et je me demande si par mes rêves, mon maître ne s'adresse pas à vous, à travers moi...

– Quelle imagination, Claude, je croyais que c'était moi qui abusais du vin d'opium ! Je dois concentrer mon énergie sur mon journal et mes diverses associations...

– Je suis sérieux, Maria. J'aurais aimé votre participation à notre cénacle. Mais je respecte votre scepticisme. Pour Éliphas, il s'agissait de planter une nouvelle cause. Parmi les déshérités de la vie, il y a aussi les animaux... On l'oublie trop souvent. Figurez-vous tous ces chats et ces chiens errants, ramassés dans les rues, tailladés au scalpel...

— Taisez-vous, Claude ! Vous me donnez la nausée.

— Alors empêchez-les de hurler à la mort !

— Vous avez gagné. Je le ferai.

Le 23 septembre 1883, Maria Deraismes donna une conférence au Théâtre des Nations[36], place du Châtelet, contre l'abus de la vivisection.

D'emblée elle fit l'éloge de la presse qui avait permis au public d'être initiée aux arcanes des laboratoires...

« Oui, les animaux qu›on soumet aux expériences de vivisection ne sont *nullement insensibilisés ! Sans compassion, sans respect de la vie, la Science pouvait se définir comme le dogme immuable de son épanque. Une escroquerie. La science croyait que les animaux n'avaient pas d'âme. En cela elle se rapprochait de la théologie. En effet, Saint Thomas d'Aquin enseignait dans sa Somme théologique que l'homme possède trois facultés inférieures (la mémoire, l'imagination, la sensibilité) et trois supérieures (l'intelligence, la volonté, l'amour). Le chat, le chien... possédaient-ils ces facultés supérieures ? Ne nous donnaient-ils pas des marques d'affection tous les jours ? Des preuves qui se passaient de démonstration ? »*

La maturité avait affiné la rhétorique de Maria : « Du reste, il est à *remarquer que toutes les iniquités, tous les forfaits plus ou moins juridiques, plus ou moins légaux, ont été accomplis,*

---

36   Ancien Théâtre de la Ville

en histoire, au nom d'une entité quelconque, d'un être abstrait, un mythe : Dieu, la Foi, la Patrie, la raison d'État, érigés en tyrans. »

Maria rappela ensuite l'interdépendance entre les êtres : « À *chaqueéchelon franchi, la vie se complique, se perfectionne (…) mais, néanmoins, quelque extension qu'elles (les facultés) puissent prendre, elles proviennent de la même source...*

Cette interdépendance était *niée au nom de l'objectivité, de l'insensibilité »* synonyme pour les savants de fermeté d'âme. L'oratrice récusait cette attitude qui tuait l'humanité en nous:.

« Victor *Hugo ne serait pas le plus grand poète de l'univers s'il nejoignait à un merveilleux appareil cérébral cette faculté de ressentir à la suprême puissance.*

Le courage, l'héroïsme se puisent à une source généreuse, c'est de cette générosité qu'émerge tout ce qu'il y a de plus noble, de plus grand au monde... Vous, vivisecteurs, où sont vos héros ? »

Et elle singeait l'ennemi : « Vous me direz : quelle exagération ! De ce *qu'on immole des animaux en vue de s'instruire, s'ensuit-il qu'on immolera ses semblables ?*

Pourquoi pas ? Il n'y a pas de semblables là où il n'y a pas équivalence*de facultés, c'est-à-dire* égalité *intellectuelle.*

Dans la race humaine, comme dans toutes les autres, il existe, à côté *des* êtres d›élite, des déshérités, les mal venus, les parias de la nature, en un *mot, les incapables, les idiots, les fous, les criminels. Pourquoi la science n'en disposerait-elle pas ?*

Ceux-ci, rien ne les différencie des brutes, ils ne sont que des phénomènes de la matière inorganisée. »

Le pire pour un être humain consistait à perdre sa compassion pour tout être vivant, animal ou humain. Ici Maria était visionnaire ; elle dénonçait les dérives de l'eugénisme qui devait être prôné durant la première moitié du XXème siècle. Ainsi concrétisait-elle son initiation.

42

SATAN, LE 34ᵉᵐᵉ

Le lendemain, au petit-déjeuner, en présence de sa sœur, toujours aux aguets, Dotremont félicita chaudement son amie :

— Quel bonheur de vous écouter ! Cette conférence était, si j'ose dire, talismanique.

— Une protection ? Mais contre quoi? Contre qui ? Vous délirez, monpauvre ami, le reprit Maria.

— Contre l'accusation de satanisme ! Vous protégez les créatures de Dieu, les animaux sauvés par Noé...

— Je ne vois pas le rapport !

— Votre initiation s'est déroulée à une date critique... Le moment où le Pape a maudit, une nouvelle fois, les francs-maçons.

— Plus les attaques des catholiques sont virulentes, plus les Frères affichent leur engagement politique dans les loges !

– C'est plus grave que cela, Maria. En effet, l'encyclique du pape Léon XIII, *Humanum Genus* accuse la franc-maçonnerie de ruiner l'Église. Et l'archevêque de Grenoble, Monseigneur de Fava, enfonce le clou dans son premier mensuel antimaçonnique : *La Franc-Maçonnerie démasquée.*

– Et alors ?

– J'y viens, Maria, j'y viens... Un journaliste véreux, indicateur de la police, exclu de sa loge[37], un dénommé Léo Taxil a flairé l'aubaine. Il s'est mis à publier des pamphlets anti-maçonniques qui sentent le soufre...

– Des blagues de potache, rien de plus ! dit Maria, haussant les épaules.

– J'aimerais que ce soit le cas. Mais Léo Taxil insinue que les francs- maçons adorent le Diable.

– Je ne vois pas ce que le diable vient faire dans tout cela.

– Certes, mais Taxil est écouté par un ramassis de crétins. Et j'apprends que cet écrivain singulier, M. Huysmans, qui a publié ce roman à succès, À Rebours, enquête désormais sur les messes noires... Ce disciple de Zola s'est créé un double, « Durtal » pour appréhender l'occultisme pratique. Ses amitiés lui ont présenté un diacre apostat, l'abbé Boullan.

– Décidément vos fréquentations laissent toujours à désirer. Tout celame semble de l'hystérie pure.

---

37   *Le Temple des amis de l'honneur français.*

– Il y a de l'hystérie, en ce moment autour des loges et des arrière- loges... Je ne voudrais pas que votre nom soit sali.

– Mon ami, qui donc lit les auteurs mystiques, à part vous et quelques passionnés ? Votre Huysmans n'est pas très connu...

– Le thème de la magie noire est en train de le faire connaître. Le grand public est friand de ce genre d'histoires...

– Peut-être. Le satanisme donne des frissons à ceux qui se croient revenus de tout. En tout cas, vous savez bien que je n'assiste plus aux tenues de ma loge.

– Oui, mais vous ne reniez pas votre appartenance à la franc- maçonnerie.

– Pourquoi la renier ? Je suis fière d'avoir été initiée et je veux le signifier !

– Justement. Vous êtes libre, Maria, de vos actes. Mais je pense qu'en cemoment, toute profession de foi serait mal venue. Les forces célestes ont bien agi en mettant votre loge en sommeil.

– Je prendrai quand même la parole si les circonstances l'exigent.

– Je savais que vous me répondriez cela. Mais je voulais vous prévenir. Les femmes ont plus besoin de vous que les francs-maçons !

– Claude, la parole maçonnique souffle où elle veut...

Comme à son habitude, Maria passa outre à l'avertissement de Claude. Dès qu'il s'agissait de liberté de conscience, elle suivait son cœur.

Le 31 juillet 1884, à Beaumont-sur-Oise, lors des funérailles du frère Tantot, membre de la loge *L'Évolution maçonnique*, elle prononça son oraison funèbre : « Toute sa vie avait été d›accord avec ses principes. *Libre penseur, il n'avait jamais manqué en toute occasion, de manifester sa volonté bien arrêtée d'être inhumé civilement. Après sa mort, la loge à laquelle il appartenait, et dont le Frère Mey, docteur en médecine est Vénérable, se faisait un devoir de lui préparer des obsèques conformes à ses convictions. On avait compté sans sa famille et le clergé. La famille bigote, irrationnelle, et le clergé intrigant se sont entendus pour mener, bon gré mal gré le cadavre à l'Église.*

C'est cette même Église, dont le chef, Léon XIII, vient de vouer, à nouveau, les francs-maçons à toutes les exécrations, déclarant que leurs dépouilles abhorrées ne doivent jamais souiller le seuil des sanctuaires sacrés...

De tels actes nous démontrent que la Franc-Maçonnerie n'en est encore qu'aux premières étapes de sa mission et qu'elle ne fait qu'entrer dans la période de lutte morale incessante. Jamais la Franc-Maçonnerie n'a eu plus raison d'être, jamais sa tâche n'a été plus grande ; car, aujourd'hui, il s'agit pour elle de sauver la civilisation des manœuvres de l'esprit de réaction et de ténèbres et de triompher de l'obstacle qui entrave l'évolution progressive et pacifique de l'humanité.

Cet obstacle, vous le connaissez, c'est le catholicisme.

La Société maçonnique peut accepter la lutte parce qu'elle doit en sortir victorieuse elle a en elle la virtualité voulue ; elle a, pour elle, le prestige de l'ancienneté. Son origine se perd dans la nuit des temps, elle a des racines profondes dans l'histoire, elle peut donc opposer à son adversaire titre contre titre, édifice contre édifice. »

43

1884

MARIA ET LES MÉANDRES DU POUVOIR

Franc-maçonne ou pas, Madame Deraismes était devenue une personnalité de la vie politique et élégante. Une dame qui défiait les conventions, en chignon et collier de perles. Beaucoup de gens auraient voulu savoir ce qui se cachait derrière cette façade lisse, mais Maria cloisonnait vie privée et publique, de telle sorte qu'un impudent s'y serait cassé les dents. Le temps jouait en sa faveur.

La loge *Les Libres Penseurs du Pecq* avait cessé ses activités. Mais l'initiation de Maria n'était plus l'objet de scandale des premiers jours. Ainsi, d'autres loges souhaitaient l'accueillir, ou du moins l'entendre, écouter les accents de cette voix puissante qui retentissait en France, de plus en plus fort.

En 1884, par l'intermédiaire de Georges Martin, la loge

La Jérusalem écossaise dont il était membre, l'invita à se présenter, non pas, en tant que «Sœur», mais tant que conférencière. Des esprits mal intentionnés ajoutèrent qu'elle avait été initiée dans une loge « *sauvage* ». Ces arguties irritèrent Maria qui s'en ouvrit à Georges Martin. Depuis les remous liés à son initiation, elle le considérait comme un membre de sa famille.

– Il faut prendre de la hauteur, Maria. Sache que j'ai été initié en 1879 et radié la même année pour indiscipline.

– Radié, toi ? Comment est-ce possible ?

– Je suis beaucoup plus radical que je n'en ai l'air. Mes impressions d'initiation étaient trop critiques par rapport au Suprême Conseil, notamment quant à la mixité. C'est pour cette raison que j'ai participé à la fondation de la Grande Loge Symbolique et Écossaise. Cela ne m'a pas empêché d'occuper des postes d'officier par la suite. Je connais bien *La Jérusalem* écossaise. Il y a des velléitaires, mais aussi des Frères résolus à répandre la Lumière...

Martin émerveillait Maria. Il n'était pas obnubilé par sa carrière ou par son image. C'était un homme au-dessus de la mêlée, et l'adversité décuplait sa vaillance, au point qu'il semblait toujours arriver à faire mille choses à la fois.

Devenue symbole de la mixité en Loges, elle avait le devoir d'intervenir pour la défendre, la promouvoir. Il trancha : pas de tenue, donc réservée aux seuls initiés, mais une « tenue *blanche ouverte* » permettant une conférence ouverte à tous, francs-maçons et profanes.

– Mon Frère, si je ne te tenais pas en si haute estime, je n'irais pas et resterais chez moi à écrire, déclara Maria.

L'oratrice n'était pas très en forme. La cinquantaine qui accentuait son charisme, alourdissait aussi son corps. À la « *tenue blanche* », elle préférait noircir la page blanche. *Le Républicain de Seine-et-Oise* réclamait son attention. Les rédacteurs en chef se succédaient, parce que ce canard était un tremplin pour leurs ambitions.

Et Billoin, gros ventre, et petite caboche, était un ennemi féroce, prêt à tous les coups pour l'enfoncer. Il avait réussi à se faire nommer administrateur provisoire du *Républicain de Seine-et-Oise,* malgré l'opposition du conseil d'administration. De cette manière, il pouvait utiliser son droit de veto contre Maria.

Billoin lui en voulait d'avoir critiqué l'opportunisme de son ami Gambetta. Il lui en voulait d'avoir été initiée. Maria ne s'était pas laissée faire. En effet, pour Maria, le *Républicain* était son enfant. Un enfant qu'elle avait placé sous les auspices de la paix et qu'elle devait défendre contre des filous plus soucieux de leur carrière que de la réputation du journal.

Si des francs-maçons étaient parvenus au pouvoir en 1884, ils avaient du mal à agir de concert. Pas seulement sur la question des rites et des statuts des obédiences, mais aussi et surtout sur le plan politique. Un nouveau problème les divisait : celui de la politique coloniale.

Maria n'hésita pas à faire de son journal un outil de propagande. Elle prit parti. Pour les radicaux. Contre la conquête de l'Indochine commencée sous le Second Empire. Contre l'amiral Courbet qui attaquait la Chine hostile à l'établissement des Français au Tonkin.

Dans le numéro du mercredi 9 janvier 1884, elle prononça ses vœux de paix pour la nouvelle année : « *Ce que nous souhaitons le plus ardemment à la France, c'est le prompt rétablissement de la paix. Ce souhait exprime, du reste, le sentiment de la nation, quoi qu'en dise la presse allemande.*

Or, si nos gouvernants voient faux, le pays voit juste ; et la prise de Son-Taï n'est à ses yeux favorable, que si elle détermine une action diplomatique aboutissant à la fin des hostilités. Et qu'on ne vienne pas nous dire qu'il y a là fléchissement de la dignité nationale, abaissement du caractère français ; car si le maintien de la paix à l'Extrême-Orient et la concentration de nos forces à l'intérieur s'imposent plus particulièrement en France que partout ailleurs, il n'en est pas moins vrai qu'il n'est pas un peuple qui n'aspire à la paix, et qui ne juge la guerre que comme un moyen inférieur dont l'emploi est nuisible au développement normal de l'humanité. C'est là un progrès de l'esprit, une conception supérieure de la grandeur. Oui, plus nous avançons, plus nous pénétrons le génie de l'histoire, plus nous sommes en possession d'un grand nombre de documents expérimentaux, plus nous sommes amenés à constater que la guerre, le conflit armé, en un mot, est un procédé primitif, rudimentaire, stupide dans son horreur et conséquemment indigne du degré scientifique que nous avons atteint.»

Avec *Le Républicain de Seine-et-Oise*, Maria apparut comme une femme de pouvoir, intransigeante et dangereuse, car intègre.

Elle continuait à écrire, à donner des conférences, à participer à des banquets. Son influence s'était étendue :

elle pouvait faire et défaire des carrières.

Ainsi, dans le numéro du 12 avril 1884, elle ne se priva pas d'incendier lemaire de Pontoise, Germain, et appeler à voter pour son candidat concurrent, Richomme.

Malheureusement, aux élections de mai 1884, Marin-Prosper Richomme, son candidat, fut battu faute de pugnacité. Vainqueur, Charles-Arthur Billoin, s'en prit à la réputation de libre-penseuse de Maria, rappelant qu'elle n'avait pas toujours été hostile à la religion dans sa jeunesse.

Elle répliqua dans le numéro du 14 juin 1884, dans un article « *On n'est pas plus bête !* » : « *Mes adversaires politiques sont si forts et si malins qu'en croyant m'accabler, ils me glorifient. Ne s'avisent-ils pas d'apprendre, aux populations du département, que, moi, libre penseuse aujourd'hui, j'ai été autrefois, catholique fervente, que je suis allée à la messe, que je me suis confessée, que j'ai communié, que j'ai reçu le curé à dîner et que j'ai même peint une tête de Christ ? La belle découverte et la grande nouvelle ! Ce n'est pas le cas de dire : si Pontoise le savait ! Mais Pontoise le sait.*

En général, on commence par pratiquer suivant la tradition et suivant l'usage, sans examen préalable, la religion dans laquelle on est né et que vous impose la famille. En cela, j'ai subi la loi commune. Donc, j'ai eu le mérite, étant dans l'erreur, par le fait de superstitions et de préjugés séculaires, d'en sortir, toute seule, par la force de ma raison et l'étendue de mes études spéciales qui n'ont pas duré moins de quatre ans sur cette matière.

Cette évolution intellectuelle ne s'est opérée en vue d'aucun intérêt personnel ; j'en suis très fière, car tout le monde n'en peut pas dire autant. Je remercierais volontiers les maladroits qui ont mis en relief cette phase de transformation morale, laquelle est peut-être la plus estimable de toute ma vie.

Quant à la fameuse croûte représentant le Nazaréen et dont l'abbé Driou eut le guignon d'être le possesseur, elle peut rester pour compte ; je ne donnerais pas vingt-cinq sous pour la ravoir.»

44

« Il y a des services si grands qu'on ne peut les payer que par l'ingratitude. »

— Rappelez-vous de Gambetta, comme vous l'aviez encensé !

— Vous exagérez, Claude. Je l'avais trouvé convaincant...

— De sauveur, il est devenu damné dans votre journal.

— Je classe les individus par genres. Et pour cela, il me suffit de quatreadjectifs : petit, grand, bon, mauvais.

— Alors Gambetta ?

— Le petit bon genre.

— Pas le pire, à mon avis.

— Mais le plus ennuyeux.

Sous des dehors austères se cachait une idéaliste. Les politiciens la révulsaient. Ils se prenaient tous pour des trésors vivants.

Gambetta n'avait pas échappé à la règle. Mort et enterré depuis deux ans, son souvenir était perpétué par un groupe de pseudo-républicains, une coterie éreintée dans *Le Républicain*.

Le 16 août 1884, Maria ne mâcha pas ses mots : « Ce qui ressort le plus *de leurs agissements, c'est l'obstacle mis, à dessein, à la réalisation de toutes les réformes nécessaires, c'est la continuation et l'accentuation des guerres d'aventures, c'est le déficit en matière budgétaire. (...)*

C'est la considération acharnée contre le suffrage universel. Tous ces succédanés de Gambetta, l'homme le plus surfait du monde (...) sont inhabiles à obtenir l'estime et la confiance du pays. »

Mais l'année 1885 avait été pire que décevante, d'une cruelle banalité. Dotremont essayait de protéger Maria.

– Les plus grands services se paient par l'ingratitude[38], Maria.

– Ai-je été trop bonne, Claude ?

– Je ne dirai pas cela. Trop directe. Billoin est un agitateur. On ne peut pas négocier avec cette catégorie. Vous avez bien fait de le neutraliser, en l'excluant de sa bande d'amis. Mais je crains qu'il ne soit pas le seul, malheureusement.

Un filou pouvait en cacher un autre. Billoin avait essayé de couler *Le Républicain*. In extremis, Maria avait réussi à le conserver, mais son journal était au bord de la faillite.

---

38   Allusion à une phrase d'Alexandre Dumas père : « Il y a des services si grands qu'on *ne peut les payer que par l'ingratitude* »

François-Paul Barbe était un homme qui lui avait paru généreux : il avait «consenti» à lui verser « 10.000 F ».

Sans cette mise de fonds, *Le Républicain* n'aurait pas pu paraître deux fois par semaine, selon la périodicité annoncée. Cet ingénieur de formation avait été l'associé d'Alfred Nobel pour l'exploitation et la fabrication de la dynamite en France. Nobel n'avait pas été longtemps dupe : le Français était un ambitieux qu'il avait épinglé en une phrase :

« Il a d'excellentes capacités dans le travail, mais sa conscience est plus élastique que *le caoutchouc.* »

Coiffant Billoin au poteau de l'escroquerie, Barbe était redoutable. À la fois charmeur et dynamique, il mit à profit sa logique scientifique pour diriger *Le Républicain*. Quand le numéro fut rodé, il décida d'enrichir son carnet d'adresses, fréquentant les cercles les plus prestigieux pour les utiliser. *Le Républicain* était une carte de visite qui s'ajoutait à celle de scientifique de haut niveau. Monsieur Caoutchouc savait aussi bien s'adapter aux usages du monde de la presse qu'à ceux du monde des affaires ou de la politique. Sa formation rassurait ses interlocuteurs, son obséquiosité les anesthésiait. Y compris Maria.

Elle pensait pouvoir se reposer sur ce collaborateur, intelligent, rapide et travailleur, car en 1885, elle devint présidente de la Fédération des Groupes de la Libre-Pénsée de Seine-et-Oise. Le 22 août 1885, elle lui confia donc la direction du *Républicain,* sous condition qu'il gardât la ligne radicale.

Or, élu député la même année, en Seine-et-Oise, Paul Barbe oublia vite les promesses faites à Maria et à ses électeurs. Visant un poste de ministre, il se désintéressa du *Républicain* qui lui avait juste servi de marchepied. En 1886, il devint ministre de l'Agriculture.

On dut annoncer aux lecteurs que M. Barbe n'appartenait plus à la rédaction du *Républicain de Seine-et-Oise*.

Tous ces conflits d'intérêt minèrent Maria ; elle se sentit à bout de forces. Derrière les meurtrières pointait le bec de l'homme-faucon, omniprésent, durant toutes ces années, et de plus en plus palpable, dans lasolitude de l'opium.

45

Laudanum, le faux frère

Ces derniers temps, les traits de son personnage de cauchemar devenaientfamiliers. Mais elle ne parvenait pas à les identifier à avec ceux des hommes de son entourage. Une tête sans yeux, avec un bec, une bouche avide, et un sourire venimeux. L'homme-faucon, émanation du laudanum, avait, ces derniers mois, pris de plus en plus de consistance, ces derniers mois. Comme si elle avait alimenté une forme d'existence inconnue en absorbant cette décoction opiacée. Un prêtre aurait balayé cette idée saugrenue et aurait plutôt suggéré que c'était l'ange de la mort.

Elle entendit un volet claquer. Puis un battement d'ailes. Une forme ailée se penchait sur elle, comme si ce monstre voulait lui chanter une berceuse. Maria sombrait. Persistait le lendemain une sensation d'étouffement. Un malaise.

De nouveau malade. Sa maladie était une convalescence qui durait... Une langueur qui l'enveloppait d'un linceul. Elle s'étiolait.

Pourquoi se lever aujourd'hui ? L'aventure du *Républicain de Seine et Oise* venait de se terminer, sans fracas mais avec de lourdes pertes, financières et surtout morales.

Finalement les manigances de Barbe l'avaient poussée à se retirer du *Républicain*. Se frotter au monde politique l'avait rendue amère. L'action politique qui l'avait passionnée, et en laquelle elle avait cru, n'avait pas porté les fruits escomptés. Elle commençait de s'en détourner. Son indépendance d'esprit et ses rentes ne pesaient pas autant qu'elle l'avait imaginé. Aux yeux de son entourage masculin, excepté Dotremont, elle restait une femme, par conséquent imprévisible, sujette à ses humeurs, à ses émotions, et donc reléguée à des tâches subalternes.

Le Grand Orient de France l'avait mise sur la touche, ainsi que La GrandeLoge Symbolique Écossaise. Les Frères se battaient pour faire partie du nouveau gouvernement. Et voilà qu'ils se félicitaient : l'un d'entre eux, le Frère Tirard avait été chargé par Sadi Carnot[39] de constituer le nouveau ministère. Où résidait la spiritualité là-dedans ? Chacun ne pensait qu'à l'emporter sur son adversaire. Privée de droits politiques, bannie de la franc-maçonnerie , elle se sentait une anomalie dans l'évolution de l'espèce.

La bonne frappa à sa porte. Sa sœur Anne apparut à ses côtés. La tête saturée d'images et de pensées lugubres,

---

39   Sadi Carnot (1837-1894), président de la République en 1887, il fut assassiné parl'anarchiste Caserio en 1897.

Maria se força à sourire. Elle rejeta les draps, se couvrit d'un châle, puis demanda à une domestiquede lui verser de l'eau dans un broc afin de se débarbouiller. Anne prenait la tête sérieuse du messager, chargé d'annoncer les bonnes ou les mauvaises nouvelles.

— Beaucoup de courrier aujourd'hui ? interrogea Maria.

— Comme d'habitude. J'ai ouvert celui qui nous était adressé. La *Société pour l'amélioration du sort de la femme* te réclame...

– ...Nous réclame ! Je te rappelle que tu en es la trésorière ! dit Maria, engrimaçant.

— Oui, Maria. Mais là, il ne s'agit pas de bilan financier. Le député Yves Guyot[40] te demande si ta santé te permet de présider la conférence qu'il compte donner, le 14 mars, au Siège de l'Association...

— Sa confiance m'honore. Je ne peux m'y soustraire. Je vais lui répondre tantôt. Mais d'ici là, j'aimerais que tu me joues quelque chose au piano. Du Chopin, par exemple.

— Mais tu n'as encore rien avalé ce matin... Ne veux-tu pas déjeuner d'abord ?

— Je n'ai pas faim. Depuis le départ de Dotremont, je n'ai plus faim. Ma pauvre sœur, il me manque plus que je ne l'aurais soupçonné... On ne devrait jamais s'attacher à personne.

<u>Gênée par la</u> tournure sentimentale de leur dialogue,

40   Yves Guyot(1843-1928), député d'extrême gauche, d'origine bretonne, de 1885 à1893.

Anne préféra ramener la conversation à la musique.

- Te rappelles-tu quand je te donnais des leçons de piano ?

- Je m'en souviens Anne. Mais c'est un souvenir dou-
  loureux, tu étais beaucoup plus appliquée que moi. Et
  j'ai encore moins le courage de m'y remettre. Pourtant
  le piano serait le seul confesseur que je puisse tolérer...

Elles s'installèrent au salon. Anne lui joua des *Nocturnes*
de Chopin. Maria se revoyait des années en arrière auprès
d'elle, assise sur un tabouret capitonné de velours. Anne
aurait pu être pianiste, et elle, peintre. Mais ni l'une, ni
l'autre n'étaient prêtes à se consacrer des heures durant, à
des instruments ou des outils, quels qu'il fussent. Et puis,
Maria n'avait jamais cru à son talent d'artiste. La peinture
et la musique étaient deux passe-temps essentiels quand
on appartenait à la haute bourgeoisie, et que de surcroît,
on était née femme.

Sans prendre parti dans la querelle entre Anciens et Modernes, Maria appréciait les Impressionnistes. Mais la
peinture ne lui manquait pas ; la musique, si. Souvent
Dotremont s'asseyait au piano après le dîner et impro-
visait une mélodie. Il lui parlait de son compatriote Cé-
sar Franck et du talent prometteur d'un élève de Chopin,
Claude Debussy.

Le piano était le grand coffre magique où elle déposait ses
pensées et ses sentiments complexes. Quand Dotremont
palpait les touches d'ivoire, quand ses mains parcouraient
le clavier en crescendo, elle aurait voulu pouvoir lui chu-
choter avec douceur, au mépris des bienséances, tous les

mots qu'elle ne mettrait jamais dans ses écrits.

Au piano, elle pouvait se confier. Lui dire à quel point la jeunesse de Dotremont constituait une bénédiction et une malédiction. Combien sa présence pouvait être insupportable. Et son absence intolérable. Il y avait quelques semaines, il lui avait annoncé son départ en Belgique : sa mère venait de décéder et son père l'avait fait quérir. Il avait laissé ses livres et des effets personnels en promettant de revenir.

Maria avait eu la prémonition qu'elle ne le reverrait plus. Sa famille n'allait-elle pas finir par lui présenter une fiancée convenable ? N'était-il pas lassé de la vie parisienne, de ses mondanités et de ses oripeaux ?

À peine parti, il lui manquait. Le piano avait été témoin de ses élans et deson rêve inachevé d'amour.

Certains cyniques disent que l'amour est un piège, et elle ne s'y était pas laissée prendre entièrement. Dotremont lui était très cher. Il lui avait permis d'affiner sa pensée. Mais elle n'avait pas réussi à se moquer des conventions : la communauté d'esprit et de cœur ne pouvaient gommer la différence d'âge entre eux. Elle avait fui le sordide pour ne garder que le merveilleux de cette rencontre.

La pluie crépitait bruyamment contre la porte cochère du 72 rue Cardinet.Anne jouait du piano. Un Nocturne chargé de larmes que Maria se refusait à verser. La pluie, toujours elle, peignait des barreaux dérisoires sur les vitres des fenêtres. L'eau détournait le feu, sans l'éteindre. Spleen. Son corps avait des barreaux. Son cerveau avait des barreaux. Elle pouvait aider les autres à se libérer, mais elle s'était forcée elle-même à suivre la même ligne de conduite.

Dotremont parti, elle regretta sa froideur. Elle essayait de se concentrer sur le spectacle de sa sœur au piano. L'instrument lui souriait d'un air féroce, s'élargissant comme une cicatrice. Hallucination due au laudanum

? Nouvelle apparition de l'homme-faucon ? Elle ne savait pas exprimer ses sentiments. Elle n'avait jamais su. Pas plus qu'elle n'avait jamais su être une séductrice. Elle était une femme d'action, une amazone en jupons pour ses ennemis, qui avait choisi la plume pour vitrioler les égoïstes.

Elle ne pouvait, à elle seule, empêcher le nombre de nécessiteux croître. Elle avait trouvé des compagnons et des compagnes de taille, espérait- elle, à dresser les colonnes d'un temple virtuel et réel. Peu importait leur style, ionique, dorique ou corinthien, il fallait apprendre aux cous graciles des Cosette, aux cous noirs des gueux, à se redresser.

Les doigts légers d'Anne le clavier, comme s'ils butinaient. Maria tendit l'oreille. Anne était une élève besogneuse dont le toucher ne serait jamais aussi précis, délicat et velouté que celui de Dotremont. Sa sœur avait beaucoup de qualités, mais une sensibilité... d'huître !

Seul Dotremont savait arracher à l'instrument des résonances qui la bouleversaient, comme s'il voulait lui parler dans une autre langue, universelle, des correspondances qu'il avait trouvées et étudiées dans la nature. Elle avait beau être écrivain, le langage avait ses limites fixéespar la grammaire, la syntaxe et le lexique. La musique agissait d'après Dotremont, sur notre champ électro-magnétique. L'être humain avait oublié les lois naturelles inhérentes au mouvement de la vie.

Il avait peut-être raison. Par rapport à lui, Maria se sentait une femme simple. Sur les chemins de l'égrégore[41], elle n'avait retrouvé ni le pouvoir de la clairvoyance ni celui d'apaiser la douleur.

Mentalement elle dédiait à Anne et Dotremont les touches d'ivoire du merveilleux instrument de torture.

---

41   L'égrégore signifie l'âme collective, née d'un fluide magnétique circulant entre lesfrancs-maçons, influx de bien-être.

46

Secret médical

— Que préférez-vous, Madame ? Gagner du temps sur le mal ou ne plus en ressentir les effets ? demanda le docteur Maubrac.

— Docteur, j'ai des obligations, répliqua Maria avec une moue. En conséquence, je veux être bien portante.

— Excusez ma franchise, mais c'est impossible. Vous êtes atteinte d'un mal incurable. En revanche, il est possible d'en masquer les effets. Comme vous le savez. C'est la raison pour laquelle mes confrères vous ont prescrit régulièrement du laudanum. Vous vous êtes accoutumée à des doses de plus en plus fortes. Je peux les augmenter encore, mais je dois vous mettre en garde sur les effets : votre corps en accusera le contrecoup. Vous ressentirez de moins en moins l'euphorie des premières doses, par contre vous aurez sans doute des bouffées de chaleur, les jambes lourdes et un état fiévreux dès que vous essayerez de vous en passer.

— Et ensuite ?

— Plus on augmente la dose, plus la respiration ralentit.

— En somme, pour mener une vie active, je dois en consommer. Mais plus j'en consommerai, moins longtemps je vivrai. Le seul bénéfice étant de vivre sans douleur. Vous me laissez choisir entre le coma ou l'agonie...

— Madame, si vous me permettez cette remarque un peu hardie, je crois que vous avez déjà choisi en votre for intérieur. Entre une vie courte et brillante ou une vie longue et obscure...

— J'ai la vie que j'ai. Et je n'ai jamais eu envie d'être une héroïne. J'ai eu envie d'être libre. Mes parents étaient brillants. Ce sont eux qui m'ont inculqué ce goût de la liberté. Achille et tous les héros de la mythologie dépendaient des dieux. Moi, je n'ai voulu dépendre de rien, ni de personne. Aujourd'hui je ne veux pas dépendre de la douleur physique. Je n'éprouve pas d'angoisse à mourir. J'ai peur de souffrir, pas de mourir brutalement. Le reste, ce sont des mots sur du papier. Alors, donnez-moi de quoi me projeter au-dessus de l'abîme...

Le docteur Maubrac fut le médecin qui suivit Maria jusqu'au dernier souffle. Après les morticoles qu'elle avait dû tolérer, il était le seul à avoirété à l'écoute. Il lui renouvela son ordonnance, mais eut scrupule de lui prescrire des doses massives, de peur d'être responsable du décès de sa patiente. Il s'était attaché à cette femme atypique qui griffonnait des feuillets pendant des nuits entières et citait le nom de ses amis connus avec humilité.

En 1887, il espérait qu'elle vivrait suffisamment encore pour parler de ses projets avec ce détachement qui la caractérisait. Cette année-là, Maria avait besoin de tonus pour présider encore la *Société pour l'amélioration du sort de la femme*. Cette institution, déjà ancienne, aurait survécu tant bien que mal. Mais le sort des femmes ne s'améliorait pas, parce que les mentalités n'évoluaient guère, en particulier sur le sujet de l'égalité des salaires ou le droit au divorce. Certaines femmes s'étaient habituées à leur statut de victime. Protester, avoir l'énergie de dénoncer la législation présente, leur semblait trop viril. Les autres, obligées de travailler, étaient freinées par les difficultés du quotidien, et ne pouvaient pas avoir le recul nécessaire à une remise en cause du système établi.

Maria se rendait compte que le rayon d'influence de cette *Société* restait court. Longtemps, les conférences lui avaient paru le canal le plus approprié. Au député du premier arrondissement de Paris, Yves Guyot, qui partageait la présidence avec elle, Maria osa formuler ce principe de la séduction : se faire désirer. En cela, elle se rappelait les conseils de Claude, assaisonnés de bons mots.

— Maria, un bon orateur est un séducteur. Un mauvais, un rustre ou un cul gelé !

Ainsi déclara-t-elle avoir voulu espacer à dessein ses interventions : « La *conférence est plus accessible ; on l'organise à moins de frais. Seulement en France on manque de persévérance.*

Dès qu'une même thèse se représente plusieurs fois sur une affiche comme devant être traitée à nouveau, la curiosité publique tourne le dos et cherche ailleurs une excitation qui l'aiguise ; chez nous, on use d'une idée avant de l'avoir réalisée ; on se lasse d'une question avant de l'avoir résolue. (…) C'est pour cette raison que nous avons espacé nos conférences, sachant par expérience, que ces appels au public ne réussissent que lorsqu'ils sont peu fréquents.»

De Bruxelles, Dotremont avait fini par écrire à Maria une longue lettre, pour s'enquérir de sa santé. Dans ce courrier il lui racontait aussi le déclin brutal de Vinciane. Maria en frémit, elle n'était pas la seule à subir les outrages du temps. Maigre consolation.

«Vinciane avait calculé. Et comme tous les calculateurs, elle s'était égarée, victime de ses perceptions erronées. Vinciane ne pouvait que perdre par rapport aux forces qu'elles avait déchaînées. Faire entrer une momie dans son boudoir lui avait procuré des sensations d'omnipotence. Elle avait balayé l'Histoire . Le rituel égyptien du Livre des Morts avait été lu. *L›ombre de la prêtresse de Bastet avait* été soudée à cette momie. *Simplement, à partir du moment où la momie avait été sortie de son sarcophage, l'ombre de la prêtresse s'était répandue dans le boudoir de Vinciane. Cette ombre voulait vivre ou plutôt continuer en fantôme sa vie de jouisseuse. Et celle-ci avait pris possession du corps, cellule après cellule, puis du cerveau de cette mortelle folle de son propre corps. Son domestique égyptien m'appela à la rescousse pour savoir quelle décision prendre. Personne ne devait savoir qu'elle finirait ses jours dans un asile et non dans son manoir normand, à Étretat.*

Je lui rédigeai une sorte de lettre-type qu'il pourrait utiliser pour dresser un mur entre la courtisane et ses admirateurs. Le charme était rompu. La miraculeuse jeunesse de Vinciane se dégradait au fil des heures. Des sillons creusaient les joues. Des poches saillaient sous les yeux violets. Le menton menaçait de s'effondrer. Vinciane n'avait pas été initiée dans le Temple consacré aux prêtresses de Bastet. Et la vraie prêtresse se vengeait de l'avoir enchaînée à son destin de mortelle...»

Horrifiée, Maria n'avait pas le cran de lui répondre : « Je ne suis même *pas l'ombre de moi-même ; c'est bien pis, je suis une charogne.* »Au borddu gouffre, pourtant elle devait, si elle voulait rester fidèle à elle-même, et à ses convictions, recourir encore aux mots pour la transmission de son savoir, de son expérience de la vie, minée par un mal souterrain. La maladie avait été son premier outil de franc-maçon. Le premier compas pour tracer la circonférence du monde.

47

Rassembler ce qui est épars

Un autre homme avait pris une grande place dans la vie de Maria : Georges Martin. Il voulait la mettre dans la lumière, en tant que femme d'exception. Une exception capable d'actualiser les *Constitutions d'Anderson*. Ces textes fondateurs, écrits par un pasteur écossais, en 1723, avaient permis la mise en place d'une maçonnerie spéculative, intellectuelle, exclusivement masculine. Reflet d'une époque et de mœurs révolues, à ses yeux. George Martin était féministe dans l'âme.

Bien que Frère éminent, certains propos d'Anderson le révoltaient par leur étroitesse d'esprit : «*Les personnes admises en tant que membres d'une loge doivent être des hommes bons et sincères, nés libres et d'âge mûr, et plein de sagesse, ni esclaves, ni femmes, ni hommes immoraux ou de scandale, des hommes de bonne réputation.*»

En 1890, la loge *La Jérusalem Écossaise* dans laquelle Georges Martin avait été initié, avait adressé, à son instigation, à tous les ateliers de France, sans distinction d'obédience, une circulaire qui les invitait à étudier de près la question de l'admission des femmes aux côtés de Frères.

En attendant leur réponse, il avait proposé à Maria d'organiser chez elle des réunions informelles.

– C'est Marie, mon épouse, qui m'a soufflé l'idée, lui dit Georges.

– Nul besoin de te justifier, très cher Frère. Ma maison t'est toujours ouverte, à toi, ainsi qu'à tes proches.

– En attendant d'avoir un temple...

– Oui, c'est mieux que rien.

En 1890, Maria comptait soixante-deux hivers. Le corps ne suivait plus l'esprit. Elle avait ralenti le rythme de ses conférences, participait moins à la vie sociale. Mais elle se penchait toujours sur la lutte sans merci à laquelle se livraient les loges maçonniques et les partisans du catholicisme à cette époque, à travers les journaux.

Au Grand Orient, les Frères faisaient des planches[42] sur des sujets d'actualité. La quête symbolique était délaissée. Maria pensa que le Grand Orient commettait une bévue : il était nécessaire de poursuivre de front le travail initiatique. Seul un langage commun permettait de dépasser le narcissisme et de poser les jalons d'un monde nouveau. Cela n'empêchait pas d'analyser les problèmes de société...

---

42 Des exposés maçonniques.

Sous l'emprise du laudanum, Maria avait de fréquentes crises de vomissements. Elle ne dormait plus. Les vapeurs de l'opium la plongeaient dans un état bizarre, flottant, mais de grande vigilance : ses perceptions s'aiguisaient et le moindre bruit la faisait sursauter. Au cours de l'année 1891, elle entendit parler des mouvements anarchistes qui sévissaient à Paris.

Une guerre larvée se tramait contre les nantis, qui poussait les déçus de la Commune et une poignée d'utopistes à fabriquer de la poudre à canon, avec du charbon de bois et des matériaux de récupération, dans des mansardes ou des trous à rats.

Des bombes artisanales éclatèrent à côté de commissariats de police et provoquèrent le décès de plusieurs agents, dont l'espion qui avait talonné ses pas depuis le début de ses conférences.

Le 8 mai, la loge *La Jérusalem Ecossaise* porta à son ordre du jour l'étude d'un projet de constitution de loges mixtes. Georges et Maria comptaient sur son aval pour concrétiser ce projet devant bouleverser la franc-maçonnerie traditionnelle.

Le début des réunions fut repoussé à juin. Comme convenu, Georges Martin et son épouse Marie, la scientifique Clémence Royer[43], la communarde Maria Pognon, la militante sociale Marie Bequet, Marguerite Cremnitz (fondatrice des crèches dans le XVIème arrondissement), Louise David, Charlotte Duval, Florestine Mauriceau,

---

43   Clémence Royer, traductrice de Darwin.

Julie Pasquier, Marie Pierre, Myrtille Renget, Eliska Vincent-Girard et Louise Wiggishof se retrouvèrent chez les sœurs Deraismes. Fébrile, Anne participa à toutes les réunions : son souhait ardent de participer à l'Histoire se concrétisait sous ses yeux.

Un thème fut choisi pour la première réunion : la politisation des loges.Maria ouvrit le débat.

— Mes amis, la franc-maçonnerie n'est pas un club politique. Chaque loge est le fragment d'un Tout... Toutefois il est nécessaire de connaître les forces idéologiques en présence. La France compte environ trente-six millions d'habitants. Parmi eux, trente-cinq millions sont catholiques ; six cent mille sont protestants ; cinquante mille sont juifs ; soixante mille, libres penseurs. Et parmi les libres penseurs, parmi les loges, combien sont-elles ouvertes aux femmes ?Je vous laisse faire le calcul...

Comme elle fut prise d'une quinte de toux, Georges Martin enchaîna. Il expliqua à l'assemblée la portée du terme « Loge ».

— Vous avez dû entendre ce mot répété dans la presse de tous bords. Sachez qu'il est hérité des bâtisseurs de cathédrales. La Loge était alors un abri adossé à l'édifice en construction. On y rangeait les outils ; on s'y abritait ; on vérifiait les plans de construction.

Les réunions chez les sœurs Deraismes se transformèrent donc en séances d'instruction. Georges Martin et Maria se relayaient pour rappeler des points de l'histoire de la franc-maçonnerie, expliciter des symboles courants, nécessaires au travail de l'apprenti.

Le temps pressait. L'homme-faucon perturbait le sommeil de Maria, et s'approchait de son lit, chaque nuit davantage.

En tant que médecin, Georges Martin s'inquiétait de la mauvaise mine de Maria :

— Ma très chère Sœur, tu te mets en danger en abusant du laudanum. L'opium agit sur ta personnalité. Il te change. Il change ta voix. Elle est evenue plus rauque. Ce n'est plus toi...

— Tes propos me touchent. Mon médecin de famille m'a alertée. Je ne peux plus revenir en arrière. La montagne était trop longue à gravir sans aide... Mais changeons de sujet, si tu veux bien. La maladie n'est pas une tare et je ne veux pas assombrir le visage de nos amies en l'évoquant. Dis-moi plutôt si tu as reçu des échos de *La Jérusalem écossaise*?

— Hélas, non ! Je n'ai toujours pas eu de retour de cet atelier et des autres ... répondit Georges, en pesant ses mots.

— Eh bien ! Nous nous passerons d'eux. Je veux voir de mon vivant d'autres initiations de femmes par des Frères, d'hommes par des Sœurs .

— Sur l'équerre et le compas, je te le promets, Maria. Georges Martin hocha la tête ; Maria sourit.

Mais ce simple sourire semblait l'épuiser. Fini de tergiverser. Elle éprouva une nostalgie des remarques impertinentes de Dotremont. Elle serra les mâchoires. Elle n'avait plus le temps, ni l'envie d'attendre le bon vouloir des autres, de subir l'hypocrisie purulente. S'il le fallait, elle fonderait sa propre obédience pour offrir un cadre maçonnique à des loges mixtes.

Depuis des années, de son côté, Martin, aussi, se battait contre des moulins à vent.

— Mon Don Quichotte, se moquait de lui tendrement son épouse Marie.

Une gentille boutade. Avec une grande part de vérité. Il n'avait jamais ménagé sa peine, ni son argent. Deux points communs avec Maria Deraismes. Combien de fois avait-il soigné gratuitement des indigents ? Il ne demandait d'honoraires qu'aux riches. Il n'envoyait pas de note. Ce n'était pas son genre de réclamer.

— Attitude plus offensive, songea Martin.

La peur de l'échec l'avait longtemps paralysé. En prêtant une oreille attentive aux propos de Maria, il s'était senti investi d'une mission. Il avait trouvé son rôle et son personnage : un rôle d'utopiste, un personnage de philanthrope. Il ne pouvait plus faire marche en arrière. C'était son défi intérieur. Un défi perçu par son épouse, Marie. Celle-ci l'avait toujours approuvé. Cette fois, tout son comportement respirait l'admiration et la tendresse.

Soutenu par sa compagne, Georges, et Maria furent définitivement persuadés qu'il fallait créer une structure maçonnique nouvelle, mixte, où les Frères et les Sœurs pussent étudier ensemble tant le symbolisme que les problèmes sociaux, en particulier, en faveur des plus démunis : les femmes et les enfants.

Ils l'appelleraient symboliquement : *La Grande Loge Symbolique Ecossaise, Le Droit Humain*. Cette fois, il s'agirait de donner une dimension universelle à la franc-maçonnerie, par delà le masculin et le féminin, par delà les religions et les croyances.

– Dans n'importe quel groupe, rappelle-toi, Maria, il n'y a qu'une personne sur dix qui puisse s'affirmer, pionnière.

– Nous avons dépassé ce chiffre.

– Justement. Tu peux être fière de ce que tu as accompli, et de ce que tu laisseras après toi. Nous n'avons pas seulement pris le train de l'Histoire ; avec toi, nous retrouvons le temps de la Parole d'Hiram, le temps de l'harmonie sur le grand chantier de l'univers. Ta parole porte, Maria, et dépassera, un jour, les frontières de cette demeure, de ce pays... Les paroles du Mensonge et de la Vérité se sont toujours affrontées. Et elles continueront à s'affronter. Mais nous, Frères et Sœurs du Droit Humain, nous irons de l'avant, guidés par la Force de notre conscience, la Sagesse des mythes, et la Beauté de notre rituel qui substitue l'ordre au chaos, l'équité aux lois bafouées.

48

Printemps 1893,

LE DROIT HUMAIN

Sa voix ne fut pas seule à se modifier. Son écriture se déformait. Maria s'en amusait elle-même : Monsieur Jourdain faisait de la prose sans le savoir ; moi, je fais de l'écriture automatique !

À la demande d'Anne, le docteur Maubrac passa deux fois par semaine examiner Maria. Son pouls était faible. Sa pupille fixe par moments. Elle avait soif, mais d'une soif inextinguible qu'aucune eau de source n'arrivait à apaiser.

— Madame, vous n'avez pas été raisonnable.

— Vous vous trompez, mon cher docteur. Toute ma vie, je l'ai consacrée à la Raison.

— Il faut vous reposer.

— Je crois que je me reposerai dans la tombe.

— En attendant, un vrai repos est essentiel pour ranimer vos forces...

— Peut-être. Mais pour combien de temps ? Combien de temps me reste-t-il à vivre ?

— Vous m'embarrassez. J'établis des diagnostics, et non des pronostics.

— Il y a des signes qui ne trompent pas. Je ne suis pas dupe, docteur !

Le docteur se tut. Il refusait de répondre. Maria se doutait qu'il lui restait tout au plus un an à vivre. Dans son dernier cauchemar, l'homme-faucon l'avait prise dans ses bras, et fait tournoyer au-dessus de son lit à rouleaux. Elle s'était vue comme un linge sur le tapis. Une tunique de peau. Son propre corps lui était apparu comme un vêtement de chair fripée. Au moins, Dotremont, obligé de rester à Bruxelles, n'assisterait pas à ce spectacle répugnant.

Du jour où elle et Georges s'étaient mis d'accord pour créer une obédience mixte, le temps devait s'accélérer.

— Très cher frère, je te propose de fixer des dates.

— Tu as raison. Un calendrier précis est nécessaire pour battre le rappel de nos troupes, dit Martin avec humour.

— Je parle très égoïstement en mon nom. Je ne suis pas sûre de pouvoir assister ensuite aux tenues. Le laudanum agit de moins en moins et je crains la douleur.

— J'entends bien. Concentrons donc nos séances sur mars et avril. Est-ce que cela te convient, ma très chère Sœur ?

- Parfaitement.

- Malheureusement nous n'avons pas d'officiers pour fonder notre ordre.

- Et bien formons-les, répondit Maria.

- En fait, il faudrait avoir un ordre pour pouvoir former des officiers. Nous sommes pris dans un cercle vicieux ma chère : il faut un ordre pour avoir des officiers, et des officiers pour fonder un ordre.

- Je te l'ai déjà dit, il faut transgresser pour progresser. Nous n'avons plus le choix.

Onze ans plus tôt, Maria était passée en quelques heures du statut de profane à celui de Maître. Une singularité maçonnique. Georges Martin avait défendu cette approche expéditive. Les éléments de la maîtrise lui avaient été transmis par « communication ».

À présent, elle et Georges allaient initier des profanes, au sein d'une obédience qui n'existait pas et que ces futurs maçons contribueraient à créer.

À la suite de l'entrevue avec Georges Martin, cinq dates furent retenues. Marie Bequet proposa son domicile, dans le XVII ème arrondissement afin de réunir, le 4 mars 1893, les impétrantes. Comme Maria, Marie Bequet appartenait à la grande bourgeoisie et disposait de revenus importants. Elle avait fait un mariage d'amour en épousant un libre penseur et conseiller d'État, Léon Bequet. Veuve à trente-sept ans, sans enfants, Marie s'était engagée ensuite dans une vie militante. À cette époque, la condition féminine indiquait l'une des lignes de fractures entre la droite et la gauche. Marie Bequet choisit son camp : la gauche.

Dès 1876, Marie avait ouvert un foyer pour les mères célibataires dans le XIV ᵉᵐᵉ arrondissement de Paris, puis dans le XVII ᵉᵐᵉ. Elle luttait pour sensibiliser la société à la protection de l'enfance. Son action socialefut soutenue par Maria et par de nombreux ministres, dont Jules Ferry.

Le 14 mars 1893, quatorze femmes furent initiées, dans l'appartement de Marie Bequet. Parmi elles, Marie Bequet, Marie Martin, l'épouse de Georges, Clémence Royer et Anne, la propre sœur de Maria.

Maria Deraismes et Georges Martin officiaient ensemble.

Les membres de ce même cercle furent élevés au grade de Compagnon le24 du même mois, puis, au grade de Maître, le 4 avril, en compagnie de deux nouvelles apprenties. Le 4 avril 1893 eurent lieu les élections du premier collège d'Officiers, de la nouvelle Grande Loge Symbolique Ecossaise de France, le Droit Humain. Maria en fut élue Vénérable ; Clémence Royer Vénérable d'honneur ; Marie Bequet, première Surveillante, c'est-à-dire chargée de l'instruction et de la formation des Compagnons.

Ce fut encore Marie Bequet qui prêta un local, 33 rue Jacob, dans le VI ᵉᵐᵉ arrondissement, pour que la loge du Droit Humain pût se réunir régulièrement. Cette loge se réunit neuf fois, sous la présidence de Maria.

En novembre 1893, Maria eut un malaise et fut obligée de renoncer à sonposte de Vénérable, sachant qu'il fallait une main solide pour tenir le maillet.

Maria s'alita pour ne plus se relever. Une servante lui portait ses repas dans sa chambre. Au bout de quelques semaines, Maria demanda du laudanum à sa sœur.

— Le docteur Maubrac refuse de t'en prescrire, soupira Anne.

— Alors, c'est la fin.

Anne ne répliqua pas. Le laudanum n'avait plus aucun effet sur Maria. Son organisme y était devenu insensible, le dernier bouclier contre la maladie. Dès qu'elle prenait quelques bouchées d'un aliment, elle vomissait. S'ensuivait un long dégoût pour cette carcasse secouée de tremblements, déjà habitée par la vermine vidant ses boyaux sur les draps de percale. Dès qu'elle esquissait un geste, elle avait l'impression que ses os allaient s'effriter. Mais son esprit restait clair, trop clair à son goût.

— Cette pureté de diamant m'exténue...

Les semaines passaient. Maria se posait des questions qu'elle savait sans réponse.

Ses amies Marie Martin, Clémence Royer, Marie Bequet étaient impressionnées par son sang-froid. Maria mettait ses dernières forces dans un combat qui la dépassait, le combat éternel de l'ordre contre le chaos.

Le 9 décembre 1893, Auguste Vaillant lança dans l'hémicycle de l'Assemblée Nationale, un engin rempli de clous. L'explosion ne fit que quelques blessés parmi les députés. Mais la répression s'abattit sur ces groupuscules extrémistes. Des enquêtes policières furent lancées, tandis que Maria œuvrait pour la paix et l'harmonie.

Le 5 février 1894, à la suite d'une lettre de remerciement de la *Fédération des mouvements féministes*, concernant l'électorat féminin aux tribunaux de commerce, Maria déclara à ces mêmes amies qui l'entouraient de tous leurs soins : « Oui, je crois à la victoire. Mais elle vient trop tard pour *moi. Je vois nos revendications aboutir. Je pars avec l'idée consolante que cela ne sera pas trop long. Mais restez unies entre vous toutes, le succès en dépend.* »

La clef du Droit Humain résidait dans l'unité. Parce qu'elle avait été souvent l'arbitre de querelles politiques, Maria insista : « *Restez unies ! Aidez-vous! Secourez-vous! Et ne laissez jamais rompre votre chaîne d'union. Que l'anneau qui va se briser ne soit pas une cause de faiblesse et, en lui soudant de nombreux anneaux nouveaux, accroissez la force de la chaîne. N'oubliez pas que la porte du Temple doit rester ouverte à nos Frères et Sœurs. La maçonnerie qui a été pratiquée jusqu'ici appartient au passé, vous, mes Sœurs, pratiquez la Maçonnerie de l'Avenir.*

Je vous laisse le Temple inachevé, poursuivez entre ses colonnes le droit de l'Humanité. »

Ce fut son ultime discours, et la continuité de son testament philosophique.

La veille, Maria avait lu dans *Le Petit Journal* qu'Auguste Vaillant avait été guillotiné, et qu'un Belge, un certain Claude Dotremont avait été arrêté, puis relâché, faute de preuves. Elle avait découpé l'article pour le relire et le dérober aux yeux de son entourage. Ainsi Dotremont était-il parti pour la protéger, et faire couler le sang de ces privilégiés, dont ils faisaient partie, elle et lui. Comment avait-il pu se résoudre à utiliser ces instruments meurtriers ? Ou bien n'était-ce encore qu'une expérience ? Les êtres humains autour de lui semblaient des marionnettes dont il se plaisait à tirer les fils. Dotremont citait souvent Machiavel, affirmant qu'il fallait être généreux avec les ressources des autres, et économe avec les siennes.

Et il se référait aussi à un texte hermétique qui disait que « l'homme *possède naturellement, en commun, avec les animaux, un instinct qui l'éloigne involontairement des êtres hostiles ou funestes à son existence. Mais il néglige si souvent cet instinct, que c'est une faculté qui s'émousse.*[44]» Avait-il péché par négligence ?

Vinciane était hors-jeu. Désormais, après avoir quitté l'arène sociale, Maria devait laisser son enveloppe corporelle, s'en allant avec le regret de n'avoir pas assez approfondi ce qu'il y avait après cette séparation suprême qui commençait à la mort et finissait on ne savait où, dans une poussière d'étoiles.

Comme le bruissement des ailes de la mort semblait suave aux oreilles qui avaient perçu la clameur des terroristes !

On était le 5 février. Maria grelottait sous son édredon. Elle avait demandé à Marthe de rester près d'elle, durant la nuit, pour alimenter le feu. Marthe s'assit devant l'âtre ; elle tisonna le feu de bois jusqu'à l'aube. Mais la provision de bois s'avéra insuffisante. Au matin, il n'y avait plus qu'un cercle de cendre chaude. Marthe se précipita d'aller

---

44   Citation dans le roman <u>Zanoni</u> (1842) d'Edward Bulwer-Lytton

chercher du petit bois dans la réserve ; quand elle revint, l'homme-faucon s'était jeté sur sa proie et l'avait emportée dans ses serres.

Marthe refoula ses larmes et courut prévenir sa maîtresse. Anne la chargea de faire la toilette de la morte.

Le 6 février, Maria passait à l'Orient éternel.

Quelques jours après, un révolté, Émile Henry, commit un attentat dans un café, tout à fait ordinaire, à l'enseigne près, *Le Terminus,* près de la gare Saint-Lazare.

La fin du XIXème siècle se soldait à la fois par une menace et un espoir. La menace d'être au mauvais endroit, au mauvais moment, avec une machine infernale. Et l'espoir d'une fraternité, avec des hommes et des femmes décidés à s'élever au-dessus des soucis animaux.

49

PAR TÉLÉGRAMME

Plus rien ne contrarie Anne dans son effort pour immortaliser la mémoire de sa cadette. Elle va voir des marbriers funéraires ; se rappelle au bon souvenir des amis haut placés de Maria.

C'est sur un plateau d'argent que Marthe lui apporte un télégramme, signé Gustave Hubbard, député de Pontoise :

« Paris, le 6 février 1894

Madame,

Votre ami, M. Gustave Hubbard, est cloué au lit par une violente et subiteattaque d'influenza, et son médecin lui défend de bouger. Il est absolument désolé de ne pouvoir participer à la manifestation du souvenir en se rendant personnellement aujourd'hui au cimetière. Il se joint d'intention aux amis fidèles de la grande et chère morte et aux orateurs et oratrices qui rappelleront son dévouement et ses qualités.

Famille, Patrie, Liberté, telles furent les grandes préoccupations de la grande citoyenne que la République, la France, l'Humanité ont perdu et à laquelle le député de Pontoise aurait voulu adresser, en ce jour, publiquement un nouveau témoignage de sa profonde admiration.

Veuillez agréer, Madame, l'assurance de mes hommages respectueux. Roy, Secrétaire».

Un an après la mort de Maria, le 6 février 1895, mille personnes reviennent au cimetière Montmartre, pour inaugurer son monument funèbre, orné de son médaillon, œuvre du sculpteur Daniel Dupuy. Un monument auquel s'ajoute une statue, square des Épinettes dans le XVIIème arrondissement.

Rares sont les femmes à recevoir de tels honneurs.

C'est la première fois, en effet, qu'on érige dans la capitale un bronze à une Olympe de la parole, libre de tous les préjugés de la religion. Une exception sur laquelle revient le grand journal féministe de la fin du XIXème siècle, *La Fronde*, dirigé par Marguerite Durand, qui poursuit l'effort progressiste de Maria : « Le dix-huitième siècle a proclamé les *droits de l'homme ; le vingtième siècle fera ce que n'a pas su faire le dix- neuvième siècle, il proclamera les droits de la femme et l'égalité des sexes dans la vie civile et politique. »*

Même morte, Maria dérangeait.

50

À L'EFFIGIE DE MARIANNE.

Une à une les lettres compromettantes, pareilles à des marguerites vénéneuses furent effeuillées et détruites. Le secrétaire en bois de rose fermé à clef. Les effets personnels de Maria emballés méticuleusement. Anne n'eut qu'un seul amour, Maria, comme si, à l'exclusion de toutes les autres, cette voix féminine avait pu seule déclencher en elle un sentiment d'adoration. Cette voix féminine, cristalline avait perpétué en elle, la sonorité de la voix paternelle et maternelle, dans un duo déchirant car inégalé.

En 1896, Anne publia les œuvres complètes de Maria, expurgées de tout ce qui pourrait altérer l'image de son idole, car elle vouait un véritable culte à sa cadette, jamais démenti au fur et à mesure du temps. Maria fut l'héroïne de sa vie de grande bourgeoise sans histoires. Anne, son scribeet la dernière de la lignée des Deraismes.

Attachée à la mémoire de sa sœur, elle se remémore son épopée. Maria, à jamais vivante, à travers ses discours, ses morceaux de bravoure. Son préféré s'intitule *L'ancien devant le nouveau*, une conférence où Maria s'épanche, livre son dilemme entre égoïsme et altruisme, revient sur les valeurs de justice et de spiritualité :

… « Je suis un être chétif, j'occupe un point dans l'espace, un point dans le temps, c'est ma vie, après laquelle je rentrerai dans le néant.

À peine suis-je en possession de cette propriété éphémère que mille circonstances, mille accidents se groupent et me cernent pour m'empêcher d'en jouir. Je frissonnerais à tout moment, si ce n'était l'habitude de ma condition et une certaine insouciance.

Dès que ma raison s'éveille, la morale se dresse devant moi avec ses grands airs de magister dixit, elle me prend au collet et me dit : « Tu as un compte à régler avec moi, tu ne feras que ce que je te permettrai de faire, tu rempliras ton devoir, tu accompliras le bien; – C'est mon intention, j'ai de la sensibilité, j'aime mes semblables, je tâcherai de leur procurer le bonheur. – Ce n'est pas assez, poursuit la morale, songe bien que, pour exécuter mes prescriptions, tu devras plus d'une fois nuire à ta fortune, à ta santé, à ta vie même. – O morale, tes conditions sont dures ! Si j'ai le sentiment du bien pour autrui, j'ai le sentiment du bien pour moi-même.

– C'est possible, ajoute-t-elle, mais tu apprendras à t'oublier complètement pour ne plus te souvenir que des autres. – Que recevrai-je en échange ? – La satisfaction de ta conscience, le plaisir d'avoir fait le bien gratuitement. Tu seras heureux, car la vertu seule donne le bonheur ».

Et je m'élance dans cette voie, je me sacrifie, je me dévoue ; je pratique rigoureusement ces fameux préceptes sans avoir égard à ma fortune, à mes affections, à mon avenir, à ma vie même.

Harassée, exténuée, au bout de mes forces, je défaille, je vais mourir ; jetant un regard sur mon passé de renoncement, d'abnégation et dedouleur, je me sens envahie par une profonde tristesse, j'appelle la morale à mon chevet et je lui dis : « Quel marché ai-je conclu avec toi ? Je t'ai tout donné et tu ne m'as rien rendu ; tu n'as toujours été que mon tyran ; j'ai compromis pour te plaire mes intérêts, ma santé, ma vie. Ces quelques plaisirs qui s'offraient à moi comme allégement à mes travaux, à mes peines, je les ai repoussés avec énergie toutes les fois que je ne les ai pas jugés conformes à tes enseignements. Qu'ai-je tiré de ma conduite scrupuleuse ? Des amertumes, des déceptions, des oublis, des ingratitudes ! Les sacrifices que j'ai accomplis ont été même souvent inutiles, stériles, et qui plus est, funestes.(...)

Une fois pour toutes, comprenons-le bien, le juste, le sage, le philosophe, comme il vous conviendra de l'appeler, n'est point un être en dehors de l'humanité ; il n'a perdu ni le sentiment de la douleur, ni celui de la jouissance. Seulement, ayant cultivé sa raison plus que ne l'ont fait ses semblables, il peut, grâce à l'élévation et à la solidité de ses principes, supporter avec placidité et sérénité les plus terribles épreuves de la vie. Sans doute il souffre, et cette souffrance même constitue le mérite du vraiphilosophe.»

51

ÉPILOGUE

Il reste un chef d'œuvre pictural de Maria Deraismes, une peinture à l'huile, le portrait de sa mère, Anne Soleil. Dans un costume de velours sombre dont le clair-obscur s'adoucit sur un fond brun, patiné de bronze, le visage d'Anne Soleil se détache, ovale de lumière. La tête coiffée d'un chapeau de cavalière, orné d'une rose rouge et d'une plume d'autruche, semble-t-il, porte sans effort la masse des cheveux ramassés en arrière.

Le regard gris bleu d'Anne Soleil, brillant de vie, fixe le spectateur avec cette ironie légère qui distingue le style de sa fille. La mise est celle d'une jeune personne au caractère primesautier qui n'a renoncé ni au raffinement, ni à la fantaisie, sans leur accorder trop d'importance.

Maria se souvient des peintures de Rembrandt, où quelques touches rutilantes scintillent sur un arrière-plan mystérieux. Qui dira le secret de cette rose rouge, mousseuse, au-dessus du front, qui palpite, étonnamment carnée ? Plutôt que sa mère, Maria peint sa jumelle, son Double délivré des tutelles tyranniques, émancipé de la ligne droite, et qui en tire une beauté sereine, majestueuse. Maria peint la femme qu'elle aurait voulu devenir, si la maladie ne l'avait atteinte aussi violemment.Un visage et un corps nets, élégants, sans être inhumains. La trentaine resplendissante.

Maria a peint. Elle n'a pas écrit de manifeste esthétique. L'art reste essentiel pour la comprendre, dans le sens où pour elle, il peut s'étendre à tous les domaines, y compris domestique, car saisi dans la blancheur des porcelaines de Limoges comme dans le galbe d'un secrétaire de Riesener. De sa mère, Maria a retenu que l'art et le goût font partie du charme de l'existence.

Anne n'osera pas toucher à ce portrait. Elle l'entreposera dans sa propre chambre, avant de le retourner contre le mur, ne supportant plus cette présence troublante. Et le portrait échouera avec d'autres papiers à une cousine, avant d'être enseveli dans les abysses d'une bibliothèque, la bibliothèque Marguerite Durand, dans le XIII ème arrondissement, où l'âme de Maria continue de vibrer.

Dates clés de la franc-maçonnerie en France :

1726 : Premières loges parisiennes.

1773 : Constitution du Grand Orient de France.

1776 : Initiation de Voltaire.

1787 : Plus de sept cents loges en France.

1794 : Loges en sommeil.

1797 : La maçonnerie est tolérée par le Directoire.

1804 : Institution du Suprême Conseil pour la France.

1843 : Efforts conjugués pour donner un nouvel essor aux loges.

1849 : Constitution de la Grande Loge Nationale de France.

1855 : Congrès maçonnique international à Paris.

1877 : Convent de 1877, avec comme rapporteur, le pasteur Frédéric Desmons, supprimant l'invocation au Grand Architecte de l'Univers.

1881 : Initiation de Maria Deraismes.

1893 : Fondation du Droit Humain.

1896 : Fondation de la Grande Loge de France.

Bibliographie choisie

Les œuvres **de Maria Deraismes** : réédition récente

Deraismes,Maria, <u>Eve dans l'humanité</u>, préface de Yvette Roudy, Angoulême, éditions Abeille et Castor, 2008.

Les œuvres de Maria Deraismes : consultation sur internet. <u>http://gallica.bnf.fr/ebooks</u>

Archives :

Dossier Maria Deraismes, bibliothèque Marguerite Durand, Paris XIII.

(avec des manuscrits, 9 lettres, 8 cartes et une carte de visite à sonadresse rue Cardinet)

<u>Le Républicain de Seine-et-Oise</u> (1883-1886), Bibliothèque nationale deFrance.

Lettres, bibliothèque de l'Institut, Paris VI ème.Lettres, bibliothèque de Versailles.

Ouvrages sur Maria Deraismes :

Prat, Andrée, <u>Regards sur Maria Deraismes</u>, la liberté de pensée, collectif Fédération française du Droit Humain, préface par Michel Payen, Paris, éditions Conform, 2010.

Singer, Claude, <u>Maria Deraismes</u>, journaliste pontoisienne, Paris, éditionsKarthala, 2011.

Site officiel du Droit Humain : <u>http://www.droit-humain/org</u>

Histoire et Commune :

Dinesen, Wilhelm, Paris sous la Commune, Paris, éditions Michel deMaule, 2003.

Lissagaray, Prosper-Olivier, Histoire de la Commune de 1871, Paris,éditions Maspéro, 1972.

Paris sous la Commune, Par un témoin fidèle: la photographie, Paris,éditions Dittmar, 2002.

Histoire et codes sociaux :

http://fr.wikisource.org/wiki/Journal_des_Goncourt

Martin-Fugier, Anne, La vie élégante, Paris, Perrin, 2011.

Mension-Rigau, Eric, Aristocrates et grands bourgeois, Paris, Perrin,2007.

http://www.lesartsdecoratifs.fr/francais/mode-et-textile/expositions- 70/actuellement-447/la-mecanique-des-dessous-une/

Histoire des femmes et histoire de la presse :

Albistur, Maïté et Armogathe, Daniel, Histoire du féminisme français, du Moyen Age à nos jours, Paris, éditions des femmes,1977.

Bard, Christine, Une histoire politique du pantalon, Paris, Seuil, 2010.

Bellanger, Claude (dir.), Godechot, Jacques (dir.), Histoire générale de la presse française, Tome 2, de 1815 à 1871, Paris, PUF, 1969.

Duby, Georges (dir.), Perrot, Michelle (dir.), Histoire des femmes enOccident, tome 4, Paris, Plon, 1991.

Klein, Charles-Armand, Alphonse Karr, Prince de l'esprit,biographie,Paris, Le Cherche- midi éditeur, 1994.

Leclerc, Pierre-Robert, Les destins extraordinaires de Timothée Trimm et de son Petit Journal, Paris, Anne Carrière,2011.

Perrot, Philippe, Les dessus et les dessous de la bourgeoisie. Une histoiredu vêtement au XIXème siècle, Paris, Fayard,1981.

Riot-Sarcey, Michèle, Histoire du féminisme, Paris, La Découverte,collection Repères,2008.

Saint Vincent (de), Bertrand, Le Roman du Figaro, Paris, Plon-Le Figaro,2006.

http://musea.univ-angers.fr/

Histoire des femmes, quelques biographies et écrits :

Debray, Janine Alexandre, La Païva, 1819-1886 : ses amants, ses maris,Paris, Perrin, 1986.

Demars, Aline, Clémence Royer l'intrépide, La plus savante des savants,Paris, L'Harmattan, 2005.

Dupêchez, Charles, Marie d'Agoult, Paris, Perrin, 2010.

Gauthier, Xavière, La vierge rouge, biographie de Louise Michel,Paris, les éditions de Paris, 1998.

Le Garrec, Séverine, une rebelle, 1855-1929, Paris, Le Seuil,1982.Léo, André, Ecrits politiques, éditions Dittmar, Paris, 2005.

Mérode, (de) Cléo, Le ballet de ma vie, préface de Françoise Ducout,éditions Pierre Horay, Paris,1985.

Histoire des femmes et prostitution :

Charbonneau, Nicolas et Guimier, Laurent, <u>Le Roman des maisonscloses</u>, Monaco, éditions du Rocher, 2010.

Dumas fils, Alexandre, <u>Le demi-monde,</u> comédie, Paris, Michel Lévyfrères, 1855. (consultable sur http://books.google.fr)

Griffin, Susan, <u>Le livre des courtisanes,</u> trad. de l'américain par Jacqueline Lahana, Paris, Albin Michel, 2003.

<u>http://www.misspandora.fr/cocottes-et-courtisanes/</u>

Ouvrages maçonniques :

Bacot, Jean-Pierre, <u>A l'ombre de la République</u>, La lente inscription des femmes dans la franc-maçonnerie. Causes et conséquences. Marseille, Ubik Editions, 2013.

Faucher, Jean-André, <u>Les francs-maçons et le pouvoir,</u> de la Révolution ànos jours, Paris, Perrin,1986.

Jacq, Christian, <u>La Franc-maçonnerie</u>, Paris, Les éditions retrouvées, 2013.

Jupeau Réquillard, Françoise, <u>L'Initiation des femmes</u>, Monaco, éditionsdu Rocher, 2000.

Pierrat, Emmanuel et Kupferman, Laurent, <u>Le Paris des francs-maçons</u>, préface de Pierre Mollier, Paris, Le Cherche-midi, 2009.

Ouvrages ésotériques :

Bernard, Jean-Louis, <u>La science occulte égyptienne</u>, Paris, Veyrier, 1987.

Bulwer-Lytton, (sir) Edward, <u>Zanoni ou la sagesse des rose-croix</u>, le Tremblay, la Diffusion Rosicrucienne, 2001.

Kardec, Allan, <u>Le Livre des Esprits</u>, Paris, Dervy, 1996.

Pécout, Roland, <u>Les mangeurs de momies</u>, Des tombeaux d'Egypte aux sorciers d'Europe, Paris, Belfond, 1981.

Ragon, Jean-Marie, <u>De la maçonnerie occulte et de l'initiation hermétique,</u> Paris, coll. Les Archives de la franc-maçonnerie, Maison de Vie éditeur, 2009.

<u>http://gallica.bnf.fr/</u>

Levi, Éliphas, (Constant, Alphonse Louis), <u>Le Livre des sages</u>, publication posthume, 1912.

Remerciements

Je tiens à remercier :

Madame Hélène Carrère d'Encausse, Secrétaire perpétuel de l'Académie française pour m'avoir permis d'accéder à la bibliothèque de l'Institut.

Madame Irène Mainguy, Responsable de la bibliothèque du Grand Orientde France.

Madame Annie Metz, Conservatrice en chef de la bibliothèque Marguerite Durand, (bibliothèque des femmes) et toutes ses précieuses collaboratrices.

Monsieur Clément Pieyre, Conservateur à la Bibliothèque Nationale de France.

Madame Marie-Françoise Rose, Directrice du réseau des bibliothèques municipales, de la bibliothèque municipale de Versailles.

Sans oublier :

Mes amis.

Le soutien de Christian James.

Une mention spéciale à Thierry Fiquémont pour sa constance et son talent de photographe : c'est lui qui a réalisé la première de couverture.

Une étoile au blason du Vicomte de la Quetraye.

Toute ma gratitude à Philippe Marlin et à l'équipe de l'ODS, en particulier à Sabrina pour cette nouvelle maquette.

Sommaire

www.ingramcontent.com/pod-product-compliance
Lightning Source LLC
LaVergne TN
LVHW050546200726

843508LV00010B/1551